Uni-Taschenbücher 855

UTB

Eine Arbeitsgemeinschaft der Verlage

Birkhäuser Verlag Basel und Stuttgart
Wilhelm Fink Verlag München
Gustav Fischer Verlag Stuttgart
Francke Verlag München
Paul Haupt Verlag Bern und Stuttgart
Dr. Alfred Hüthig Verlag Heidelberg
Leske Verlag + Budrich GmbH Opladen
J. C. B. Mohr (Paul Siebeck) Tübingen
C. F. Müller Juristischer Verlag – R. v. Decker's Verlag Heidelberg
Quelle & Meyer Heidelberg
Ernst Reinhardt Verlag München und Basel
K. G. Saur München · New York · London · Paris
F. K. Schattauer Verlag Stuttgart · New York
Ferdinand Schöningh Verlag Paderborn
Dr. Dietrich Steinkopff Verlag Darmstadt
Eugen Ulmer Verlag Stuttgart
Vandenhoeck & Ruprecht in Göttingen und Zürich

Kurt Franz

Kinderlyrik

Struktur, Rezeption, Didaktik

Wilhelm Fink Verlag München

Für Andrea und Alexander

ISBN 3-7705-1639-7

© 1979 Wilhelm Fink Verlag, München
Satz und Druck: Druckerei Mühlberger, Augsburg
Buchbindearbeiten: Großbuchbinderei Sigloch, Stuttgart
Umschlagentwurf: A. Krugmann, Stuttgart

Inhaltsverzeichnis

Vorwort

Kinderlyrik wurde bisher nur ansatzweise oder in Teilbereichen wissenschaftlich untersucht. Die Gründe dafür mögen in einer gewissen Minderbewertung dieser Literatur, in der Scheu vor dem „kindlichen" Gegenstand und in der Komplexität der Gattung selbst liegen. Immerhin wurden von mehreren Wissenschaftsdisziplinen wie Volkskunde, Germanistik, Soziologie, Psychologie, Pädagogik, Kinder- und Jugendliteratur-Forschung, Deutschdidaktik, Vor- und Grundschuldidaktik, Leseforschung und Musikwissenschaft schon Einzelbeiträge zu verschiedensten Fragestellungen geliefert.

Vorliegende Arbeit ist ein Versuch,
- diesen wichtigen Bereich der „Kinderkultur" in seiner Gesamtheit zu erfassen,
- einen zusammenfassenden Überblick über bisherige Forschungsergebnisse zu vermitteln,
- manche davon zu ergänzen, einige zu revidieren,
- Probleme in Einzelbereichen aufzuzeigen und Anstöße zu intensiver Weiterarbeit zu geben.

Aus diesen Gründen wird Kinderlyrik nicht nur auf seine Entstehung, seinen Gebrauchswert und seine Struktur hin untersucht, sondern auch unter den bisher weniger beachteten Aspekten der Herausgabe, der Verbreitung, der Wertung, der „Altersgemäßheit" und der Rezeption gesehen. Didaktische und methodische Überlegungen schließen sich sachlogisch an, so daß sich das Buch an einen mit Kinderlyrik im weitesten Sinn befaßten Personenkreis wendet.

Historische Bezüge sind soweit wie möglich und notwendig berücksichtigt, eine eigentliche geschichtliche Darstellung war nicht beabsichtigt.

Das bereitgestellte bibliographische Material, bereits auf einen sinnvollen Umfang reduziert, ist Zeugnis bisherigen Forschens und zugleich weiterführende Arbeitsgrundlage. Es bezieht die verschiedenen Wissenschaftsbereiche mit ein. Der angestrebte Überblickscharakter und der beschränkte Raum ließen es zweckmäßig erscheinen, nur die unentbehrlichen Primärtext-Belege vorzustellen und sich ansonsten exemplarisch auf bekannte ältere und vor allem neuere Gedichttitel zu stützen. Deshalb sollte die eine oder andere der häufiger genannten Anthologien als unterhaltsame und ergänzende Begleitlektüre mit herangezogen werden.

Die in Teilgebieten eigens durchgeführten empirischen Untersuchungen können nicht unbedingt als repräsentativ gelten, weil ihnen in diesem Rahmen bei der Vielfalt offener Probleme von vornherein gewisse Beschränkungen auferlegt waren. Trotz der z. T. hohen Probandenzahlen, manchmal mehrere Hundert, wollen die Ergebnisse in erster Linie Tendenzen sichtbar machen und als Anregung für künftige Einzeldarstellungen verstanden werden.

Oktober 1978   Kurt Franz

1. Begriffe

„Kinderlyrik" ist ein weiter, durchaus nicht allgemein anerkannter und gebräuchlicher Terminus, dem sich bei Berücksichtigung des traditionellen Gattungsbegriffs „Lyrik" am ehesten eine Fülle recht unterschiedlich determinierter Einzelbezeichnungen wie Kinderreim, Kindergedicht, Kinderlied u. a. subsumieren läßt. Dabei dürfte der analog zu „Kinderliteratur" gebildete Ausdruck einer altersmäßigen Adressatenbezogenheit, abgesehen von der eigentlichen Problemimmanenz der Kindertümlichkeit, am wenigsten zur Diskussion stehen; seine Verwendung, auch in anderen Zusammenhängen, hat sich allgemein durchgesetzt. Fast paradox scheint dagegen die Bezeichnung „Lyrik" für kindertümliche Literatur zu sein, vor allem wenn man darin, etwa im Sinne Hegels, die „Totalität des Empfindens und Vorstellens" der sich ausdrückenden „Subjektivität" sieht. Goethesche Erlebnislyrik und romantische Stimmungslyrik haben das vorherrschende Lyrikverständnis bis heute weitgehend geprägt, doch haben sich, gestützt auf Goethes Gattungsdreiteilung in Lyrik, Epik und Dramatik, daneben allmählich Begriffe wie Gedankenlyrik, Gelegenheitslyrik, politische Lyrik, Parteilyrik, Gebrauchslyrik u. a. m. durchgesetzt.

Allein die semantische Komplexität des Begriffs würde also schon den Terminus „Kinderlyrik" rechtfertigen, auch wenn man in ihr vorherrschend „Gebrauchslyrik" zu erkennen glaubt, was z. B. für die Masse der Spieltexte zweifellos zutrifft. Wieweit selbst neuere Lyriker Möglichkeiten pragmatischer Funktionalität im Gedicht ablehnen, deutet Georg von der Vring an (Süddt. Zeitg. v. 7./8. 1. 1978):

> „Der Dichter sagte, daß alles ›Brauchbare‹ nicht mehr zu seinem Leben gehöre, seit er bemüht sei, das ernste Spiel der Verse zu treiben. Stellten sich diese Verse dabei als ›brauchbar‹ heraus, indem zum Beispiel eine Mutter sie an der Wiege ihres Kindes spreche oder singe, so werde, dies zu wissen, ihn eher verstören als erfreuen."

Nun gibt es allerdings auch Theoretiker der Kinderliteratur, die sogar den Kinderreim nicht primär unter pragmatischen Aspekten eingeordnet sehen möchten, z. B. Hermann Helmers (1966, S. 282):[1]

> *„Der Kinderreim ist derart seinem Wesen nach bereits Lyrik,* und zwar Lyrik im hohen Grade, und alle Versuche, ihn etwa zur Gebrauchslite-

ratur zu degradieren, verkennen seinen wahren Charakter... Er ist gesprochene Sprache, also im Grunde lyrischer als ein hohes Gedicht."

Anneliese Bodensohn (1965) definiert Kinderreim und Kindergedicht z. T. als lyrische Hochformen (S. 93), im wesentlichen als „lyrische Vorformen", während Heinz-Jürgen Kliewer (1974, S. 10) diesen Begriff eher auf das Kindergedicht beschränkt und das nach seiner Meinung implizite Negativum mit der Bezeichnung „lyrische Urform" für Kinderreim getilgt sehen möchte. Auf jeden Fall lehnt er aus verschiedenen Gründen für beide Gattungen eine Ansiedlung im außerästhetischen Bereich ab. Damit wäre eine zweite, wenngleich von anderen Voraussetzungen als die erste ausgehende Begründung des Terminus „Lyrik" gegeben.

In der praktischen Anwendung herrscht bisher freilich verwirrende Vielfalt, die sich vor allem in Stichworten von Lexikonartikeln oder Titeln von wissenschaftlichen Abhandlungen und Sammlungen zeigt. Häufig wird „Kinderlied" als Oberbegriff synonym gesetzt, obwohl dann Kinderreime allgemein (z. B. bei Seemann 1958, Gerstner-Hirzel 1973) oder auch „Kunstgedichte" (z. B. bei Köster 1972, zuerst 1906, Wilpert 1961) untersucht und dargestellt werden. Umgekehrt hat z. B. R. Petsch (1938) „Kinderreim" als terminologische Klammer für Kinderlied, Kinderspruch und Kinderspiel verwendet, wie überhaupt ältere Arbeiten, vor allem des 19. Jahrhunderts, ziemlich unterschiedlich mit diesen Begriffen umgegangen sind (vgl. die in Kap. 2.2. bzw. der Bibliographie aufgeführten Beispiele). Manchmal behilft man sich mit der Begriffsdualität „Kinderreim und Kindergedicht" (z. B. Maier 1973), wobei hier meist das Kinderlied mit einbezogen ist. Fast immer eindeutig steht der Begriff „Kindergedicht" für einen ganz speziellen Teil der Kinderlyrik (z. B. bei Auböck, Gelberg 1972a, 1972b, Kliewer 1977), während A. Bodensohn (1965) mit ihrer terminologischen Auslegung relativ weit geht.

Klaus Doderer (1977, S. 197) definiert Kinderlyrik vorsichtig als „die Bezeichnung für diejenige Gattung, die alle für oder von Kindern verfaßten oder von ihnen adaptierten Gedichte umfaßt. Die Begriffe Kinderlied, Kinderreim oder Kindergedicht werden teilweise mit K. synonym gebraucht."

Obwohl Ruth Lorbe in ihren Untersuchungen vom volkstümlichen Kinderreim und Kinderlied ausgeht, faßt sie sämtliche Formen, den Kinderreim, das „Kindervolkslied" und das „Kinderkunstlied", also auch das Kindergedicht, eindeutig mit dem Begriff „Kinderlyrik" zusammen (1974; vgl. auch Franz 1978b).

Somit könnte man unter *Kinderlyrik* sämtliche in gebundener, nicht unbedingt gereimter Sprache und in einer bestimmten Form von Kindern und von Erwachsenen für Kinder vom Kleinkindalter bis etwa 10 Jahren verfaßten und von diesen rezipierten sprech-, les- und z. T. auch singbaren Texte verstehen.

Um die Komplexität des Begriffs durchschaubar zu machen, seien die wesentlichen Ausdrucksformen der Kinderlyrik vorweg skizziert.

Der *Kinderreim* kann als „einfache Form" oder – nach Freitag (1977, S. 201) – als „anonymer folkloristischer Typ der Kinderlyrik verstanden" werden, der besonders von Kindern bei allen möglichen Gelegenheiten untereinander oder von Erwachsenen, z. B. besonders Mutter, Erzieher, für Kinder des Vorschul-, aber auch noch des Grundschulalters gepflegt wird. Gemeinsame strukturelle Merkmale sind eine gewisse Begrenztheit und Einförmigkeit, d. h. er ist verhältnismäßig kurz, meist einstrophig und paarweise gereimt, worauf nicht zuletzt die ursprüngliche Bedeutung von „rîm" als Reimzeile oder Reimpaar hinweist. Rhythmische Wiederholungen und Klangelemente, die z. T. ohne weiteres als Sprachspiele zu bezeichnen sind, kommen dem Bedürfnis des Kindes nach Komik und seiner Freude an der „Eroberung" der Sprache entgegen. Dem noch beschränkten kindlichen Sprach- und Denkvermögen gemäß ist die Aussage lakonisch, hat aber entscheidende Funktion, weil das Schwergewicht des Kinderreims weniger auf narrativen Momenten, sondern mehr in seinem unmittelbaren Gebrauchswert liegt. Demnach lassen sich verschiedene Einzelgattungen wie Kitzel-, Krabbel-, Finger-, Schaukel-, Scherzreime u. a. m. unterscheiden. Bekannte Beispiele dafür sind: „Das ist der Daumen...", „ABC, die Katze lief im Schnee...". Handlungselemente finden sich, doch nie um ihrer selbst willen, am ausgeprägtesten in den „Erzählchen"; ein Begriff, der in einem bei Simrock (1848) abgedruckten Neckmärchen vorkommt und den H. M. Enzensberger in seiner Sammlung „Allerleirauh" (1961) als Kapitelüberschrift verwendet hat.

Die Übergänge zum *Kindergedicht* sind fließend, denn dieses, als meist bewußt und von namentlich bekannten erwachsenen Autoren verfaßtes Gebilde, knüpft zunächst stark an die Elemente des Rhythmus, Klangs und Reims sowie an die formale und sprachliche Einfachheit des Kinderreims an, doch steigert es sich altersmäßig allmählich im Schwierigkeitsgrad in bezug auf Umfang (Zeilen-, Strophenzahl), Form (kompliziertere Versmaße und Reimschemata), Sprache (Wortschatz, Syntax), Inhalt (breitere Thematik, Problemstellung) und vor allem „Symbolgehalt", in dem man einen Hauptunterschied zum Kinderreim zu erkennen glaubt. Wichtig ist auch, daß Kindergedichte „auf Grund einer mehr oder weniger ausgeprägten inhaltlichen Planung verfaßt" (Gerstner-Hirzel 1973, S.

941), „in sich abgerundet sind und einen wirklichen Gestaltungskern haben" (Nentwig 1960, S. 173), so daß man vor allem hier noch das früher allgemein beliebte Genre Erzählgedicht, wenngleich mit etwas rückläufiger Tendenz, vorfindet. Andererseits wird gerade das an zweiter Stelle genannte Charakteristikum nicht in gleichem Maße auf die verschiedenen Spielarten des modernen Kindergedichts anwendbar sein.

Die Abgrenzung nach obenhin, zum „Erwachsenengedicht", sieht Paul Nentwig (1960, S. 174) in der beschränkten Zahl der Motive, wesentlich für ihn ist aber: „der Dichter spricht immer sich selbst aus, sein Lebensgefühl, seine Weltschau; der Kinderlieddichter dagegen spricht zum Kinde oder stellvertretend für das Kind."

An Systematisierungsversuchen hat es auch hier nicht gefehlt. So nennt H. Helmers (1966, 1972) als Hauptgruppen Naturlyrik, Geschehnislyrik und lyrischen Humor, unter dem er viele „Sonderformen" vereinigt. Andere Einteilungen sind Stimmungs-, Klang- und Erzähllyrik oder erzählende, lehrhafte und liedhafte Gedichte u. ä. Neben den inhaltlichen und intentionalen Kriterien ergeben sich weitere aus der Verfasserschaft und der ursprünglichen Zielgruppe. James Krüss (1969, S. 77) hat behelfsweise unterschieden nach „Kindergedichten" (eigens für Kinder geschrieben) und „Gedichten für Kinder" (auch für Kinder geeignet). In die erste Gruppe fallen demnach seine eigenen Gedichte wie z. B. „Das Feuer", „Das Königreich von Nirgendwo", in die zweite Gedichte wie „Gefunden" von Goethe oder „Er ist's" von Mörike. Kindergedichte besonderer Art sind die von Kindern selbst verfaßten Gedichte.

Vom literarischen Standpunkt aus ist das *Kinderlied* nicht als eigenständige Gattung zu betrachten, da es sich ebenfalls um Sprachgebilde wie Kinderreime und Kindergedichte handelt, die allerdings entweder schon im Hinblick auf die Singbarkeit konzipiert oder später vertont wurden. Eine Unterscheidung in gesprochenen Kinderreim und gesungenes Kinderlied lehnt Sigrid Abel-Struth (1977, S. 193) ab, „da für zahlreiche Kindermaterialien charakteristisch ist, daß sie sowohl als Sprach- wie als Singmaterial begegnen." Nun ist allerdings der musikalische Aspekt innerhalb der Kinderlyrik insgesamt sehr wichtig, da Kinderreime sowieso meist „geleiert" oder in einer Art Sprechgesang vorgetragen werden und viele Kindergedichte von ihrer sprachlichen und formalen Gestaltung her einen liedhaften Vortrag geradezu fordern (vgl. Kap. 4.5.). Bekannte Kinderlied-Beispiele sind „Alle meine Entchen" oder „Alle Vögel sind schon da".

Terminologisch spielt allerdings „Kinderlied" in der Diskussion eine so wichtige Rolle, daß eine Lösung von dem sehr umfassend verwendeten

Begriff, auch im folgenden, nicht ohne weiteres möglich ist. In verschiedenen Komposita, die vor allem die Art der Entstehung und Überlieferung implizieren, wird er selbst auf nicht gesungene Texte bezogen. „Kindervolkslied" bei R. Lorbe (1974 u. a.), „Volks-Kinderlied" bzw. Volks-Kinderreim" bei J. Schmidt (1977), meint alle volkstümlichen anonymen Reime, Gedichte und Lieder, während entsprechend „Kinderkunstlied", „Kunst-Kinderlied" bzw. „Kunst-Kinderreim", alle künstlerischen Produkte erfaßt. Analog dazu werden Gedicht-Autoren als „Kinderlieddichter" bezeichnet.

Das *Kinderspiel* oder, da dieser früher allgemein benutzte Begriff in seiner semantischen Vielfalt nicht ohne weiteres Textualität intendiert, besser Spiellied, -vers, spielbegleitendes Lied oder Gedicht u. ä. muß nicht unbedingt als abgegrenzte Gattung gesehen werden, obwohl damit eine wesentliche Funktion eines Großteils der Kinderreime und auch der Kinderlieder benannt ist. „Alle Kinder spielen, ein großer Teil ihres wachen Lebens ist davon erfüllt" (Flitner 1973, S. 9); wenn sie ihrem „Spieltrieb" bzw. Spielbedürfnis nachkommen, benutzen oder produzieren sie häufig entsprechende Texte, die fester Bestandteil des Spiels sind. Man denke nur an Abzählreime, Reigenlieder oder spielbegleitende Sprechgesänge wie „Fürchtet ihr den schwarzen Mann?" oder „Ist die schwarze Köchin da?"

Sprachspiele sollte man nicht als eigene Untergruppe der Kinderlyrik sehen; sie sind gattungstypologisch weniger faßbar, da sie wesentliches Gestaltungselement aller Kinderlyrik-Formen, aber auch anderer, nichtlyrischer Gattungen sind. Die Wirkung von vielen Kinderreimen, -gedichten und -liedern wird entscheidend davon bestimmt. Ein älteres Beispiel ist „Auf einem Gummi-Gummi-Berg", ein neueres Ernst Jandls „ottos mops".

Auch der *Nonsense* als Ganzes geht weit über den Bereich Kinderlyrik hinaus, spielt aber als Gestaltungselement im neueren Kindergedicht eine immer größere Rolle. Ähnliches gilt für die unterschiedlichen Formen der „Konkreten Poesie".

Natürlich sind einzelne Gattungen wie etwa das *Kindergebet*, dessen signifikantes Merkmal im intentional-religiösen Aspekt liegt, nur so weit der Kinderlyrik zuzurechnen, soweit auf sie die genannten Kennzeichen (gebundene Sprache etc.) zutreffen.

Als umstrittener Sonderfall stehen in ihrer obligatorischen Bild-Text-Verbindung die *Bilderbuchverse*, welche die sprachlich-formalen Bedingungen der Kinderlyrik an sich erfüllen, konzeptionell jedoch oft selbst den Rahmen eines längeren „Erzählgedichts" sprengen.

2. Forschung

2.1. Vorläufer der Kinderlyrik und frühe Belege

Die Anfänge der Kinderlyrik, gerade des mündlich tradierten Reims, liegen weitgehend im Dunkeln (vgl. dazu Kap. 3.1.), denn frühe schriftliche Aufzeichnungen gibt es kaum, und reflektierende Äußerungen finden sich dementsprechend nur sporadisch. Erwachsenenliteratur und Kinderliteratur wurden, abgesehen von Reimen und Gedichten für das Kleinkind, bis in die Aufklärung eher als ungestörte Einheit betrachtet; ein Zustand, den der sozialistische Realismus, allerdings mit anderen Intentionen, wiederhergestellt sehen möchte (vgl. Altner in: Wallesch 1977, S. 231 ff.; auch Altner 1976, S. 10).

So lassen sich zwar frühe Belege anführen, wie etwa das bekannte Rätsel „Flog Vogel federlos..." aus einer Reichenauer Handschrift des 10. Jahrhunderts, doch dürfte es sich bei derartigen Beispielen, die inzwischen durch weite Verbreitung in Anthologien und Lesebüchern zum allgemeinen Lesegut des Kindes geworden sind, ursprünglich bestimmt nicht um Kinderliteratur gehandelt haben. Eindeutig sind dagegen die Hinweise auf Wiege-, Schlaf- und Drohformeln bei Dichtern des 13. bis 15. Jahrhunderts, z. B. bei Wolfram von Eschenbach, Gottfried von Neifen, Ulrich Boner, so daß das Vorhandensein und der Gebrauch von entsprechenden Kinderreimen schon in dieser Zeit als gesichert angesehen werden kann (Beispiele im einzelnen bei Enzensberger 1961, Gerstner-Hirzel 1973, Wegehaupt 1977). Zahlreiche Belege für Formeln zum Kinderspiel im Mittelalter, nachgewiesen in unterschiedlichsten Werken, wurden im forschungsfreudigen 19. Jahrhundert ohnehin zusammengetragen (vgl. besonders Zingerle 1868).

Daß man sich auch schon über die Wirkung von Kinderreimen Gedanken gemacht hat, beweist eine erzieherische Schrift des Spätmittelalters mit ihrem Rat, es an der Wiege des Kleinkindes nicht an Gesang fehlen zu lassen, denn „die mild Stimm erfreut es im Herzen" (zit. n. Barow-Bernstorff u. a. 1977, S. 36).

Weniger wurden bisher die vielen mittelalterlichen Werke als Kinder- und Jugendliteratur deklariert, die sich durch Anreden wie „kint", „liebez kint", „edeliu kint" eindeutig an eine bestimmte Leser- oder besser Zuhörerschaft wenden. In diesem Zusammenhang sind auch die in moralisch-lehrhafter Absicht verfaßten und z. T. schon über die erzieherische Wirksamkeit reflektierenden Spruchgedichte des 13./14. Jahrhunderts, die sehr oft „junge Herren", „junge Edle", den „jungen Mann", der „Jüngling" ansprechen, zu stellen (Belege vgl. Franz 1974). Man darf unter Berücksichtigung der „Altersverschiebung", der noch ungeteilten Zuhörerschaft – Erwachsene und Kinder beisammen –, des frühen Erziehungsanliegens und des möglichst rechtzeitigen Buhlens gerade der wandernden Spruchdichter um die Gunst künftigen Mäzenatentums hierin ohne weiteres Zuhörer jüngeren Alters sehen. König Wenzel II. von Böhmen war z. B. nur etwas über 8 Jahre alt, als Heinrich der Klausner bald nach 1278 in seinem Auftrag die Verslegende „Vom armen Schüler" verfaßte. Trotz der nach heutiger Auffassung geringen „Altersgemäßheit" der Texte, wie sie bis zur Aufklärung und teilweise darüber hinaus sowieso bestehenbleibt, kann man viele mittelalterliche Spruchgedichte als frühe Vorläufer des lehrhaften Kindergedichts bezeichnen.

Da lehrhafte und epische Dichtung des Mittelalters überwiegend in Reimen abgefaßt ist, könnte man die Beispiele für entsprechende „Kinderdichtung" leicht vermehren („Winsbecke" u. a.), doch wird damit der Bereich „Kinderlyrik" auf jeden Fall verlassen. Erwähnt sei nur ein vielzitiertes umfangreiches religiöses „Merkgedicht", das der Gattung der Cisiojani verwandte „Heilige Namenbuch" von 1435; über den Verfasser, Konrad Dangkrotzheim, und dessen Intentionen gibt ein Aufsatz von Hellmut Rosenfeld (1978) berichtigende Aufschlüsse.

Die Belege für Kindergedichte nehmen naturgemäß im Spätmittelalter und in der beginnenden Neuzeit, vor allem nach Ausbreitung des Buchdrucks, rasch zu. Obwohl dies kaum für den volkstümlichen Kinderreim zutrifft, darf man doch mit E. Gerstner-Hirzel (1973, S. 928) von einer durchgehenden Tradition überzeugt sein:

„So dünn gesät die Belege vor dem Wunderhorn sind, offenbaren sie doch wenigstens die Ungebrochenheit der mündlichen Überlieferung seit dem Mittelalter, die vermuten läßt, daß manches Alte auf uns gekommen ist, das die schriftliche uns vorenthält."

Im schriftlich tradierten Lied bleiben pädagogische Tendenzen vorherrschend; es hat in erster Linie der religiösen Belehrung und Erbauung des Volkes, speziell der Kinder, zu dienen (vgl. Abel-Struth 1977, S. 194). Gerade in den zahlreichen, von einer starken Jesu-Verehrung getragenen Weihnachts- und Krippenliedern, häufig mit ausgeprägten Wiege- und Schlafformeln, glaubt man heute spezifische Elemente der Kinderlyrik feststellen zu können. Eine Linie läßt sich von Heinrich von Staufenberg (um 1390–1460) über Luther und später, im Barock, Andreas Gryphius bis in unsere Zeit ziehen. Trotzdem sollte man sich gerade hier vor einer pauschalen Einordnung hüten. Daß ein Teil der Lieder primär für Kinder gedacht war und, zumindest später, auch in diesem Sinn identifiziert wurde, beweist die Aufnahme mehrerer solcher Texte in den Kinderlieder-Anhang von „Des Knaben Wunderhorn" (3. Bd. 1808). Selbst das Titelblatt von Ludwig Emil Grimm wurde in diesem Sinn gestaltet: Es zeigt u. a. den Stall zu Bethlehem mit der heiligen Familie.

Vom 16. bis ins 18. Jahrhundert wächst die Menge der für Kinder geeigneten und Kindern zugedachten Gedichte und Lieder weiter an. Kirchengesangbücher, Gebetbücher, gereimte Bilderbücher, Reimfabeln und gereimte ABC-Bücher werden neben den in der häuslichen Erziehung weiterhin mündlich verwendeten Gebrauchs- und Zuchtreimen fester Bestandteil der „Kinderkultur". Nicht zuletzt tragen Einblattdrucke und Fliegende Blätter zu größerer Wirkung bei.

Als Beispiele seien nur genannt der von eindeutigen Versen begleitete Holzschnitt „Kurtzer und wahrhaftiger Bericht aus Perna, was sich allda begeben hat mit einem ungehorsamen Kindt oder Töchterlein ... Im Jahre 1652" (vgl. Dyhrenfurth 1967, S. 28) und der Kupferstich von Petrus Aubry auf einem Flugblatt, Straßburg 1665: „Figur des Comet-Sterns ... Ein Christliches Kinder-Reim-Gebetlein ..." (Abb. in: Simplicius Simplicissimus, Grimmelshausen u. seine Zeit. Ausstellungskatalog, Münster 1976, S. 155).

Weit weniger eindeutig ist die Rolle, welche die in diesen Jahrhunderten beliebten und nicht nur mündlich, sondern auch in Sammlungen und auf Flugblättern verbreiteten Volkslieder und Volksballaden im Rezeptionsverhalten der Kinder spielten. Viele bekannte Kinderlieder zeigen in den damals gängigen Varianten alles andere als eine kindgerechte Gestaltung, so z. B. die bei Anita Albus/Friedrich Kur (1974) in einer älteren, sexuell recht anzüglichen Fassung abgedruckte „Vogelhochzeit".

Wie stark letztlich didaktisch-religiöse Aspekte im Vordergrund standen, unterstreichen Darlegungen eines der ersten Theoretiker in diesem Bereich, nämlich des Pädagogen Johann Amos Comenius (1592–1670), der im Aufriß zu seinem „Informatorium der Mutterschul" (1633) über das Verhältnis des Vorschulkindes zu Poesie und Musik reflektiert:

„16. Von der Poesie werden sie einen Vorgeschmack haben, wenn sie in diesem frühen Lebensalter ziemlich viele Verschen auswendig lernen, besonders Sittensprüche, rhythmische oder metrische, wie sie in einer jeden Sprache gang und gäbe sind.

17. Die Anfangsgründe der Musik werden sich durch Auswendiglernen einiger leichterer Stücke aus den Psalmen und geistlichen Liedern gewinnen lassen; das soll bei den täglichen Andachten geschehen." (zit. n. Krecker 1971, S. 41).

Der religiöse Akzent beherrscht auch die Gedichte und Lieder, die aus pietistischer Glaubenshaltung gegen Ende des 17. Jahrhunderts und vor allem im ersten Drittel des 18. Jahrhunderts entstehen, und die frühen Lehrgedichte der Aufklärung. Erst allmählich gewinnen im Zuge eines weltoffenen Emanzipationsstrebens allgemeinere sittlich-moralische und literarische Tendenzen den Vortritt.

Gerade die im 18. Jahrhundert beliebten, schon als wichtiger Lehrstoff eingesetzten und bis in unsere Zeit wirksamen Reimfabeln von Christian Fürchtegott Gellert, Magnus Gottfried Lichtwer, Gottlieb Konrad Pfeffel u. a. sind beispielhaft dafür.

Die von Gellert in den fünfziger und sechziger Jahren in Leipzig gehaltenen „Moralischen Vorlesungen", in denen er Werke von Haller, Hagedorn, Schlegel, Cramer und anderen großen Dichtern sowie die moralischen Wochenschriften als Lektüre empfiehlt, drücken diesen Wandel deutlich aus:

„Die Poesie hat einen besonderen Reiz für die Jugend, und darum wird der Lehrer frühzeitig mit seinem Schüler diesem Reiz folgen und auch durch die Poesie sein Herz zu nähren suchen. Er wird ihm die besten Stellen der Dichter bekannt machen, in welchen edle Grundsätze und Empfindungen schön eingekleidet sind. Er wird mit ihm von den Fabeln und Erzählungen zu der Klasse der Lehrgedichte fortgehen. Er wird ihm die Schönheiten einer Stelle oder eines kurzen Gedichts durch kleine Anmerkungen empfindlich machen und ihn unvermerkt durch öfteres Lesen nötigen, sie sich ins Gedächtnis zu drücken" (zit. n. Frank 1976, S. 258).

2.2. Vom 18. bis ins 20. Jahrhundert

Der eigentliche Beginn reflektierender Beschäftigung mit Kinderlyrik liegt in Deutschland zeitlich nicht weit zurück. Man kann ihn sowohl in bezug auf den volkstümlichen Kinderreim wie auch auf das Kinderkunstlied in der zweiten Hälfte des 18. Jahrhunderts ansetzen, denn während jetzt die Bedeutung mündlich tradierter Volksdichtung erkannt wird, gibt 1765, also im selben Jahr, in dem Thomas Percys so folgenreiche Sammlung „Reliques of Ancient English Poetry" in London erscheint, *Christian Felix Weiße* (1726–1804) das unter dem Einfluß philanthropinistischer und Rousseauscher Maximen entstandene und speziell einer vernünftigen Kindererziehung zugedachte Gedichtbändchen „Lieder für Kinder" heraus. 1762 hatte Rousseau in seinem „Emile" auf den Nützlichkeitsaspekt von Kindergedichten hingewiesen:

> „Ich mißbillige nicht, daß die Amme das Kind mit Liedern und lustigen und verschiedenartigen Tönen unterhält, aber ich mißbillige, daß sie es unaufhörlich betäubt durch die Menge unnützer Worte, von denen es nichts versteht als den Ton, den sie hineinlegt" (zit. n. Krecker 1971, S. 58).

Weiße verstand seine moralisierenden Gedichte als heilsames Mittel gegen jene Lieder und Reime, die er als Vater einer großen Familie und langjähriger Hauslehrer von Ammen bei der Kindererziehung hatte anhören müssen. Natürlich hatte auch er schon Vorbilder wie etwa englische Gedichte, so daß E. Schmidt (1974, S. 34) in ihm weitgehend einen Kompilator sieht.

Weiße fand zahlreiche Nachfolger wie J. F. Schmidt („Wiegenlieder, auf des Prinzen Ernst Wiege gelegt", 1770), F. J. Bertuch („Wiegenliederchen für die kleine Gräfin von G.", 1772), G. W. Burmann („Kleine Lieder für kleine Mädchen", 1772; „Kleine Lieder für kleine Jünglinge", 1773), R. Chr. Lossius („Lieder und Gedichte", 1786) u. a., deren künstlerische Einstufung größtenteils gering geblieben ist. Trotzdem fanden die Gedichte auch Verbreitung in Sammelwerken der Zeit, in Lesebüchern (z. B. Rochows „Kinderfreund" von 1776) und Kinderwochenschriften (z. B. Weißes „Kinderfreund" von 1775 bis 1784). Nur weniges hat spätere Anerkennung gefunden; manche in J. H. Campes „Kleiner Kinderbibliothek" (1779–1784) abgedruckte Kinderlieder von Matthias Claudius, der ein Lesebuch-Klassiker bis heute geblieben ist, werden schon in Eichendorffs Roman „Ahnung und Gegenwart" (1815) als echte Poesie gelobt (vgl. Dyhrenfurth 1967, S. 49). Erst dem „Einbruch der Antipädagogik in das Kinderlied der Vorromantik" konnte man allgemein positive Seiten abgewinnen, so schon andeutungsweise H. L. Köster (1972, S. 106; zuerst 1906) und H. Kunze (1965, S. 154), dann in einer differenzierteren Darstellung von Christian Adolf Overbecks Sammlung „Fritzchens Lieder" (1781) L. L. Albertsen (1969), der sich auch das volkstümlich gewordene Lied „An den May" als Exemplum vorgenommen hat.

Obwohl lehrhafte Tendenzen im Kinderkunstlied auch noch im 19. Jahrhundert bestimmend bleiben, sieht man in Friedrich Rückerts „Fünf

Märlein zum Einschläfern fürs Schwesterlein" (1813) allgemein eine künstlerische Wende. Die deutsche Klassik war auf diesem Feld praktisch bedeutungslos geblieben; erst im Verlauf des 19. Jahrhunderts wurden die Gedichte Goethes und Schillers immer stärker verbindlicher Literaturkanon im Bildungsprozeß von Kindern und Jugendlichen.

In der zweiten Hälfte des 18. Jahrhunderts war somit auch im Bereich Kinderlyrik die Trennung der Kinderliteratur von der Erwachsenenliteratur eindeutig vollzogen und der Weg für künftiges Schaffen vorgezeichnet. Manche mögen es noch heute für ein Unglück halten, „daß die Erfindung des Kinderliedes, des duftigsten Erzeugnisses der Lyrik, in eine so verstandesnüchterne Zeit fiel" (Köster 1972, S. 103; zuerst 1906; ähnlich kritisch Kunze 1965, S. 123), die beiden entscheidenden Ausgangspunkte für die Entstehung der Kinderlyrik in Deutschland und das wissenschaftliche Interesse sind damit bezeichnet. Von nun an werden verstärkt alte Volks- und Kinderlieder gesammelt, aber auch bewußt Gedichte für Kinder geschrieben. Gerade dieser Doppelaspekt hat bei der Betrachtung des komplexen Bereichs zu einer Spannung geführt, die bis heute nicht ganz überwunden ist. Man denke nur an Fragen der Terminologie, der Phänomenologie, der Typologie, der Funktionalität usw.! Trotzdem scheint eine Trennung aus verschiedenen Gründen nicht gerechtfertigt. Zu der geringen Homogenität trug nicht zuletzt die teilweise starke Partizipation unterschiedlicher Wissenschaftsdisziplinen bei. Volkskunde, Germanistik, Soziologie, Entwicklungs- und Tiefenpsychologie, Pädagogik, Deutschdidaktik und Musikwissenschaften haben sich in diesen 200 Jahren in verschiedenem Maße dem Forschungsbereich der Kinderlyrik zugewandt.

Die entscheidenden Anregungen gingen von volkskundlichen und später germanistischen Interessen aus, und zwar kam der Anstoß zunächst vom Ausland. Waren Tacitus, Montaigne u. a. frühe Vorläufer gewesen, so wurde England mit James Macphersons „Fragments of Ancient Poetry" (1760) und Thomas Percys „Reliques of Ancient English Poetry" (1765) unmittelbares Vorbild für die erstaunlich verbreitete Hinwendung zu volkstümlicher Dichtung aus der eigenen Vergangenheit und für die rasch einsetzende Sammeltätigkeit in Deutschland.[2] Ging es auch dieser Generation vorrangig um die Erschließung des Volksliedes, so ist gerade davon die Erforschung der volkstümlichen Kinderlyrik nicht zu trennen.

Gottfried August Bürger (1747–1794) wurde in seinem „Herzenserguß über Volkspoesie" (1776) zu einem sehr wichtigen Anreger; seine eigenen Werke sind in einer Zeit, in der sich die gelehrte Kunstdichtung einer gebildeten Oberschicht weit vom Rezeptionsniveau des „gemeinen Volkes" entfernt hatte, positiv von den neuen Strömungen beeinflußt.

Am meisten begeisterte *Johann Gottfried Herder* (1744–1803), der schon 1764 ein estnisches Lied veröffentlicht hatte, seine Zeitgenossen, nicht zuletzt den jungen Goethe. Mit seinem Aufsatz „Über Ossian und die Lieder alter Völker", 1771 geschrieben und 1773 in dem Sammelheft „Von deutscher Art und Kunst" gedruckt, fand der Begriff „Volkslied" seine Definition und Verbreitung, so daß diese Schrift nicht unberechtigt von Heinrich Lohre (1902, S. 11) als „Taufurkunde der Gattung" bezeichnet wird. Bei der Planung einer Geschichte des lyrischen Gesanges stellte Herder die Überlegung an, „ob nicht ›die einfältigen und einschmeichelnden monotonischen Cadenzen unserer Kinder- und Bauernlieder‹ dem deutschen Ohre gemäßer seien als die komplizierte Bewegung antiker Metra" (zit. n. Lohre 1902, S. 9; vgl. auch Lorbe 1974, S. 190).

Damit war ein wichtiges Stichwort gefallen, und wenn auch Herder sich in seiner vorbildlichen Sammeltätigkeit auf das Volkslied allgemein konzentrierte („Alte Volkslieder", 1774; in der zweiten Fassung 1778/ 1779 unter dem Titel „Volkslieder" gedruckt; später „Stimmen der Völker in Liedern"), seine Bedeutung für die Kinderliedforschung ist gar nicht hoch genug zu veranschlagen. Johann Jacob Bodmer gab im Anschluß „Altenglische Balladen" (1780) und „Altschwäbische Balladen" (1781) heraus, Friedrich Elwert „Ungedruckte Reste alten Gesanges nebst untermischten und anderen Stücken" (1785), und selbst Leute wie der Osnabrücker Historiker Julius Möser wurden von diesem Sammeleifer erfaßt. Zeugnisse alter Volkslieder finden sich jetzt immer wieder in Zeitschriften wie „Deutsches Museum", „Apollo", „Bragur" und sogar Adelungs „Magazin für die deutsche Sprache".

Zu einer ersten kritischen Darstellung und Würdigung eines Kinderliedes kommt es 1778 in der von Heinrich Christian Boie herausgegebenen Zeitschrift „Deutsches Museum", als der Text und die Besprechung von „Tra, ri, ro, der Sommer der ist do!" abgedruckt werden. Der schwäbische Gymnasiallehrer *David Christoph Seybold* schildert den Kinderaufzug zur Einholung des Sommers am Sonntag Laetare in der Pfalz; ein Brauch daraus, das Tragen von großen Gabeln mit Brezen daran, ist Vorbild für eine Titelvignette der Kinderlieder im „Wunderhorn" geworden (Lohre 1902, S. 76). Das Außergewöhnliche an der im ganzen traditionellen Interpretation Seybolds ist, „dass man hier zum erstenmal herabsteigt zu einer ganz primitiven Schicht des Volksliedes, zum Kinderlied" (ebd. S. 77).

Zum ersten eigentlichen „Theoretiker" des Kindervolksliedes wird *Friedrich David Gräter* (1768–1830), vor allem mit seinem 1794 in der Zeitschrift „Bragur" (3, S. 207 ff.) erschienenen Aufsatz „Über die teutschen Volkslieder und ihre Musik", dessen Bedeutung später auch Achim von Arnim gewürdigt hat. Gräter sieht das Kinderlied schon differenzierter als eine volkstümliche Liedgattung unter anderen, mit eigenen Funktionen, spezifischen Merkmalen und einem entsprechenden Eigenwert (vgl. im einzelnen Lohre 1902, S. 102 ff.; auch Lorbe 1974, S. 190 f.).

Natürlich blieben diese Bewegungen der Geniezeit nicht von Kritik verschont; ob sie nun parodistisch wie in Nicolais „Eyn feyner kleyner Almanach Vol schönerr echterr ljblicherr Volcksljder . . ." (1777/1778) vorgetragen oder hart ausgesprochen wurde, man befürchtete das Absinken der Literatur „zur faselnden Kindheit" (Beleg bei Lohre 1902, S. 70).

Trotz allem war aber der Bann gebrochen, und nach einem kurzen Abebben kam es in der Romantik zu neuen Höhepunkten sammlerischer Tätigkeit. Für die künftige Bedeutung des Kinderliedes und seine Erforschung wurde die Volksliedersammlung „Des Knaben Wunderhorn" von *Ludwig Achim von Arnim* (1781–1831) und *Clemens Brentano* (1778–1842) entscheidend, und das, obwohl nicht alle Texte echtes Volksgut sind und ein großer Teil stark überarbeitet ist. 1806 erschien der erste Band, von Goethe begrüßt und belobigt, von Friedrich Schlegel und Johann Heinrich Voß mehr kritisiert, 1808 folgten der zweite und dritte; diesem war eine Sammlung von etwa 140 Kinderreimen und -liedern angehängt, die Brentano zusammengetragen und redigiert hat. Quellen waren neben der mündlichen Überlieferung alte Gebetbücher, Chroniken, Fliegende Blätter, Kalender und Werke der Mundartforschung wie z. B. das 1800–1806 in vier Bänden erschienene Holsteinische Idiotikon von Johann Friedrich Schütze.

Wenngleich die Anfangskrankheiten wie geringe Quellentreue oder fehlende Strenge in der Anordnung offensichtlich sind, so hat doch ein späterer Sammler von Volksliedern und Verfasser unserer bekanntesten Kinderlieder, Hoffmann von Fallersleben, die Wirkung des „Wunderhorns" mit treffenden Worten bezeugt:

„Es war von nachhaltiger und guter Wirkung, zunächst auf die lyrische Poesie, dann auch auf die Musik und die zeichnenden Künste; es hat das Volkstümliche geweckt und genährt; es hat das Studium des Volksliedes angebahnt und manchem zum Sammeln und Forschen ermuntert... Das Wunderhorn hat seine Sendung erfüllt" (Weimarisches Jahrbuch für deutsche Sprache, Literatur und Kunst II, 1855, S. 261; zit. n. J. Schmidt 1977, S. 24).

Nachdem in Deutschland in Verbindung mit dem Volkslied auch die Kinderlyrik als literaturwürdig angesehen wurde, setzte unter volkskundlichen und verstärkt philologischen Zielsetzungen allenthalben eine rege Sammeltätigkeit ein, die meist landschaftlich begrenzt war und deren Hauptinteresse häufig dem Kinderspiel galt.[3] Einer der ersten war Heinrich Smidt mit seiner Sammlung „Kinder- und Ammenreime in plattdeutscher Mundart" (1836), doch fand im 19. und 20. Jahrhundert fast jede deutschsprachige Landschaft ihren Kinderlied-Sammler, z. B. Schwaben in E. Meier (1851), die Schweiz in Rochholz (1857) und Züricher (1902, 1926), das Elsaß in Stöber (1859), Preußen in Frischbier (1867), das Vogtland in Dunger (1874), Hessen und das Siegerland in Eskuche (1891 bzw. 1897), Schleswig-Holstein in Handelmann ([2]1874) und Meyer (1908), Pommern in Drosihn (1897), Lübeck in Schumann (1899), die Uckermark in Gerhardt/Petsch (1899), Mecklenburg in Wossidlo (1897–1906), Bückeburg in Notholz (1901), Siebenbürgen in Höhr (1903), Sachsen in Dähnhardt (1905), der Hunsrück in Dillmann (1909), Saarbrücken in Schön (1909), das Eichsfeld in Hentrich (1911), Kassel in Lewalter/Schläger (1911), Baden in Schläger (1921), Wien und Niederösterreich in Zoder (1924), Windsheim in Großmann (o. J.), Frankfurt in Wehrhan (1929) und Nassau in Stückrath (1931). Die Reihe ließe sich bis in die Gegenwart fortführen (vgl. Kap. 2.3.).

Freilich ist die wissenschaftliche Qualität recht unterschiedlich, da die Intention von der reinen Stoffsammlung bis zur ausführlichen Kommentierung reicht.

Einen entscheidenden Schritt war schon *Karl Simrock* gegangen mit seinem „Deutschen Kinderbuch" (1848), einer umfangreichen, überregionalen Sammlung, die alle bis dahin gedruckten Kinderreime mit neuentdeckten vereinigt (insgesamt über 1000 Nummern in der zweiten Auflage). Auf Abdruck der Varianten und Ortsangaben wurde zwar verzichtet, doch ist der wissenschaftliche Anspruch der Sammlung offensichtlich: Neben dem Bemühen um Vollständigkeit – so stehen erstmals verschiedene deutsche Dialekte nebeneinander – ist das Ringen um eine sinnvolle Ordnung zu erkennen (vgl. auch Kap. 3.3.). Die Wirkung des Buches ging jedenfalls in zweierlei Richtung; während für den Herausgeber das Kind selbst der Adressat war (Vorwort 1857; vgl. Zitat bei Dyhrenfurth 1967, S. 77 f.), sieht Kunze (1965, S. 107 f.) in dieser Sammlung „die erste Tat der längst fällig gewesenen Wiedergutmachung seitens der Germanisten".

Ein grundlegendes und für die spätere Forschung unentbehrliches Werk steht am Ende des Jahrhunderts, *Franz Magnus Böhmes* „Deutsches Kinderlied und Kinderspiel" von 1897, in dem alle landschaftlichen Varianten und Melodien zusammengestellt sind.

Wenn auch das Hauptaugenmerk immer auf die Erforschung des Volksliedes gerichtet war, so hat das 19. Jahrhundert doch entscheidende Arbeit auf dem Feld des volkstümlichen Kinderliedes geleistet. Stark beeinflußt davon, konnte sich daneben das Kinderkunstlied entwickeln. Schon das „Wunderhorn" fand zahlreiche Bearbeiter und Nachahmer (Beispiele bis heute bei Dolle 1977); man denke nur an die „Ammenuhr" von 1843, eine Gemeinschaftsarbeit von Dresdner Künstlern (Näheres bei Dierks 1975). Überhaupt war die Inspiration des volkstümlichen Kinderliedes zu illustrierten Ausgaben oder Bilderbüchern besonders stark (Beispiele bei Dyhrenfurth 1967, S. 78 f.).

Die bekanntesten Kindergedicht-Autoren wurden in ihrem Schaffen maßgeblich von der volkstümlichen Komponente beeinflußt. Ob wir Friedrich Rückert, Friedrich Güll, Wilhelm Hey, Hoffmann von Fallersleben, Robert Reinick, Johannes Trojan oder Paula und Richard Dehmel nennen, „das Volkskinderlied zeigte dem Kinderlied der Dichter den Weg" (Dyhrenfurth 1967, S. 108).

Natürlich trieb die Kinderlyrik im so stark bildungsorientierten 19. Jahrhundert auch seltsame Blüten; vieles wurde in den Dienst der Erziehung und Bildung gestellt, oder es entstand, in der pädagogischen Nachfolge Pestalozzis, eine regelrechte „Gebrauchslyrik" für Kinder. Friedrich Fröbel, der Begründer des Kindergartens, schuf die bis heute fast durchwegs abgelehnten, aber häufig benützten und nachgeahmten „Mutter- und Koselieder" (1844) für Kleinkinder, Julius Fölsing hat dem Kinderreim besondere Bedeutung für die Gedächtnisübung beigemessen, und Theodor Fliedner hat Kinderlyrik vor allem für den Zweck der moralischen Belehrung nutzbar gemacht. Im Anhang zu seinem „Liederbuch für Kleinkinderschulen" (1842) schreibt er einen genauen Tagesablaufsplan vor:

„Darauf nach einem Liedervers ¼ Stunde Auswendiglernen leichter Liederverse, biblischer Sprüche, namentlich des am Morgen bei dem Schluß der biblischen Geschichte angeführten Spruchs, Denkverse, Sprüchwörter, der zehn Gebote, Erzählung von Fabeln, namentlich nach O. Spekter's zweimal 50 Fabeln, welche durch ihre kindliche Einkleidung, und die beigefügten schönen Bilder sehr unterhaltend und lehrreich sind u. dgl." (zit. n. Krecker 1971, S. 144).

Religiöse Lieder und Sprüche, in der wilhelminischen Ära Kaiser- und Kriegslieder und -gedichte, spielten weiterhin innerhalb der vorschulischen und schulischen Erziehung eine ganz bedeutende Rolle. Gerade die Fröbelsche Kindergartenpädagogik ließ aber auch andere Intentionen erkennen:

23

„Durch Verbindung von Bild, Lied und Erzählung mit den Erlebnissen des Kindes wird die Phantasie der Kleinen naturgemäß gepflegt und eine poetische und heitere Erfassung des Lebens angeregt" (ebd. S. 193).

Für wie wichtig das lehrhafte Element in guter Kinderlyrik natürlich auch für Kinder höheren Alters im 19. Jahrhundert gehalten wurde, beweisen die Akzente in den frühen geschichtlichen Darstellungen der Kinderliteratur, z. B. von Adalbert Merget (1866, [3]1882), und Auswahlverzeichnisse, wie z. B. Hermann Rolfus eines für katholische Eltern, Lehrer und Erzieher 1892 herausgegeben hat.

Damit gelangt man neben der Sammlung, Erforschung und Herausgabe von volkstümlicher Kinderlyrik und dem bewußten Verfassen von Kindergedichten für die freizeitliche Nutzung zu einem dritten wesentlichen, bis heute in seiner Gesamtheit kaum erfaßten Entwicklungsstrang, zur Betrachtung von Kinderlyrik im Kontext der Pädagogik bzw. des Deutschunterrichts. Die Rolle des Kindergedichts als pädagogisches „Vehikel" darf auf keinen Fall unterschätzt werden. Nicht nur daß sich aus dem Pädagogenstand fast immer schon das Gros der eifrigsten Sammler rekrutierte (vgl. Franz 1976, S. 564), auch als Kinderlyriker sind Lehrer bis heute am erfolgreichsten gewesen. Freilich hat das pädagogische Hauptaugenmerk im 19. Jahrhundert und darüber hinaus „hoher Dichtung", und hier dem Gedicht als „Gipfel" der Poesie gegolten, doch kann man kaum überblicken, wieviele „Erwachsenengedichte" durch Einbeziehung in den Deutschunterricht und Aufnahme in Lesebücher zu „klassischer" Kinderliteratur geworden sind.

Mit dem Aufkommen und Vordringen starker kulturhistorischer, pädagogischer und psychologischer Strömungen gegen Ende des 19. Jahrhunderts und am Beginn des 20. Jahrhunderts konnte es nicht ausbleiben, daß man sich nicht auch literarischen Problemen der frühen Kindheit zuwandte und somit gerade die Kinderlyrik verstärkt in die Diskussion miteinbezog. So berücksichtigt ein didaktisch-methodisches Standardwerk der Zeit mit dem vielsagenden Titel „Kunsterziehung und Gedichtbehandlung" von Alfred M. Schmidt (zuerst 1907/1910) auch Kinderreime und Kinderlieder, wobei sich im Sinne Wilhelm Diltheys die erlebnishafte Begegnung mit dem Gedicht, mit Schwergewicht auf der Einstimmung, allgemein durchgesetzt hatte.

Hauptimpulse für die Kinder- und Jugendliteratur allgemein, für Kinderlyrik im besonderen gingen auch schon innerhalb der frühen Kunsterziehungsbewegung von *Heinrich Wolgast* aus; mit seiner strengen Forderung nach dichterischer Qualität in seiner folgenreichen Schrift „Das

Elend unserer Jugendliteratur" (1896) schärfte er vielen Zeitgenossen den Blick für literarisch wertvolle Kinderliteratur, und das waren für ihn, der selbst als Sammler und Herausgeber („Schöne alte Kinderreime", 1902) sowie als Theoretiker (z. B. 1906, S. 2 ff. u. S. 109 ff.; 1909) hervortrat, auch „die Stoffe, an denen sich das kleine Volk ergötzt" (1906, S. 3), nämlich volksmäßige Kinderlieder. Die Wirkung seiner Maxime blieb bestehen, wenngleich er diese im Zuge der Bewegung „Vom Kinde aus" – deren Wesensverwandtschaft mit dem Kinderreim hebt er positiv hervor – später relativiert hat, indem er manche Kinderlieddichter wie Reinick, Löwenstein, Hoffmann von Fallersleben, Lohmeyer, Trojan, Sturm und Blüthgen mit Einschränkungen, manche Werke wie Dehmels „Fitzebutze" oder Falkes „Katzenbuch" voll gelten läßt:

„Für die früheste Lektüre des Kindes haben in neuester Zeit, etwa seit 1900, Dichter von Ruf und Lehrer mit poetischer Begabung Bücher auf den Markt gebracht, die entgegen dem Stormschen Wort ›für die Jugend geschrieben sind‹ – und doch vollen Anspruch auf literarische Qualität erheben... Der Dichter und Kenner der Kinderseele versetzt sich vermöge seiner Imagination auf den Standpunkt des Kindes; und aus kindlicher Stimmung, Gesinnung und Sprache heraus gestaltet sich eine Dichtung. Es ist kein Herunterkauern zum Kinde, sondern ein geistiges Kindsein mit dem Kinde" (Das Elend unserer Jugendliteratur, 1950, S. 251).

Die „Wandlung" Wolgasts muß in einem größeren Zusammenhang gesehen werden; verschiedene Strömungen liefen bei Anbruch des von Ellen Key proklamierten „Jahrhunderts des Kindes" neben- und gegeneinander. Im Gefolge der Kunsterziehungs- und Jugendschriftenbewegung kam es zu pädagogischen Reformversuchen, nicht zuletzt zu einer stärkeren Berücksichtigung entwicklungspsychologischer Fragen. Interessant ist, daß bei vielen Erörterungen und Untersuchungen auch das Kindergedicht eine große Rolle spielte, ganz gleich, ob es sich um die Erforschung der geistigen Entwicklung, der Lesealter oder Leseinteressen des Kindes handelte.

Entscheidend war das ursprüngliche Postulat Wolgasts in Zweifel gezogen worden durch den 1902 in der „Jugendschriften-Warte" veröffentlichten Aufsatz „Kunstwert und Kindertümlichkeit" von Ernst Linde. Darin forderte dieser neben dem künstlerischen Wert der Literatur auch die Berücksichtigung der kindlichen Psyche, wobei er sich schon auf Goethe, die Kulturstufentheorie Zillers und später Haeckels biogenetisches Grundgesetz berufen konnte. Der Grundgedanke war, daß die Ontogenese des Menschen ein gedrängtes Abbild der phylogenetischen Entwicklung darstellt.

Die teilweise extreme Folge waren im Bereich des Jugendschrifttums Neuansätze, die man unter dem von William Lottig geprägten Schlagwort „Dichtung vom Kinde aus" zusammenfassen kann. Berthold Otto war mit Untersuchungen zur „Altersmundart" vorangegangen; mit seinen Interessen berührten sich sehr stark die Bemühungen des sog. „Charon"-Kreises, einer Gruppe von frühexpressionistischen Schriftstellern, die sich um das gleichnamige, 1904 von Otto zur Linde und Rudolf Pannwitz begründete literarische Organ scharten. Die sprachliche Äußerung des Kindes wurde als schönste Poesie, das sich äußernde Kind als Dichter gesehen. So „legitimierten sie damit ästhetisch solche Autoren, die den Versuch machten, durch Einfühlung in die Kinderseele ›vom Kind aus‹ zu dichten" (Frank 1976, S. 359). Die natürliche Folge war eine Aufwertung der bekannten Kinderlieddichter des 19. Jahrhunderts und eine Flut neuer kindertümlicher Lyrik – sogar in gekünstelter Lallsprache abgefaßt –, deren Wert nicht immer unbestritten blieb. Dadurch kam es zweifellos zu einer starken Aufwertung der Kinderlyrik insgesamt, wobei in bezug auf die Illustration dasselbe durch die Kunsterziehungsbewegung geschehen war. Vieles wäre heute ohne Kenntnis dieser Voraussetzungen nicht zu verstehen.

Wichtige wissenschaftliche Anfänge fallen in diese Zeit; das Kinderkunstlied wird allmählich literarhistorisch gesichtet (vgl. Göhring 1904; Köster 1972, zuerst 1906; Sturm 1907; Bornefeld 1912; später Göpel 1935 u. a.).

Ganz neue Akzente hat die Jugendbewegung gesetzt; sie hat nicht nur das Sammeln von Volksliedern wieder stark belebt und altes Sangesgut einem Großteil der Jugend vermittelt, sondern sie hat auch entscheidend den Blick auf den musikalischen Aspekt gelenkt. Wirkungsvolle Sammlungen waren Hans Breuers „Zupfgeigenhansl" (1908), der weiteste Verbreitung fand, und Fritz Jödes „Ringel Rangel Rosen" (1913).

Die Zeit der Weimarer Republik bringt viele, meist reich illustrierte Ausgaben von traditionellen Kindergedichten, aber auch erste Ansätze einer proletarischen Kinderlyrik.

Im Dritten Reich konnte sich unter den Zwängen der Ideologie keine eigenständige Kinderlyrik entwickeln; das wenige Neue verdient die Bezeichnung nicht. Unter nationalsozialistischen Auswahlkriterien wurden im wesentlichen traditionelle Texte in Anthologien und Lesebücher aufgenommen (vgl. dazu Hasubek 1972). Der volkskundlich-nationale Sammeleifer freilich erlebte eine Blüte.

2.3. Gegenwärtige Probleme und Aufgaben

In der Zeit nach 1945 knüpfte man, wie in vielen anderen Bereichen so auch hier, an ältere Traditionen an, was relativ bedenkenlos geschehen konnte. Bald erschienen die ersten Kinderliedsammlungen wie z. B. „Die goldene Brücke" von Josef Wenz (1949); noch 1957 klagte Gustav Sichelschmidt unter Bezug auf die moderne Kunst: „Die Blütezeit des Liedes – und damit auch des Kinderliedes – ist vorüber!" (S. 297) und stellte resignierend fest, „daß wir auf dem Gebiet der Kinderlyrik vom Kapital der Vergangenheit zu leben haben" (S. 299). Und obwohl sich bis heute einiges getan hat, eine gewisse Vernachlässigung des Problemfeldes Kinderlyrik ist nicht zu übersehen.

Die Gründe dafür sind mannigfacher Art; so war schon immer eine Geringwertung mancher Literaturbereiche wie der Massenlesestoffe oder eben auch der Literatur für bestimmte Altersschichten üblich. Letzteres trifft speziell zu, da es sich bei Kinderlyrik obendrein um Literatur für die niedrigste Altersgruppe handelt, nämlich für das Kind bis zum Alter von etwa 10 Jahren. Neben der „hohen" Lyrik hatten und haben es die „primitivsten" Formen schwer, als Gegenstand (literatur-)wissenschaftlicher Forschung ernst genommen zu werden. Auf diese Tatsache hat schon Alfred Liede (1963, II, S. 63) hingewiesen, während Hermann Helmers (1971, S. 7 ff.) mehrere Gründe dafür nennt, daß „der lyrische Humor . . . ein in Wissenschaft und Unterricht weithin vernachlässigtes Genre der Literatur" ist. Und diesem Genre im weitesten Sinn ist nun einmal ein Großteil der Kinderlyrik zuzurechnen; etwa 95 % der Kinderlieder sind „lustigen" Inhalts (vgl. Göpel 1935, S. 22).

In der phänomenologischen und strukturalen Komplexität liegt ein weiteres, diesem literarischen Bereich immanentes Problem, welches die sinnvolle Adaption der Kinderlyrik durch eine bestimmte Wissenschaftsdisziplin oder die koordinierte Bearbeitung durch mehrere Wissenschaftszweige bisher stark behindert, wenn nicht gar vereitelt hat.

Hingewiesen sei schließlich auch auf die Diskrepanz zwischen wissenschaftlichen Ansprüchen und der Sozialstruktur des Personenkreises, der im pragmatischen Sinn vornehmlich mit Kinderlyrik befaßt ist, nämlich Mütter, Erzieherinnen, Kindergärtnerinnen und Grundschullehrer. Freilich ist der Sache nicht gedient mit schadenfrohen Hinweisen auf die „Immunität" des Kinderreims gegenüber wissenschaftlicher Durchdringung (Enzensberger 1961, besonders S. 352) oder mit Thesen wie dieser, daß die Wissenschaft „quasi der Tod des Kinderreimes" sei (Bull 1967, S. 163). Kinderlyrik ist ein wichtiges soziokulturelles Phänomen und als solches dementsprechenden Reflexionsprozessen unterworfen. Daß dies zum Teil geschehen ist, soll ein komprimierter Überblick über wesentliche Aktivitäten und Tendenzen nach 1945 zeigen.

Die volkskundliche, heute häufig mit soziologischen Fragestellungen angereicherte Beschäftigung mit volkstümlicher Kinderlyrik wurde verstärkt fortgesetzt; nicht nur alte Sammlungen wurden ausgeschöpft oder ergänzt, sondern auch Landschaften wurden neu erfaßt bzw. neu bearbeitet, wie z. B. das Burgenland durch Riedl/Klier (1957), Oberösterreich durch Kampmüller (1965), plattdeutsche Sprachräume durch Diers (1968) und J. Schmidt (1968), Sathmar durch Moser (1969), die Weststeiermark durch Kainz (1976). Außerdem erkannte man immer mehr die Großstadt als günstiges Untersuchungsfeld (vgl. schon Zirkler 1932; Brednich 1970), so daß u. a. Arbeiten über Nürnberg (Lorbe 1952), Köln (Werner 1961), Berlin (Peesch 1957; Meyer/Zille 1962) und Bonn (Grober-Glück 1971) vorliegen. Naturgemäß ist das Kinderspiel am stärksten berücksichtigt worden (vgl. dazu Schläger 1923/1924, Haiding, etwa 1938/39; Mudrak 1961; Brednich 1970).

Der funktionale Aspekt steht aber auch bei Sammlungen und Untersuchungen einzelner Liedgattungen im Vordergrund, so bei den „Lambertusliedern" von Sauermann (1968) oder den „Ansingeliedern" in der umfassenden Habilitationsschrift von Siuts (1968). Nicht unerwähnt lassen sollte man neuere, landschaftlich gebundene Sammlungen, die altes Versgut einer breiteren Leserschicht nahebringen, wie Walcher (1973) mit seinen steirischen und Bekh (1977) mit seinen altbayerischen Reimen.

Ein bisher vernachlässigter Bereich, der „verbotene" Kinderreim, wurde ebenfalls erst in neuerer Zeit erfaßt. Im Hinweis auf die Existenz von anstößigen Reimereien in Kindermund und in der Bewußtmachung ihrer Bedeutung liegt das Hauptverdienst von *Peter Rühmkorfs* kommentierter Sammlung „Über das Volksvermögen. Exkurse in den literarischen Untergrund" (1969). Rolf Wilhelm Brednich (1970, S. 323) hat betont, daß die volkskundliche Forschung, „wenn sie Anspruch auf wissenschaftliche Treue und auf Glaubwürdigkeit erhebt, nicht an solchen Erscheinungen vorbeigehen" kann, also an „den derben, unflätigen und obszönen Erzeugnissen des Kindermundes, die von altersher ebenso Bestandteil des kindlichen Repertoires bildeten, wie die harmlosen Lieder, denen Clemens Brentano als erster einen Platz im ›Wunderhorn‹ eingeräumt hat". Doch sollte man darin nicht nur einen sozialen Vorgang, sondern ihre Primärfunktion im kindlichen Ausdrucks- und Selbstdarstellungsbedürfnis sehen (ebd. S. 332). Umfassende Sammlungen, die in ihrer letzten Konsequenz den kindlichen Geschmack fast einseitig festgelegt erscheinen lassen, hat Ernest Borneman zusammengestellt (1972, 1973, 1974, 1976).

Alle diese Aktivitäten haben sich entscheidend auf die Beschäftigung mit Kinderlyrik allgemein und die Herausgabe kindertümlicher Sammlungen ausgewirkt. Für die Menge (Beispiele s. Kap. 6. u. Bibliographie) sei stellvertretend eine frühe und recht folgenreiche Anthologie genannt, *Hans Magnus Enzensbergers* „Allerleirauh" (1961). Von der Kritik z. T. überschwenglich gelobt, von Bruno Horst Bull (1967, S. 161) als einziges Buch dieser Art, „dem Aufmerksamkeit zu schenken sich ausgesprochen lohnt", und als „die einzige bedeutende und für Kinder bestimmte und geeignete Kinderreimsammlung seit der Jahrhundertwende" bezeichnet, von Anneliese Bodensohn (1965, S. 56 ff.) in positiver Weise Janne Mincks „Ri-Ra-Rutsch" (1958) gegenübergestellt, wurde das Buch Vorbild für spätere, meist mit Kinderliedern durchsetzte Gedichtsammlungen. Natürlich hat man auch einiges kritisiert, so z. B. die Spannung, die sich aus der Divergenz zwischen dem Anstrich der Wissenschaftlichkeit und dem Anspruch der Kindertümlichkeit ergibt, oder die wissenschaftliche „Schluderei" im Detail (vgl. Bull 1967, S. 161 ff.), so daß Bull (ebd. S. 164) zu dem Schluß kommt: „Das Standardwerk mit Kinderreimen für unsere Zeit ist ... immer noch nicht zusammengestellt." Peter Rühmkorf (1969) hat schließlich darin nur die Fortsetzung alter Traditionen gesehen und einen ungeheuren Widerspruch zwischen dem Anspruch im Nachwort und der Realisierung im Textteil entdeckt.

Ganz bestimmt als ein Standardwerk unserer Zeit muß man im Bereich des Kindergedichts *James Krüss'* Anthologie „So viele Tage wie das Jahr hat" (1959b) ansehen; auch hier bringt der Anhang aufschlußreiche Gedanken zur Gesamtproblematik und einen ersten gedrängten literarhistorischen Überblick (Besprechung s. u. a. Bodensohn 1965, S. 89 ff.).

Einem Trend unserer Zeit, der „Internationalisierung" (zum Problem der Übersetzung allgemein vgl. Kap. 3.1.), kommt eine umfangreiche Sammlung von fast 500 europäischen Volksliedern entgegen, „Die Hirtenflöte" (1965), ebenfalls von James Krüss. Zugleich wird hier der alte Bezug zwischen Volks- und Kinderlied wieder verdeutlicht.

Selbst Produkte von Kindern finden heute – in der Schule war dies, abgesehen von „verbotenen" Reimen, immer der Fall – allgemein stärkere Beachtung, wenn auch unter anderen Blickpunkten, als sie die Bewegung „Dichtung vom Kinde aus" proklamiert hatte. Aufschlußreiche Dokumente sind die Sammlungen von Theamaria Lenz (1958, 1960, 1965) und Klaus Doderer (1966).

Bei allem darf man nicht vergessen, daß das deutschsprachige Kindergedicht nach 1945 großartige Vertreter gefunden hat in den genannten James Krüss und Bruno Horst Bull, in Gustav Sichelschmidt, Hans Baumann, Josef Guggenmos, Peter Hacks, Eva Rechlin, Christine Busta, Elisabeth Borchers, Vera Ferra-Mikura u. a., in Autoren, die zum großen Teil selbst mit in die wissenschaftliche Reflexion eingestiegen sind, ganz gleich, ob es um literarhistorische Probleme, Beurteilungskriterien oder Fragen der Kindgemäßheit ging (vgl. z. B. Sichelschmidt 1957, 1963, 1966a, 1966b, 1969; Bull 1962, 1963a, 1963b, 1967a, 1968; Krüss 1959a, 1959b, 1962, 1969; Guggenmos 1967).

Während die Erforschung der volkstümlichen Kinderlyrik in enger Verbindung mit der Volksliedforschung (zum Überblick vgl. Suppan 1966) und Kinderspielforschung im wesentlichen von der Volkskunde getragen wird – ein Zentrum des Sammelns ist das Deutsche Volksliedarchiv in Freiburg/Br., Hauptwerk das „Handbuch des Volksliedes" (vgl. Brednich u. a. 1973) – haben sich andere Wissenschaftsdisziplinen in unterschiedlichem Maße bestimmten Bereichen der Kinderlyrik zugewandt.

Am wenigsten geschieht dies gegenwärtig durch die Germanistik, sporadisch durch die Psychologie (vgl. z. B. Sinz 1951; Gutter 1966, 1967, u. a.), dagegen um so mehr durch Pädagogen, speziell Deutschdidaktiker (z. B. Auböck; Franz 1978a, 1978b; Helmers 1971; Kliewer 1977; Maier 1973; Rutz 1968), so daß es zu einer Fülle von Literatur mit speziell didaktischen Fragestellungen gekommen ist (vgl. dazu Kap. 7. u. Bibliographie).

Als eines der wenigen wissenschaftlichen „Standardwerke" kann man *Anneliese Bodensohns* Werk „Im Spielraum der Lyrik" (1965) nennen; sie geht von psychologischen, didaktischen und literaturwissenschaftlichen Kriterien aus, doch ist die Kritik Edith Georges (1976, S. 6), die sich unter Berufung auf Brecht „gegen diese verschwommene, jede gesellschaftliche Problematik verdeckende Literaturauslegung und -praxis" wendet, zumindest was die vorherrschende werkimmanente Betrachtungsweise anbelangt, teilweise berechtigt. Eine breite Wirkung haben die Arbeiten *Ruth Lorbes* erreicht (1952, 1971, 1974).

Auf das neuere Kindergedicht gehen verschiedene Beiträge des Lektors und Verlegers *Hans-Joachim Gelberg* ein (1970, 1972b, 1976); seine Anthologie „Die Stadt der Kinder" (1972a, zuerst 1969) ist für die Orientierung über das Kindergedicht der Gegenwart unentbehrlich geworden.

Zu Fragen speziell des Kinderliedes steuert in jüngster Zeit die Musikpädagogik einiges bei (vgl. Sydow 1966, Moog 1967, Scheidler 1970, Ernst 1977, Lemmermann 1977 u. a.), doch beklagt Sigrid Abel-Struth (1977, S. 193 f.) das Fehlen einer eigentlichen musikwissenschaftlichen Forschung.

Die auch für die Zukunft entscheidenden Anregungen geben doch wohl einzelne Einrichtungen der Kinderliteratur-Forschung wie z. B. das Institut für Jugendbuchforschung in Frankfurt a. M., in dem unter Leitung von *Klaus Doderer* das „Lexikon der Kinder- und Jugendliteratur" erarbeitet wird (I, 1975; II, 1977; III i. Vorb.). Viele bisher ausgesparte oder verstreut angeschnittene Probleme, Kinderlyrik im weitesten Sinn betreffend, werden hier zum erstenmal in komprimierter Form als Ganzes abgehandelt.

Weitere Aufschlüsse wird man erwarten dürfen durch die Sichtung alter deutscher Kinderbücher, eine Bibliographie, die durch die Zeitschrift „Die Schiefertafel" (1/1978) vorbereitet wird und die frühere Auflistungen (Hobrecker 1924, Rümann 1937) und neuere Antiquariatskataloge (Hauswedell, Hugendubel u. a.) mit einarbeitet.

In der DDR, die stark um die Erforschung der Kinderlyrik bemüht ist, sind die Probleme etwas anders gelagert. Bei der Sichtbarmachung literarhistorischer Prozesse möchte man einerseits das „bürgerliche Kindergedicht" einer kritischen Wertung unterziehen (Gelbrich 1970, George 1970), andererseits den Anfängen und Entwicklungslinien einer sozialistischen Kinderlyrik nachspüren (Dreher/Meyer 1975, Altner 1976). Im Mittelpunkt der meisten Betrachtungen steht „Der Beitrag der sozialistischen Kinder- und Jugendlyrik der DDR zum sozialistischen Menschenbild" (Titel bei Altner 1970a; vgl. auch George 1974, 1976); eine Hauptaufgabe besteht dabei in der Überbrückung bzw. Vermeidung der im sozialistischen Realismus negierten Kluft zwischen Kinder- und Erwachsenenliteratur.

Die angeführten Beispiele können nicht darüber hinwegtäuschen, daß die Kinderlyrik-Forschung insgesamt noch am Anfang steht, da bisher eine synoptische Durchdringung des komplexen Gegenstandes nicht gelungen ist. Viele der künftigen Aufgaben ergeben sich aus den anfangs genannten Gründen für die bisherige Vernachlässigung, einige weitere sollen hier kurz skizziert werden.

Man ist sich ziemlich einig darüber, daß es heute weniger sinnvoll ist, nach altem Versgut im Kindermund zu suchen – dialektologische Besonderheiten stehen freilich noch offen –, da in den letzten 150 Jahren das meiste erfaßt wurde, daß aber die Kinderwelt mit ihrem permanenten Prozeß der Übernahme, Umformung und Eigenkreativität auch gegenwärtig und künftig ein äußerst ergiebiges Betätigungsfeld darstellt, und zwar nicht nur in bezug auf den obszönen Reim. Forderungen nach einer umfassenden wissenschaftlichen Auswertung des bisher Gesammelten, nach einem Vergleich der unzähligen Varianten werden bestimmt mit

Recht erhoben, denn die häufig einseitigen, im Hinblick auf die Entstehungsfrage mythologischen Deutungen im 19. und 20. Jahrhundert können großenteils als überholt gelten.

Weitere Perspektiven werden sich aus komparatistischer Forschung ergeben. „Die Eigenart des deutschen Kinderliedes im Vergleich mit dem Kinderlied anderer Völker herauszustellen, ist eine bis jetzt noch nicht in Angriff genommene Aufgabe" (Seemann 1958, S. 819). Dies gilt fast uneingeschränkt bis heute. Hier bieten sich zunächst die schon besser durchleuchteten Bezugsgegenstände an wie etwa der von dem Forscherehepaar *Iona* und *Peter Opie* (z. B. 1951) dargestellte englische Kinderreim (vgl. auch Böckheler 1935, Hildebrandt 1970), der nicht zuletzt Enzensberger zu seiner Sammlung „Allerleirauh" inspiriert hat.

Von volkskundlicher Forschung einmal abgesehen, gehört Kinderlyrik bis heute zu den Bereichen, deren exakte wissenschaftliche Erfassung durch irreführende Assoziationen und eine falsche Scheu vor dem kindlichen Gegenstand behindert wurde. Damit ist nicht die große Anzahl allzu subjektiver Einzelbeiträge gemeint, sondern vor allem die unglückliche Vermischung von Wissenschaftlichkeit und Kindertümlichkeit in den meisten heutigen Sammlungen, wozu eigentlich schon Simrock (1848) das „Urbild" abgegeben hat.

Als letzter Aspekt sei stellvertretend für weitere der literarhistorische berührt. Auch wenn es ältere Abhandlungen (Köster 1972 = [4]1927; vgl. ebd. S. 557–561 die Ergänzungen von Walter Scherf) und Teildarstellungen (Göpel 1935, Kürth 1955, Abel-Struth 1971 u. a.) gibt, eine umfassende Geschichte des deutschen Kindergedichts wurde bisher nicht geschrieben; den richtungweisenden Anfang hat James Krüss (1959 b) gemacht.[4]

3. Genese und Funktionalität

3.1. Entstehung und Autor

Kinderlyrik als Oberbegriff eines komplexen Gegenstandes intendiert auch Komplexität der Genese. Vereinfachend könnte man ausgehen von einer Grobeinteilung in Kindervolkslied, also anonyme Reime, Gedichte, Lieder, und Kinderkunstlied, also Texte mit bekanntem Verfasser, doch sind sogar hier die Grenzen fließend, was aus Vorgängen der jüngeren Vergangenheit und der Gegenwart ohne weiteres erhellt. Selbst im Zeitalter der schriftlichen Fixierung dringen die meisten Autorennamen auch populärer Texte – der Schlager wäre hier ein typisches Parallelbeispiel – kaum ins öffentliche Bewußtsein. Kinderkunstlieder werden „volkstümlich"; ein Prozeß, der sich dauernd vollzieht. „Klassisches" Beispiel ist der hohe Bekanntheitsgrad von Kinderliedern wie „Kuckuck, Kuckuck ruft aus dem Wald", „Ein Männlein steht im Walde", „Alle Vögel sind schon da", „Summ, summ, summ", aber die äußerst geringe Kenntnis von ihrem Verfasser Heinrich Hoffmann von Fallersleben.

Um die Phänomenologie der Kinderlyrik durchschaubar zu machen, muß man bei der Betrachtung der Ursprünge und Entwicklungslinien etwas differenzierter vorgehen. *Ruth Lorbe* hat versucht, die vielfältigen Möglichkeiten u. a. in einer Graphik zu verdeutlichen (1974, S. 181; ähnlich 1971, S. 137):

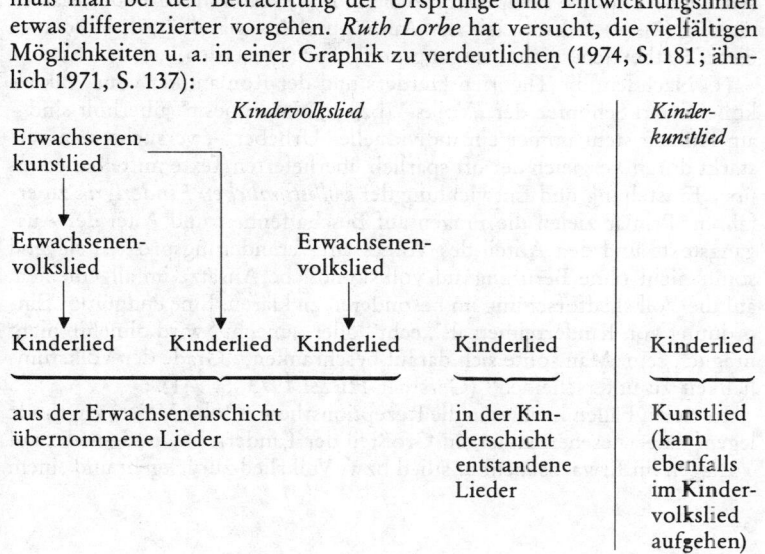

Damit sind bestimmt die meisten Ausgangspunkte erfaßt, wenngleich das Hauptaugenmerk auf dem Kindervolkslied liegt, während beim Kinderkunstlied nicht weiter unterschieden wird. Das wird damit begründet, „daß das Kindervolkslied den eigentlichen Kern der Gattung darstellt. Es ist das Beständige, das politische, gesellschaftspolitische und modische Umstürze absorbieren und überdauern kann, während das Kinderkunstlied innerhalb der Kinderlyrik jeweils eine mehr vorübergehende Rolle spielt und, wenn es nicht in den Bestand des anonymen Kindervolksliedes einfließt, nach einiger Zeit veraltet und höchstens noch von historischem Interesse ist" (Lorbe 1974, S. 186).

Um einige neue Akzente zu setzen, sollen vier wesentliche Bereiche etwas näher untersucht werden:

(1) Anonyme volkstümliche Kinderreime und -lieder mit verschiedenen Quellen und Urhebern
(2) Texte von Kindern, mit „bekanntem" Autor und meist unter Anleitung entstanden
(3) Kinderlyrik, von Erwachsenen speziell für Kinder verfaßt
(4) Ursprünglich Erwachsenen zugedachte Lyrik, die ohne Veränderung kindliches Literaturgut geworden ist

Es ist klar, daß mit Punkt (1) der komplizierteste Bereich, das Kindervolkslied, abgedeckt ist, während die Punkte (2) – (4) in differenzierender und ergänzender Weise, z. B. (2) und (4), das Kinderkunstlied erfassen. Dabei sind die Hauptkennzeichen für (1) Anonymität und Variabilität, für (2)–(4) Bekanntheit des Autors und Invariabilität, d. h. solange diese Textbereiche nicht Ausgangspunkt für (1) werden.

(1) Nachdem die Theorien Herders und der Romantiker vom Volk als kollektivem Schöpfer der „Volks-" bzw. „Naturpoesie" überholt sind – am Anfang steht immer ein individueller Urheber –, versucht man verstärkt durch Vergleich der oft spärlich überlieferten Texte mittelbar etwas über Entstehung und Entwicklung der *volkstümlichen Kinderlyrik* zu erfahren. Primär zielen die Fragen auf Beschaffenheit und Alter der Ausgangstexte und den Anteil des Volkes am Veränderungsprozeß; sie sind somit nicht ohne Berufung auf volkskundliche Ansätze im allgemeinen, auf die Volksliedforschung im besonderen zu klären. Eine endgültige Einordnung von Kinderreimen als „echt" oder „unecht" wird ohnehin nicht möglich sein. Man sollte sich darauf beschränken, „Grade der Volkstümlichkeit zu unterscheiden" (Gerstner-Hirzel 1973, S. 941).

In vielen Fällen kann man die Rezeptionstheorie John Meiers zugrunde legen, da erwiesenermaßen ein Großteil der Kinderreime und -lieder auf Vorlagen im Erwachsenenkunstlied bzw. Volkslied zurückgeht und einem langen „Zersingeprozeß" unterworfen war. Der Vorgang ist vielgestaltig, denn die Übernahme konnte mittelbar über das zum Volkslied „gesunkene" Kunstlied oder unmittelbar aus diesem geschehen. Freilich sind dann manchmal „unkindliche typische Erwachsenenmotive noch viel deutlicher erkennbar" (Lorbe 1974, S. 183), z. B. in den Nürnberger Kinderliedern mit Soldatenliedmotiven „Bin ein zerlumptes Mädchen", „Ich bin ein armes Mädchen", „Inge fuhr zum ersten Mal" (Lorbe 1971, S. 138).

Hans Naumann war es vor allem, der in den zwanziger Jahren mit seiner These vom „gesunkenen Kulturgut" die Abhängigkeit der Volkskultur von der Hochkultur herausgestellt hat.

An der negativen Bedeutung des „Zersingens" hat sich die Diskussion weiter entzündet, und obwohl sich in den Varianten von alten, mündlich tradierten Reimen Fehler, Widersprüche und Sinnentstellungen nachweislich häufen, hat man im Anschluß an romantische Theorien, allerdings mit anderen Begründungen, eine Aufwertung im neutralen Begriff des „Umsingens" oder im positiven des „Zurechtsingens" zu erreichen versucht, indem man gerade das Kinderlied als Relikt einer früheren ganzheitlichen Kultur (z. B. in der musikalischen Jugendbewegung) oder als Ausdruck einer seelisch-gesellschaftlichen Grundschicht der Bevölkerung gesehen hat (vgl. Abel-Struth 1977, S. 193). Diese Gemeinsamkeit konnte natürlich auch neben geschlechtlicher oder beruflicher die altersmäßige Geschlossenheit der Gruppe sein, d. h. also hier der Kinder.

Besonders die sozialistische Volkskunde knüpft heute verstärkt an Theorien Bogatyrews und Jakobsons aus den zwanziger Jahren an. Folklore realisiere sich im „kollektiven Schaffen", existiere nur in ihrer Funktion und sei deshalb im Gegensatz zur Literatur im engeren Sinn variabel. „Wesentlich ist nicht das außerhalb der Folklore liegende Entstehen und Sein der Quellen, sondern die Funktion des Entstehens, die Auswahl und die Transformation des entlehnten Stoffes" (zit. n. J. Schmidt 1977, S. 17).

Der produktive Anteil der Kinder, bei dem man noch nach Charlotte Bühlers literaturpsychologischen Prinzipien des Erfindens und des Entdeckens differenzieren könnte (vgl. Hetzer 1927, S. 28 ff.), ist nicht leicht auszumachen. Während er bei manchen (Böhme, Wehrhan u. a.) im Sinne der Pommerschen Produktionstheorie neben der Anonymität zum genetischen Hauptkennzeichen erhoben wird, indem Improvisation und Neuschöpfung als sich ergänzende Komponenten gesehen werden, warnen andere vor einer Überschätzung (z. B. Gerstner-Hirzel 1973, S. 937). Fest steht, daß Kinder sehr stark an den Veränderungsvorgängen beteiligt, weniger dagegen selbst eigenschöpferisch tätig sind, obwohl man in manchen volkstümlichen Texten reine Kinderprodukte erkennen möchte. Gerade in den Sammlungen „verbotener" Kinderreime, wie sie Rühmkorf und Borneman zusammengestellt haben, ist die Abhängigkeit, ob inhaltlich, sprachlich oder formal, vom „Erwachsenenvorbild" fast immer ganz offensichtlich. Auch Robert Petsch (1938, S. 159) stellte fest, daß das spielerische Element in den Kinderreimen nicht am Anfang stand, sondern bereits eine „Auflöseerscheinung" der ursprünglich vorgegebenen Kleindichtung darstellt.

Neben dem Erwachsenenkunstlied wird auch das „primitiv" entstandene Erwachsenenvolkslied, das spezifische motivliche und formale Merkmale aufweist, als unmittelbare Quelle für volkstümliche Kinderlyrik erkannt (vgl. Lorbe 1971, 1974). Darunter fallen besonders solche Texte, in denen alte Bräuche und rituelle Handlungen durchscheinen, denn deren Ursprung ist kaum in der Kinderschicht anzunehmen. Die Forschung des 19. Jahrhunderts (z. B. E. L. Rochholz, H. Dunger, F. M. Böhme) ging bei der Altersbestimmung meist zu weit, indem sie primär unter dem Postulat der germanischen Mythologie die Reime deutete und überall heidnische Relikte nachzuweisen versuchte, z. B. in Gestalten wie Kobolden, Frau Holle oder den drei Frauen.

Bei manchen Texten darf man getrost von einer längeren Tradition ausgehen, auch wenn nur wenige schriftliche Belege einen tatsächlichen Nachweis zulassen, z. B. bei Motiven aus der Geschichte oder dem Rechtsleben; für das meiste sind wir auf Vermutungen angewiesen. Zu Hauptobjekten mythologischer Spekulation wurden Kinderlieder wie „Ist die schwarze Köchin da?", „Es tanzt ein Bi-Ba-Butzemann" oder „Das bucklige Männlein", in dem Lutz Röhrich (1973, S. 126) „nicht mehr als eine Figur der Kindermythologie, eine kindertümliche Personifizierung der Tücke des Objekts" sieht. Nichtchristliche Vorstellungen mögen, wie in der Volksüberlieferung überhaupt, so auch im Kinderreim nachleben, selbst die Dämonenangst vieler Kinderspiele gilt in neuerer Forschung jedoch nicht als Nachweis einer ungebrochenen Tradition germanischer Mythologie. Als Gegenbeweis wird u. a. die Schwelle vom Stabreim zum Endreim ins Feld geführt (vgl. Gerstner-Hirzel 1973, S. 931; zum Überblick Lorbe 1971, S. 116 ff.).

Wurde bisher auch vorwiegend von Vorbildern und Entwicklungslinien gesprochen, so darf doch der Aspekt der spontanen Eigenproduktion, gerade bei altersspezifischer Literatur, nicht unbeachtet bleiben. Ruth Lorbe (1971, S. 140 f.) meint, daß manches Liedmaterial, wie bestimmte Spiellieder, Neckverse und Abzählreime, von Form und Stoffwahl her „allein der kindlichen Initiative entsprungen" sein müssen; so lehnt sie die von Naumann für das primitiv entstandene Erwachsenenvolkslied aufgestellte These, daß selbst hier höhere Kunst das Muster abgegeben haben müsse, für das primitiv entstandene Kindervolkslied ab:

„Alle unsere spontan entstandenen Kindervolkslieder stellen etwas völlig Einmaliges, Eigentümliches dar und liefern den Beweis dafür, daß die Kinderlieder nicht nur eine alte Tradition weiterführen und erhalten, sondern daß diesem alten Bestand auch ständig Neues zuwächst. So birgt das Kinderlied in sich gleichzeitig Tradition und neues ursprüngliches Leben. Bezeichnend ist, wie sehr die spontan entstandenen Kinderlieder untereinander über Sprach- und Kulturkreis-Grenzen hinweg in ihren Grundzügen sich ähneln" (ebd. S. 141).

Gerade der letzte Hinweis öffnet den Blick für die Anwendung verschiedener Theorien. Wieweit allerdings die Deutung der „einfachen Formen" als ursprüngliche Sprachgebärden (André Jolles [4]1968) oder ihr Verständnis im Sinne von Robert Petsch bzw. Wolfgang Mohr als „Darbietungsformen", die bestimmten Erwartungshaltungen entsprechen (vgl. dazu Bausinger 1968, S. 59), für den Kinderreim zutrifft, ist fraglich, da Ansätze zwar schon in der Kulturstufentheorie zu finden sind, aber die Problematik selbst für die Volksdichtung allgemein nicht hinreichend geklärt ist.

Bestimmt wichtiger werden künftig im Hinblick auf den permanenten Veränderungs- und Schaffensprozeß im Kindermund ontogenetische Erkenntnisse, wie sie vor allem die Psychologie seit dem 19. Jahrhundert vereinzelt geliefert hat und wie sie heute Pädagogen und Sozialpsychologen zu gewinnen suchen – man denke nur an S. Freud, L. S. Wygotski, F. Kainz, J. Piaget und G. H. Mead –, denn die Antriebe zum spielerischen Umgang mit Sprache liegen auch im Kind selbst sowie im Vorgang des Spracherwerbs und der Sprachentwicklung begründet. So schreibt Roman Jakobson: „Eine typische Eigenheit der Kinder-Sprache ist die enge Verbindung zweier Funktionen – der metalinguistischen und der poetischen – die in der Erwachsenen-Sprache völlig getrennt sind" (zit. n. Zimmermann 1977, S. 46 f.). Diese „Poesie" des Kindesalters, die aus phonetischen und semantischen Assoziationen besteht und m. E. als Kennzeichen der „inneren" Sprache selbst noch beim Erwachsenen anzusehen ist, stützt sich auffälligerweise auf den Vers, also eine der normalen Rede möglichst unähnliche Form (vgl. Lotman 1972, S. 144), eine Tatsache, die man auch phylogenetisch festgestellt hat, die man aber gerade im neueren reimlosen sozialistischen Kindergedicht nicht als gegeben hinnehmen möchte (vgl. Kap. 4.3.).

Die affektiven Spannungen und Antriebe im Kind, sich ständig der Umwelt einordnen zu müssen, bewirken zunächst das Gegenteil, nämlich die Anpassung des Außen an die Vorstellungen des Ich, und dafür ist die Sprache das entscheidende Medium. Mit ihr wird aus einem Lustaffekt heraus gespielt, und der Trieb zum Sprachunsinn erfährt so seine Befriedigung. Einen äußerst wichtigen Teilbereich, das kindliche Lachen, dessen Beweggründe in der Haltung des Kindes zu Sprache und Umwelt liegen und das z. B. durch distanzierende, nachahmende und karikierende Äußerungen gegenüber einer bereits überwundenen Sprachstufe befriedigt werden kann, hat Hermann Helmers in „Sprache und Humor des Kindes" (1965; vgl. auch 1971) ausführlicher untersucht. Insgesamt aber bleibt hier in bezug auf die Entstehungsbedingungen, die Ausdrucksformen und die Entwicklungsphasen kindlicher „Poesie" der Forschung noch ein weites Feld.

Unter Bezug auf allgemeine Theorien Hermann Bausingers (1968, besonders S. 47 u. 50) könnte man die Situation der volkstümlichen Kinderlyrik heute unter zwei Aspekten sehen, einmal unter der sich gerade im Bereich der Kinderlieder (Spiellieder) fortsetzenden Folklorisierung, zum andern unter dem der immer stärkeren Grenzverwischung zwischen Folklore und Literatur, denn auch die mündlich tradierten Kinderreime und -lieder sind durch die schriftliche Fixierung und Verbreitung vielfach zu festen Gattungen der Literatur geworden.

(2) Über *Texte von Kindern* wurde auch zuletzt gesprochen, aber in einem anderen Sinn. Die Übergänge sind fließend durch die altersmäßige Gemeinsamkeit der Produzenten, doch sollen hier nur die von Kindern bewußt verfaßten „Gedichte" gemeint sein. Programmatisch seien Aufsatz-Titel genannt wie „Schreiben mit Kindern" (Blaich 1975) oder „Eigenes Gestalten von lyrischen Vorformen in der Grundschule" (Steinbrinker 1973); sie deuten schon an, daß es weniger um das unbewußte, fast intuitive Spiel mit Sprache geht, sondern daß bestimmte Voraussetzungen wie Anregung und Hilfe durch den Erwachsenen oder schriftliche Fixierung und invariable Form erfüllt sein müssen, obwohl man sich natürlich gerade auch hier die genannten Motivationen zunutze machen wird. Der Raum für solch kreatives Schaffen war und ist in erster Linie die Schule, ein Zustand, der immer wieder übermäßig, aber in Anbetracht der großen Effektivität und fehlender Alternativen bestimmt zu Unrecht bedauert wird. Die tägliche literarische Produktion, auf die unter didaktischen Aspekten in Kapitel 7. näher eingegangen wird, übersteigt alle anderen Bereiche der Kinderlyrik beträchtlich, doch gewinnt nur das allerwenigste über den vorgegebenen sozialen Rahmen hinaus Bedeutung und gelangt

als autorisierte Literatur ins öffentliche Bewußtsein. Sehr vieles dürfte wieder Grundlage für das freie poetische Spiel mit Sprache werden.

Gewisse Ausnahmen sind Gedichte von Kindern, wie sie vereinzelt in wissenschaftlichen Aufsätzen (z. B. Doderer 1968), didaktischen Darstellungen (z. B. Steinbrinker 1973, Ulshöfer 1971) oder gemischten Anthologien (z. B. Krüss 1959 b) veröffentlicht sind. Auf einige der wenigen speziellen Anthologien mit Kindergedichten, die in einer Art „Wettbewerb" zu Hause entstanden sind, wurde bereits hingewiesen.

(3) Das Gros der im allgemeinen Bewußtsein verankerten Kinderlyrik stellen Gedichte und Lieder, die von Erwachsenen eigens für Kinder verfaßt wurden, sog. *Kinderkunstlieder* oder „*-gedichte*" mit den Kennzeichen der Invariabilität, einer geschlossenen künstlerischen Form, der schriftlichen Fixierung und der Bekanntheit des Autors. Die genannten folkloristischen Prozesse können natürlich im einen oder anderen Fall diese Regel außer Kraft setzen: Der Autorenname verblaßt, der Text wird in mündlicher Tradierung verändert, er wird „volkstümlich". Varianten bekannter Kunstlieder finden sich selbst in schriftlicher Verbreitung häufig.

Seit mit Christian Felix Weiße im 18. Jahrhundert eine bewußte Kindergedicht-Produktion eingesetzt hat, haben sich zahlreiche bekannte und weniger bekannte Namen diesem Metier gewidmet. Die besonders aktive Beteiligung des Pädagogenstandes kam nicht von ungefähr, war doch er am besten mit den angestrebten Zielen und der Adressatengruppe vertraut. An der sozialen Rekrutierung der Autoren hat sich bis heute nicht viel geändert. Daraus geht natürlich mit hervor, daß Kinderlyrik meist ein „Nebenprodukt" ist, das sich aus der beruflichen oder anderweitiger schriftstellerischer Tätigkeit herleitet. Auch das Heer der schreibenden Laien war hier schon immer sehr groß, woraus sich nicht zuletzt eine weitverbreitete Minderwertung – ein Problem der Kinderliteratur überhaupt – ergibt (dazu vgl. auch Kap. 5.). Andererseits verhindern vor allem existentielle Gründe eine fast ausschließliche Hinwendung zur Kinderlyrik. Nur wenige Ausgaben wurden so erfolgreich wie Heys und Speckters „Fünfzig Fabeln für Kinder" (1833), wie Gülls und Poccis „Kinderheimat in Liedern" (1836) oder Paula und Richard Dehmels „Fitzebutze" (1900) mit den Bildern von Karl Hofer. Ausnahmeerscheinungen der Gegenwart sind James Krüss (geb. 1926), der einen Großteil seines Schaffens dem Kindergedicht gewidmet hat, und Josef Guggenmos (geb. 1923), der beruflich mit der größten Berechtigung als „Kinderlyriker" bezeichnet werden darf, während die meisten anderen Autoren nur mit einzelnen Gedichten oder Gedichtbändchen hervorgetreten sind.

Die Anlässe und Motivationen, Kindergedichte zu schreiben, sind im Prinzip die gleichen wie im Bereich Kinderliteratur allgemein, von Autor zu Autor, von Gedicht zu Gedicht können sie jedoch recht verschieden sein. Weniges ist aus rein dichterischen Bedürfnissen entstanden, das meiste hat ziemlich pragmatische Hintergründe. Christian Felix Weiße schrieb in einer aufklärerischen Protesthaltung gegen die schlechten Ammenreime seiner Zeit (vgl. Kap. 2.2.), Wilhelm Hey, der schon länger Gedichte zu allen möglichen Gelegenheiten verfaßt hatte, mußte erst zur Publikation überredet werden, und Theodor Storm schrieb viele Kindergedichte zunächst für den familiären Gebrauch an den wichtigsten Festtagen des Jahres, z. B. seine bekannten Weihnachtsgedichte. Sehr vieles ist einfach Auftrags- oder Zweckdichtung, z. B. zur verbalen Gestaltung von Bilderbüchern.

Bezeichnend ist eine Episode um Goethe, der zur Kinderliteratur bekanntlich kaum etwas beigetragen hat. Nachdem er die Elementarschule de l'Aspées, eines Schülers von Pestalozzi, in Wiesbaden besucht hatte, erinnerte sich später eine Schülerin:

„Um den Namenstag unsers hochverehrten und innig geliebten Lehrers zu feiern, hatten wir einmal einige Zeilen aufgesetzt, in denen wir ihm unsere Glückwünsche darzubringen gedachten. Da tauchte plötzlich in uns der Gedanke auf, daß Goethe sich vielleicht bewegen ließe, unsre Zeilen in Verse umzusetzen. Schüchtern naht sich die Kinderschar dem großen Manne und trägt ihm ihr Anliegen vor, indem sie ihm die niedergeschriebenen Sätze übergibt. Darauf erwiderte Goethe zuerst mit einem gelinden Verweis, daß wir ihm ein zu kleines Stückchen Papier gebracht hätten; man müsse, fügte er hinzu, stets auf einem großen Stück Papier beginnen, der kleine Raum beenge auch die Gedanken. Nachdem wir hierauf ein größeres Blatt herbeigebracht, schrieb Goethe, während wir ihm staunend zuschauten, in kurzer Zeit auf dasselbe einige Strophen, die den Inhalt unserer Worte genau wiedergaben. Noch heute sehe ich im Geiste den großen Mann, wie er erst einzelne Worte in angemessenen Zwischenräumen niederschrieb und dann, die Silben mit der Federspitze zählend, die Lücken allmählich ausfüllte. Zuletzt zeichnete er unter die Verse eine aufgehende Sonne und schrieb auf ihre Strahlen unsere Namen, die er sich von uns nennen ließ" (zit. n. „Goethe und die Kinder" 1974, S. 44 f.).

Nur bei wenigen Gedichten sind wir so gut über die Entstehungsgeschichte informiert wie bei einigen der bekanntesten von James Krüss. In „Naivität und Kunstverstand" (1969, S. 49–55) reflektiert er im Kapitel

„Bemerkungen für Lehrer über drei meiner Kindergedichte", zunächst für das Lehrerheft zu einem Lesebuch geschrieben, über die Antriebe und Probleme:

„Wenn ich mich längere Zeit mit einem Thema beschäftige, pflegt in der nächstfälligen Vollmondnacht etwas Lesbares daraus zu werden. Im vorliegenden Fall lag die Bitte des Bayerischen Rundfunks vor, Zauber- oder Geistergedichte zu schreiben. Also spielten die Gedanken, und als die Vollmondnacht kam, verfaßte ich in einer einzigen Nacht zwölf Kindergedichte über Zauberer und Geister. Zehn davon landeten schon am nächsten Morgen im Papierkorb. Zwei wurden überarbeitet" (ebd. S. 49).

Das eine, „Der Zauberer Korinthe", wurde vielleicht sein bekanntestes Gedicht. Sein erstes Werk als halbwegs Erwachsener, das auf dem Deich von Duhnen entstand, ist „Marmelade – Schokolade" (ebd. S. 51 ff.). Besonders anschaulich geschildert ist der kurvenreiche Werdegang, den das Gedicht „3 x 3 an einem Tag" vom Ursprungsgedicht „Fünf mal fünf" bis hin zum prämierten Bilderbuch, zusammen mit Eva Johanna Rubin, gehabt hat. "Die Entstehung dieses Gedichts ist ein Stück meiner Biographie, die in bezug auf diese Verse einen verteufelten Drei-Jahres-Zyklus durchgehalten hat" (ebd. S. 53 f.).

Aus einer Protesthaltung gegen die Traditionen im beschönigenden „bürgerlichen" Kindergedicht und aus dem Wunsch heraus, aktuelle, provozierende Texte an dessen Stelle zu setzen, kommt es zu verschiedenen Versuchen, die bisher meist wenig wirkungsvoll geblieben sind. So gründete sich 1970 in Berlin innerhalb der Künstlervereinigung „Die Rote Nelke" aus Eltern, Pädagogen, Sozialarbeitern, Psychologen und Musikern ein Arbeitskreis „Kinderlied", der es sich zur Aufgabe machte, nicht nur das vorhandene Angebot zu sichten, sondern auch selbst sinnvolle wirklichkeitsnahe Texte zu verfassen (vgl. Budde 1972).

Ähnliche Ziele verfolgen neuerdings bekannte Liedermacher wie Dieter Süverkrüp mit seinem „Baggerführer Willibald" (als Buch hrsg. v. Kuhnke 1973) oder Eckart Kahlhofer, der eine Schallplatte mit dem Titel „Wenn die Affen träumen" (CBS 53596) mit selbst getexteten und komponierten Kinderliedern besungen hat (vgl. Rainer Wagner 1975).

Das meiste in der Gegenwart unter starr ideologischen Intentionen Geschaffene übertrifft allerdings die pädagogische Penetranz früherer moralisierender Kindergedichte noch erheblich.

Wirklichkeitsnähe, politische Erziehung und Affirmation im sozialistischen Sinn strebt auch das DDR-Kindergedicht an. Autoren und Theoretiker haben sich in programmatisch betitelten Aufsätzen ausführlich dazu geäußert, so Reinhard Bernhof („Warum ich auch Gedichte für Kinder schreib", 1974), Edith George („Lyrik für Kinder und politische Weltsicht", 1974), Helmut Preißler („Auf der Suche nach dem Beweggrund", 1970) und Viktoria Ruika-Franz („. . . weil ich verändern will", 1974); als Motivation nennt sie (S. 30):

> „Ich schreibe Gedichte, weil ich verändern will, ich schreibe für Kinder, weil nirgendwo so effektiv wie bei ihnen der Hebel für das Verändern angesetzt werden kann, hier sind Verstand, Gefühl, Charakterbildung und Geschmacksentwicklung am nachhaltigsten zu beeinflussen . . . Das Kindergedicht ist eine Chance für den Sozialismus, so wie der Sozialismus eine Chance für das Kindergedicht ist."

Damit sind verschiedene Antriebe und Entstehungsprozesse angedeutet, bestimmt aber nicht alle genannt. Ein Aspekt sollte, auch wenn er bisher kaum ins Gewicht gefallen ist, nicht übergangen werden: Ein deutsches Kindergedicht kann das Produkt der Übersetzung aus einer anderen Sprache sein. Die Eigenkreativität des Übersetzers oder besser des „Nachdichters" kann man, wie bei Lyrik überhaupt, gar nicht hoch genug veranschlagen, denn die Vorlage muß im Hinblick auf Vers, Reim und Inhalt meist ziemlich neu gestaltet werden. Wieweit dabei ursprüngliche Absichten und Wirkungen verlorengehen, ist eine andere Frage. Auf die Problematik hat der polnische Wissenschaftler und Übersetzer Oskar Jan Tauschinski (1978) hingewiesen, besonders im Zusammenhang mit Jan Brzechwa, dessen Humor schwer übersetzbar ist, von dessen Kindergedichten es aber reizvolle Übersetzungen ins Deutsche gibt. Unter didaktischen Aspekten bietet H.-J. Kliewer (1974, S. 190 ff.) einen aufschlußreichen Vergleich zwischen einem Originaltext und mehreren Übersetzungslösungen an.

Immerhin lassen sich innerhalb der Kinderlyrik bekannte und erfolgreiche Beispiele aufzählen: James Krüss hat u. a. Reime und Gedichte aus dem Englischen, Slowenischen, Serbokroatischen, Polnischen, Tschechischen, Dänischen und Japanischen übersetzt (vgl. Bibliographie in: Oetinger Almanach 1976, S. 132 ff.), Josef Guggenmos (z. B. R. L. Stevenson 1975) und Elisabeth Borchers (z. B. K. Greenaway 1974) ebenfalls aus dem Englischen, Hans Baumann aus dem Russischen (1973 a).

(4) So wie vieles, was ursprünglich nicht für Kinder gedacht war, volkstümliches Kindergut geworden ist, so sind auch manche „Erwachsenengedichte" allmählich zu „Kindergedichten" geworden. James Krüss hat für diese Art von Gedichten neben „Kindergedicht" den unterscheidenden

Terminus *„Gedichte für Kinder"* verwendet (vgl. Kap. 1.). Damit sind, soweit man das im Einzelfall überhaupt entscheiden kann, nicht die großartigen Kindergedichte gemeint, wie sie uns die bekanntesten Dichter, von Rückert über Mörike bis Brecht, als Ausnahmeprodukte beschert haben, sondern Gedichte, bei denen die Autorenintention in bezug auf die Rezipientenschicht ursprünglich eine andere war. James Krüss selbst bietet in seiner Sammlung „So viele Tage wie das Jahr hat" (1959 b) mehrere Beispiele dafür, etwa mit Walther von der Vogelweides Winterlied, dem Falkenlied des Kürenbergers, Höltys „Mailied", Goethes „Türmerlied", Liliencrons „Die Musik kommt" oder Hofmannsthals „Der Schiffskoch, ein Gefangener, singt".

Über die Aufnahme von Gedichten wie Goethes „Der Fischer", „Gefunden", „Der Zauberlehrling" oder „Heidenröslein" in Kindergedicht-Anthologien und selbst in Grundschullesebücher wird man gar nicht mehr verwundert sein. Auch schwierigere Texte wie die Balladen Schillers sind schon im Laufe des vorigen Jahrhunderts zum festen Lesegut für Kinder höheren Alters bzw. Jugendliche geworden. Natürlich konnte dies nur – dasselbe gilt um so mehr für heute – unter den Fittichen der Pädagogik geschehen.

Trotz allem ist die Zahl der Gedichte, die bleibendes „Kindergut" geworden sind, nicht hoch. Dies ist ein Problem der „Altersgemäßheit", worüber später noch zu sprechen sein wird. Bei den meisten Gedichten handelt es sich naturgemäß um einfache Liedtexte, die im Anschluß an die Aufwertung des Volksliedes entstanden sind, und um leichter verständliche Erzählgedichte und Balladen. Allerdings haben auch immer mehr Nonsens-Verse und Sprachexperimente, z. B. konkrete Poesie von Ernst Jandl oder dadaistische Gedichte wie Hugo Balls „Karawane", diesen Prozeß durchgemacht.

3.2. Benützer und Adressat

Kinderlyrik ist, wie im folgenden Kapitel noch ausführlich dargelegt wird, vielfach Gebrauchsdichtung im engeren Sinn und damit als Kommunikationsinstrument im sozialen Kontext zu betrachten. Verfasser und Benützer, d. h. Sprecher, Leser, können sowohl Erwachsene – sie sogar primär – wie auch Kinder sein, der „intendierte" Adressat ist im Regelfall das Kind.

Kinder können für sich allein aus innerem Antrieb und aus Freude mit Elementen der Sprache spielen; sie rezitieren und variieren Reime und Gedichte oder Teile daraus und begleiten ihr Tun mit Liedern.

Die Funktion fast aller Kinderreime und -lieder findet aber erst entsprechende Erfüllung in der Beziehung der Kinder zueinander. Mit Spott- und Neckversen werden andere angesprochen und provoziert, mit Rätselversen und obszönen Texten beweist man sich im Kreise der Gleichaltrigen, und unter Verwendung verschiedenster Reime und Lieder laufen die meisten Spiele ab. Es liegt auf der Hand, daß die Kinder, die weniger stark in familiäre und schulische Prozesse eingespannt sind und somit mehr Gelegenheit zur freien Kommunikation mit anderen Kindern haben, in besonders hohem Maße passive und aktive Träger dieser Gebrauchsliteratur sind. Ruth Lorbe (1971, S. 107 ff.) hat von der Sozialstruktur her sogar Unterschiede in einzelnen Stadtvierteln Nürnbergs festgestellt.

Natürlich richten sich Kinder mit Reimen und Gedichten auch direkt an Erwachsene. Neck- und Spottverse auf diese müssen nicht nur im Kinderkreis blühen, besonders harmlosere Varianten und spezifische Texte wie Handwerker- oder Nikolausneckverse erfüllen ihre Aufgabe erst, wenn sie der entsprechenden Adressatengruppe zu Gehör gebracht werden. Derselbe kommunikative Bezug ergibt sich bei der Verwendung von Glückwunschtexten oder Heischeliedern verschiedenster Art. Die Kinder dominieren als Träger solcher Lieder, die sie an verschiedenen Kalenderfesten an die Erwachsenen als „Geber" richten; bei manchen Anlässen wie am Nikolaustag oder beim Christkindl-Singen sind sie sogar die alleinberechtigten „Benützer" (vgl. Siuts 1968, besonders S. 115).

Nicht unerwähnt lassen sollte man den Vortrag von Gedichten und Liedern durch Kinder in bestimmten Situationen, wie sie im Familienkreis, im schulischen Unterricht, bei Festen aller Art usw. gegeben sind.

Umgekehrt befinden sich auch Erwachsene in der Rolle des Senders, Kinder in der des Empfängers. Und zwar ist dies entwicklungsmäßig schon sehr früh der Fall, wenn das Kleinkind von Geburt an aufgeheitert, unterhalten, beruhigt oder in den Schlaf gesungen werden soll. Wird mit der Vielfalt von Kinderstubenreimen begonnen – bei Riedl/Klier (1957) heißt die Gruppe „Beschäftigungen und Spiele der Erwachsenen mit dem Kind" –, so treten später Texte mit lehrhafter oder unterhaltender Funktion wie Lehr-, Fabel-, Erzähl-, Spielgedichte u. a. an deren Stelle. Vor allem das Kind als Nicht-Leser im Vorschul- und ersten Grundschulalter ist bei bestimmten schwierigeren Textbereichen auf den Erwachsenen als persönlichen Vermittler oder auf Tonträger wie Schallplatte, Kassette angewiesen. Eltern, Erzieher, vor allem Lehrer, manchmal auch Schauspieler und Rezitatoren in Lesungen sprechen mit Gedichten das Kind an. Nicht nur reflektierende Äußerungen von Autoren über ihre Zielgruppe, sondern auch die inhaltliche und sprachliche Gestaltung beweisen diesen unmittelbaren Verwendungszusammenhang. Die Texte sind je nach Intention beruhigend, fragend, belehrend, moralisierend u. a. und wenden sich häufig in Anreden wie „du" oder „ihr" direkt an das Kind, während Nachahmung kindlicher Sprache, z. B. Lallsprache, durch Erwachsene oder „ich"- und „wir"-Gedichte Kindern bessere Identifikationsmöglichkeiten bieten sollen. Die der Kinderlyrik adäquate Form mündlicher Vermittlung wird dadurch ebenfalls unterstrichen.

Erwachsene können mit Kinderlyrik in ihrer Primärfunktion niemals Erwachsene ansprechen; ein derartiger Kommunikationsakt spielt sich höchstens auf der Ebene interessierter Reflexion, wissenschaftlicher Diskussion oder spielerischer Verfremdung ab.

3.3. Funktionalität und Typologie

Die Bedeutung der Kinderlyrik wird offensichtlicher als bei den meisten anderen literarischen Gattungen von der Funktion, vom Verwendungszweck, vom „Gebrauchswert" her bestimmt; das gilt besonders für das Kindervolkslied, für Spiellieder aller Art ohnehin. Die exemplarische Feststellung Hans Magnus Enzensbergers: „Der Vers besiegt das Geschrei" (Prospekt des Suhrkamp Verlags zu „Allerleirauh" 1961) wird von Emily Gerstner-Hirzel (1973, S. 942) mit anderen Worten untermauert: „Die Funktionsbezogenheit ist ein Grundzug des Kinderreims." Trotzdem kann man natürlich auch lehrhafte, moralisierende oder ideologische Gedichte unter diesem Aspekt sehen. Ja, man hat in der Funktionalität bisher überhaupt die einzige Möglichkeit gefunden, sinnvolle Kategorien zu bilden und eine Typologisierung und Klassifizierung vorzunehmen, was in früheren Sammlungen noch weniger beachtet wurde oder z. T. recht willkürlich geschehen ist, denn andere Einteilungskriterien wie Thematik/Motivik ergaben zu viele Überschneidungen, während die Gliederung nach dem Alter und Entwicklungsstand des Kindes, wie sie in neuerer Zeit H. M. Enzensberger (1961) praktiziert hat, unbedingt die Mitberücksichtigung der Funktion erfordert.

Trotzdem ergeben sich auch bei einer funktionsbezogenen Einteilung verschiedene größere Schwierigkeiten. Da ist zunächst der im Laufe der Zeit eingetretene Funktionsverlust zu nennen, bzw. die ursprüngliche Funktion wird gerade bei oft verstümmelt oder fragmentarisch weitergegebenen oder von Sammlern unvollständig aufgezeichneten Reimen nicht mehr erkannt; man erinnere sich nur an die unterschiedlichsten mythologischen Deutungsversuche! Andererseits kann allmählich Funktionswechsel eingetreten sein in dem Sinn, daß der Anlaß der Entstehung oder früheren Verwendung ein anderer ist als derjenige der heutigen, oder in dem Sinn, daß derselbe Reim, meist etwas variiert, bei verschiedenen Gelegenheiten eingesetzt wird (Beispiele vgl. Gerstner-Hirzel 1973, S. 943). In diesem Fall könnte man zur Unterscheidung von Funktionsüberschneidung sprechen. Bei einer funktionalen Deskription ergäben sich dann Kombinationen wie:

Ich und du / Müllers Kuh ... = Abzählreim + Neckvers
Ich bin ein Musikante ... = Nachahmelied + Berufs-/Standeslied

Um die Unterschiede und Gemeinsamkeiten bei der bisherigen Anwendung von Ordnungskriterien und -systemen zu zeigen, seien einige folgenreiche Beispiele skizziert. Schon die frühesten Sammler, mit Ausnahme von Arnim und Brentano im Anhang zum „Wunderhorn", machten sich darüber Gedanken.

Für lange Zeit beispielhaft, mit Nachwirkungen bis heute, wurde die Terminologie und Systematik in *Karl Simrocks* „Das deutsche Kinderbuch" (1848); er teilte ein nach:

(1) Ammenscherze (2) Koselieder (3) Schoß- und Kniereiter (4) Buchstabierscherze (5) Wiegenlieder (6) Kindergebete (7) Kinderpredigten (8) Allerlei Lieder und Reime (9) Naturlieder (10) Nachahmungen (11) Spiele (12) Jahreslieder (13) Neckmärchen und Gedächtnisübungen (14) Sprechübungen (15) Rätsel (16) Schattenspiel (17) Das Einmaleins

Das Standardwerk *Franz Magnus Böhmes*, „Deutsches Kinderlied und Kinderspiel" (1897), knüpft daran an, wenn auch in etwas differenzierterer Darstellung; dabei muß man sich im klaren darüber sein, daß gerade in der zweiten Abteilung nur ein Teil der Spieltexte gereimt ist.

Kinderreim:
Wiegenlieder – Koselieder – Schaukel- und Kniereiterlieder – Zuchtreime – Allerlei Reime aus der Kinderstube – Das Kind im Verkehr mit der Natur (Tierwelt, Pflanzenwelt, Naturerscheinungen) – Nachahmung von Naturlauten (Tiersprache) – Lustige Geschichten (Neck- und Tiermärchen und Zählgeschichten) – Neck- und Spottreime – Aus der Schule (Buchstabierscherze und Federproben) – Schnellsprechen und Sprachscherze – Kettenreime und Kinderpredigten – Gebete und fromme Reime – Ansingelieder zu den Jahresfesten – Auszählsprüche vor dem Spiele

Kinderspiel:
Unterhaltungen und Belustigungen ohne Spielregel – Reigen- und
Tanzspiele [mit 9 Unterabteilungen] – Lauf-, Sprung- und Haschen-
spiele – Hüpf- und Hinkspiele – Wurf-, Schlag- und Zielspiele – Kör-
perübungen (zum Spaß) – Kampfspiele – Such- und Ratespiele – Stille
Beschäftigung in der Stube zur Winterszeit – Gesellschafts- und Pfän-
derspiele – Anhang: Rätsel und Rätselfragen

Die Tradition wird auch in neueren Sammlungen deutlich, wenn man z.
B. die Einteilung in „Lieder, Reime und Spiele der Kinder im Burgenland" von *Riedl/Klier* (1957) zum Vergleich heranzieht:

A. Beschäftigungen und Spiele der Erwachsenen mit dem Kind [mit 9
   Unterabteilungen: Wiegenlieder, Kosereime usw.]
B. Kind und Natur (Tiere, Wetter, Nachahmung von Geräuschen)
C. Spiele (Sprechspiele, Abzählreime, Bewegungsspiele)
D. Jahresbrauchtum der Jugend

Hermann Bausinger (1968) erfaßt im Kapitel „Sprachformel und
Sprachspiel", obwohl er sich nicht auf den kindlichen Bereich beschränkt,
auch einen großen Teil der volkstümlichen Kinderlyrik, z. B. unter den
Wunsch- und Heischeformeln innerhalb der Funktionsformel und unter
dem Witz, vor allem aber im Teil „Spielformel", den er in „Nachah-
mungsformel" (z. B. Tierreime), „Phantasieformel" (z. B. Kettenmär-
chen) und „Lernformel" (z. B. Fingerreime) gliedert. Den Begriff „Spielformel", der zwei konträre Elemente, nämlich Spiel als Element der Freiheit und Formel als Element der Bindung, enthält, sieht er von vornherein
auf die Kinderwelt bezogen, auch wenn es solche Formeln im Bereich der
Erwachsenen gab und gibt, denn bei ihm handle es sich „um eine Totalität
von Funktionen" (S. 81). Bausinger möchte mit seiner Einteilung nicht
geschlossene Bereiche abgrenzen, sondern Akzente setzen, nachdem auch
er zur nachdrücklichen Betonung der Problematik die fast schadenfrohe
Meinung *Enzensbergers* (1961, S. 361) zitiert hat:

„Die souveräne und anarchische Phantasie der Kinderreime macht alle
Versuche zunichte, sie konsequent einzuteilen. Historische, landschaft-
liche, formale, thematische und funktionelle Kategorien erleiden gleichermaßen Schiffbruch. Es ist eine Lust zu sehen, wie diese Reime
bisher noch über jeden ihrer Ordner die Oberhand behalten haben. Die
buntscheckige Vielfalt vereitelt alles Sortieren."

Nun stand natürlich Enzensberger bei der Konzeption seiner bekannten Sammlung „Allerleirauh" selbst vor dem Problem einer Gliederung. Wie er zu den elf Kapiteln in seinem Buch gekommen ist, hat er im Anschluß folgendermaßen begründet:

> „Dieses Buch ist für seine Benutzer da. Deswegen ist die Reihenfolge der Reime so festgelegt worden, wie der Gebrauch es verlangt. Hier endlich, und hier allein, darf eine pädagogische Denkungsart ins Spiel kommen. Das Leichte gehört an den Anfang, das ›Schwierige‹ an den Schluß" (ebd. S. 361).

So hat sich unter dem Einfluß früherer Vorbilder folgende Anordnung ergeben: Erste Spiele – Zu Tisch, zu Bett – Kniereiter – Entdeckungen – Jahreszeiten – Schabernack – Kluge Sachen – Bicke backe bei – Ringelspiel – Blaue Wunder – Erzählchen und Balladen.

Kindertümliche Sammlungen können meist nur bedingt etwas zu einem allgemeinen Ordnungssystem beisteuern; das gilt in noch weit höherem Maße für Ausgaben von neueren Kindergedichten bzw. Kinderkunstliedern, deren Anordnungskriterien andere, häufig thematische sind (vgl. Kap. 6.2.), obwohl heute u. a. alte funktionsbezogene Gattungen bewußt weitergepflegt und neu gestaltet werden, z. B. Abzählreime von Janosch oder Zungenbrecher von Josef Guggenmos (1978).

So wird natürlich ein Typologisierungsversuch bedeutend problematischer, wenn man den gesamten Bereich Kinderlyrik, also auch das Kinderkunstlied mit erfassen möchte. Eine Grobeinteilung nach den beiden „Entstehungsarten" kann nicht als befriedigende Lösung gelten. Selbst die im modernen Kindergedicht manchmal weniger deutliche Funktionalität muß nicht gegen ein gemeinsames Ordnungssystem sprechen, gibt es doch z. B. auch reine spielbegleitende Texte von bekannten Autoren für Kinder, von der Fülle einwandfrei pädagogisch intendierter ganz zu schweigen. Natürlich muß man gerade hier eindeutig unterscheiden zwischen wirklichen Spieltexten, die selbst Element des Spiels sind, und Texten, die heute im Anschluß an Kinderreime besonders gern kindliche Spiele wie Tanzen, Schaukeln, Kreisen, Drachensteigen u. a. nur zum Thema oder als Motiv haben. Dabei handelt es sich um Erzählgedichte. Bernhard Asmuth (1974, S. 123) unterscheidet noch eine Mischform, das Erzählspiellied, wenn nämlich zum „Bewußtsein der Augenblicksrealität und der Rollenhaltung als drittes Element das Wissen um die Vergangenheit der gespielten Vorgänge" tritt und damit Lyrik, Drama und Epik in knapper Form vereinigt sind, wie es z. B. bei „Häschen in der Grube" der Fall ist. Allerdings sind solche Texte selten, so daß sich das meiste funktional doch eindeutiger zuordnen läßt.

Der Ordnungsvorschlag von *Hermann Helmers* (1971) für einen großen Teilbereich, den lyrischen Humor, könnte richtungweisend sein, auch wenn abwechselnd unterschiedliche Kriterien wie Form, Inhalt oder Funktion zugrunde gelegt wurden. Als Genres des lyrischen Humors versteht er die Bereiche Klanglyrik, Buchstaben- und Reimspiele, Verkehrte Welt und Parodie, Lügengedichte, Lachende Moral und Komische Erzählgedichte.

Eine endgültige Lösung ist – in letzter Konsequenz vielleicht auch gar nicht notwendig – noch nicht gefunden. Robert Petsch (1938, S. 170–197) hat unter dem Oberbegriff „Kinderreime" innerhalb der Unterabteilungen „Kinderlieder", „Kindersprüche" und „Kinderspiele" differenzierte Beschreibungen gegeben; in jüngster Zeit hat *Emily Gerstner-Hirzel* (1973) viele „Gattungen" nach funktionalen Kriterien mit Textbeispielen zusammengestellt, wobei sie beim anschließenden Entwurf eines Typenkatalogs von der Funktionalität absieht, indem sie Bauschemata, Reimfolgen, Formelhaftigkeit u. a. zu grundlegenden Kriterien macht.

Folgende „Typologie", die im wesentlichen von den „Gattungen" bei E. Gerstner-Hirzel ausgeht, aber vor allem im Hinblick auf das Kinderkunstlied ergänzt wurde, möchte im Überblick eine Zuordnung von Kinderlyrik nach Funktionen ermöglichen. Die Übergänge sind freilich manchmal fließend, Überschneidungen bzw. Mehrfachzuordnungen lassen sich nicht ganz vermeiden:

Nachahme- und Deutereime
- Glocken
- Tierstimmen
- Handwerksgeräusche
- Musikinstrumente
- militär. Signale

Brauchtumslieder
- Jahreszeitenfeste
- Glückwünsche
- Ansinge-/Heischelieder
- Schulfeste

Anrufe und Zauberformeln
- Heilsegen
- Bastlösereime

Kindergebete

Orakel
- Abzählreime

Rechtsformeln

- Pfandauslösen
- Spielstrafen
- Bücherschutzreime
  (schriftl.)

Stammbuchverse (schriftl.)

Kinderstubenreime
- Schlaf- und Wiegenlieder
- Kniereiterreime
- Schaukelreime
- Tanzliedchen
- Pflegereime
- Kosereime u. -spiele
  - Kitzelreime
  - Krabbelreime
  - Fingerspiele
- Trostreime
- Zuchtreime

Neckreime

- Namenneckreime
- Neckspiele
- Handwerkerneckverse
- Nikolaussprüche

Trutzreime

Spottreime
- politische Gedichte
- Zoten
- Parodien

Ulkreime
- Bibelreime
- Ulkspiele (Kinderpredigt,
  -beichte, -taufe, -trauung)

Scherzreime u. -gedichte
- Scherzrätsel
- Sprachscherze
  (Schnellsprechverse
  Zungenbrecher
  Klanglyrik
  Buchstaben- u.
  Reimspiele
  Nonsense)
- Bildgedichte

Lieder zu bestimmten Tätigkeiten
- Kränzewinden, Pfeifenmachen,
  Blumensuchen, Früchtepflücken,
  Marschreime, Schlittenrufe,
  Beerenlieder, Hirtenrufe

Reigenartige u. darstellende Spiele
- Kreis- u. Reihentänze

Wettbewerbsspiele
- Hüpf-, Lauf-, Hasch-, Kampf-,

Such-, Rate-, Reaktions-,
Glücks-, Bewährungsspiele

Turnspiele
- Ballwerfen
- Seilspringen
- Schaukeln

Spiele mit Stift oder Griffel

Erzählspiellieder

Redensartenreime

Sentenzenhafte Reime
- Sprichwörter
- Bauern-/Wetterregeln

Gesprächsreime

Schulweisheiten (ABC-Gedichte)

Lehrhafte Reime u. Gedichte
- Wissen
- Moral (Fabeln)
- Lückentexte
- Rätsel

Erzählende Reime u. Gedichte
- Kettenreime
- Lawinensprüche
- Lügengeschichten
- Verkehrte Welt
- Unsinngedichte
- Verswitze
- Neckmärchen
- Erzählgedichte (Kinderballaden)

Stimmungshafte (lyrische) Gedichte
- Festgedichte
- Naturgedichte
- liedhafte Gedichte

Zu einer wirklich befriedigenden Lösung kann man wahrscheinlich erst kommen, wenn man textpragmatische Aspekte und Erkenntnisse der Sprechakttheorie berücksichtigt, d. h. danach fragt, ob der Text überwiegend unterhaltend, belehrend, zum Handeln auffordernd, handlungsbegleitend usw. ist und wie er im Einzelfall in der jeweiligen Kommunikationssituation verwendet wird. Zumindest wäre damit eine exakte Beschreibung des einzelnen Textes möglich, eine unbedingte Zuordnung in eine Gruppe ist wegen der Komplexität des Gegenstandes und der damit verbundenen Überschneidungen natürlich auch nicht gewährleistet. Solche Dominanzmerkmale bzw. Kategorien könnten sein: Funktional-pragmatisch oder performativ, d. h. unmittelbar handlungsbegleitend (Spiele, Tänze), provokativ (Neckverse), appellativ (Spiellieder, Heischelieder), interrogativ (Rätsel), narrativ (Erzählgedichte), wissensvermittelnd (Lehrgedichte, ABC-Reime), belustigend (Sprachscherze, -spiele), lyrisch (Naturgedichte) u. a.

4. Elemente und Strukturen

Stiltypologische Einzeluntersuchungen zur Kinderlyrik wurden öfter durchgeführt, eine Gesamtdarstellung, wie sie etwa Ruth Lorbe (1952 bzw. 1971) für das Nürnberger Kinderlied geleistet hat, fehlt bisher. Auch hier treten bei der gemeinsamen Betrachtung des Kindervolksliedes und Kinderkunstliedes die genannten Probleme auf, und trotzdem wird man besser das eine in Verbindung mit dem anderen sehen, denn beide stehen in einem dauernden Wechselverhältnis zueinander, beide haben spezifische, aber ebenso gemeinsame Merkmale. Nicht nur „einfache" Formen wie Abzählreime sind in ihrer Grundstruktur seit Jahrhunderten bis heute gleich geblieben, die Tradition ist generell ein Grundzug der Kinderlyrik, so daß Hans-Joachim Gelberg (1972 a, S. 218) fragen kann: „Gedichte für Kinder – müssen sie eigentlich so altmodisch sein?"

„. . . daß selbst moderne Autoren noch Texte schreiben, die penetrant an Opas Kindergedicht erinnern", führt uns auf die wenig kritische und aufmerksame Beobachtung des Kindergedichts in den letzten zwanzig Jahren zurück. Nichtsdestoweniger ist es ein leichtes, selbst an den modernen Texten seiner bekannten Anthologie „Die Stadt der Kinder" (1972 a, zuerst 1969) nachzuweisen, daß sich die Kinderlyrik der Gegenwart nur scheinbar verändert hat; ein Eindruck, der durch die teilweise „Requisitangleichung" (vgl. Kap. 4.1.) und die Schwerpunktverlagerung pädagogischer und ideologischer Intentionen, und zwar erst in Texten allerjüngster Zeit, erzeugt wird. Bei genauem Hinsehen und vor allem im Vergleich mit der Entwicklung der „Erwachsenenlyrik" zeigt sich, daß Kinderlyrik seit Jahrhunderten diesselbe Grundstruktur aufweist, d. h. daß sie sich im Sinne Lotmans (1972, S. 151) so gut wie nicht von einem bestimmten kulturellen „Ausgangstyp" entfernt hat.

Man lese einmal die Anfangsstrophen zweier bekannter Gedichte, deren Entstehung über hundert Jahre auseinanderliegt:

> a) Ich bin der Kasperl Überall,
> Und nirgends darf ich fehlen;
> Die Menschheit wäre nicht komplett,
> Wär ich nicht auch zu zählen.

> b) Das Königreich von Nirgendwo
> Liegt tief am Meeresgrund.

Dort wohnt der König Sowieso
Mit Niemand, seinem Hund.[5]

Die Gemeinsamkeiten liegen auf der Hand, sie sollen nicht die „Abhängigkeit" von Autoren im einzelnen demonstrieren, sondern die These im allgemeinen stützen. Dazu muß man nicht einmal themen- oder motivgleiche Textbeispiele auswählen, wie folgende zwei Gedichte, ebenfalls von zwei prägenden Autoren ihrer Zeit, andeuten sollen. Ihre Entstehungszeit liegt etwa 200 Jahre (!) auseinander.

a) Im Sommer

Schaukle, kleines Segelboot,
auf den grünen Wellen.
Büblein, von der Sonne rot,
spielt mit den Libellen.

Wind hält seinen Mittagsschlaf
auf der großen Reise.
Vöglein, das ein zweites traf,
zwitschert, leise, leise.

Reich an Licht ist jede Stund,
die uns Gott gegeben.
Fischlein auf des Wassers Grund
liebt wie wir das Leben.

b) Der Kater und das Katerchen

Es war einmal ein kleiner Kater,
der knurrte täglich sehr;
da sprach zu ihm sein alter Vater:
Komm, Söhnchen einmal her!
Und als das Söhnchen zu ihm kam,
der Vater einen Maulkorb nahm
und steckt ihm Nas und Maul hinein,
auf daß er lernte freundlich sein
und knurrte künftig nicht so sehr.
Da ging er sehr betrübt einher
und knurrte ferner gar nicht mehr.

Und jeder merke sich die Lehr;
sonst kommt des kleinen Katers Vater
und tut ihm wie dem kleinen Kater.[6]

Welches Gedicht ist das ältere, welches mutet moderner an? Ohne Analyse einzelner Elemente wird man nicht auf Anhieb den Text b) als den älteren einordnen können. Es sind sowieso nur leise Hinweise – in diesem Fall bewußt so nebeneinandergestellt –, die dies zulassen: in a) das etwas moderner anmutende „Requisit" Segelboot, in b) das früher bekanntere Maulkorb-Motiv, die angehängte „typisch" aufklärerische Lehre der moralischen Fabel und einzelne sprachliche Archaismen wie „künftig, einhergehen, ferner" u. ä.

Extrem moderne Versuche konnten in den Vergleich nicht einbezogen werden, da sie nicht im exemplarischen Sinn für die Masse gegenwärtiger Kinderlyrik stehen können. Schließt man sich den bisherigen Ausführungen an, dann kann man jedenfalls schon soviel konstatieren: Die Kluft zwischen Kinderlyrik und „Erwachsenenlyrik" ist heute sehr groß, vom entwicklungspsychologischen Standpunkt aus verständlich, sie ist aber bedeutend größer als um 1800 oder im 19. Jahrhundert. Diese Tatsache läßt sich zwar auch mit phylogenetischen und ontogenetischen Thesen teilweise erklären, doch darf man nicht übersehen, daß die Vermittlung von Kinderlyrik im 19. Jahrhundert einen nahtlosen Übergang zur Lyrik überhaupt ermöglichte, eine literarische Gemeinsamkeit der Generationen, selbst in den weniger gebildeten Schichten, herbeiführte, während sich das Lyrikpotential der meisten Menschen unserer Zeit auf das kindliche Literaturgut beschränkt, da der Zugang zu moderner Lyrik nur einem verschwindend kleinen Teil offensteht.

4.1. Themen und Motive

Kinderlyrik bietet eine fast unübersehbare Vielfalt an Themen und Motiven, denn auf irgendeine Weise hat doch die ganze Erwachsenenwelt Eingang gefunden. Trotzdem ist in einem großen Teil die inhaltliche Aussage nur sekundär, da Elemente des Klangs und Rhythmus dominieren, oder sie tritt ganz zurück wie in Sprachspielen oder Nonsense-Versen.

Bezeichnend für die Ansprüche der Kinder ist eine kleine Begebenheit aus Marie von Ebner-Eschenbachs „Zeitloses Tagebuch" (zit. n. Liede 1963, II, S. 33):

„Die Kinder gingen durch den Wald und sangen:
Zirlipinzigen,
Die Kleinwinzigen
Zitteraalig netten,
Wenn wir sie nur hätten!

Mit den Vögeln fliegen sie,
Auf den Wolken liegen sie,
Schwimmen mit den Fischen:
Wer wird sie erwischen?

Sie sangen ihr Lied unverdrossen, fingen immer wieder vom Anfang an,
sobald sie damit fertig geworden waren. – ›Was singt ihr denn da?‹
fragte ich, ›was soll denn das heißen?‹ – Sie sahen mich an und lachten
mich offenbar – aus. Ein Knabe sprach mit Überlegenheit: ›Was braucht
es denn zu heißen?‹"

Trotzdem ist es bestimmt keine Übertreibung, wenn Ruth Lorbe (1974,
S. 200) feststellt: „Das Thema der Kinderlyrik ist die Welt. In den Gedichten und Liedern begegnet das Kind der Welt." Allerdings wird man zwischen dem Kindervolkslied und dem Kinderkunstlied in manchen Bereichen differenzieren müssen. Joachim Schmidt (1977, S. 34) resümiert etwas zu pauschal: „Der Kinderreim hat das ländliche bzw. dörfliche Leben
zum stofflichen Hintergrund." Damit kann natürlich nur der alte Kinderreim gemeint sein, wie er über hundert Jahre lang bevorzugtes Sammelgut
war. Die Großstadt wurde naturgemäß erst sehr viel später zum For-
schungsfeld (Beispiele vgl. Kap. 2.3.), da sie sich obendrein in bezug auf
traditionelles Reimgut bedeutend weniger ergiebig zeigte, während sie
heute unter Berücksichtigung der dauernden Innovationsprozesse zu einer primären Fundgrube für kindliches Reim- und Spielgut geworden ist.
Schon Robert Petsch (1938, S. 171) hat unter Bezug auf frühere und
zeitgenössische Quellen darauf hingewiesen: „Heute werden Automobil
und Flugzeug angesungen, wie einstmals Pferd und Wagen." Man wird
also Altes und Neues sowohl im Kindervolkslied wie auch im Kinderkunstlied sehen müssen. Dabei fällt freilich auf, daß sich in Kinderlyrik
insgesamt, nicht nur im „Kindermund", sondern auch bei neueren Kindergedicht-Autoren, so viel Traditionelles gehalten hat wie in kaum einer
anderen literarischen Gattung, am ehesten vergleichbar der für die volkstümlichen Erzählformen festgestellten „Requisiterstarrung". So kann
Hans-Joachim Gelberg (1972 a, S. 221 f.) im Hinblick auf das neuere
Kindergedicht unter der vielsagenden Überschrift „Wiederkehrende Gesellen" zwar ein Zurücktreten der Moralfunktion bescheinigen, aber ansonsten wenig Änderung erkennen:

„Thematisch hat sich freilich noch nicht viel verändert. Nach wie vor ist
von der Natur die Rede, von Tieren, von Wind und Wetter, vom Jahreslauf, von Sonne, Mond und Sternen. Fische, Hasen und Vögel sind

wiederkehrende Gesellen des Kindergedichts, und anscheinend enden die Gespräche zwischen Huhn und Karpfen, zwischen Fuchs und Gans, zwischen Elefant und Maus nie. Interessant wie sich die winzige Maus im Kindergedicht breitmacht. Man könnte gut und gerne eine ›Mausologie‹ zusammentragen.

Natürlich spielt weiterhin der April seine launische Rolle. Auch der Schneemann und die Vogelscheuche sind aus dem Kindergedicht nicht wegzudenken. Es gibt immer neue Morgen- und Abendlieder, Abc- und Lügenlieder. Es ist weiter die Rede von luftigen Dingen wie Schaukel, Luftballon und Seifenblasen."

Auch wenn anfangs angedeutet wurde, daß „Inhalte" in der Kinderlyrik, ausgenommen etwa in narrativen Texten, nicht immer eine entscheidende Rolle spielen, es lassen sich doch bevorzugte Themen- und Motivkreise zusammenstellen. Um zu viele Wiederholungen zu vermeiden, seien einige angedeutet, denn meistens ist der thematische Bezug auch aus der Funktionalität ersichtlich (vgl. Kap. 3.3.).

Kinderlyrik für das Kleinkind und Vorschulkind bezieht sich zunächst auf die engste Umgebung, später auf die erweiterte Umwelt. „Naiv-reale" Texte (Auböck, S. 60) machen das Kind mit den alltäglichen Dingen und Erscheinungen vertraut, etwa mit den einzelnen Teilen des eigenen Körpers, wenn die Mutter die „Maus" über den Bauch krabbeln läßt, die Nase kitzelt oder mit den Fingern spielt („Das ist der Daumen . . ."). Motive, die Bewegungen untermalen (Reiten, Schaukeln, Tanzen), unterhalten das Kind, mit Schlaf- und Wiegenliedern (Sterne, Mond, Sandmann, Engel) wird es beruhigt, mit Zuchtreimen (Drohung mit mythologischen Gestalten) wird es u. U. zurechtgewiesen. Stärker moralisierende und erzieherische Tendenzen treten mit lehrhaften Versen wie Abc-Gedichten allmählich hinzu. Die Gegenstände sind freilich der vertrauten Umwelt entnommen; so werden vor allem die geliebten Spiele und Spielgeräte beschrieben wie Puppe, Ball, Windrad, Seifenblasen oder Schaukelpferd und die Tiere, denen das Kind zuerst begegnet und mit denen es sich sogleich wesensverwandt fühlt, wie Hund, Katze, Huhn, Kuh, Esel und Pferd. Dabei bleibt es nicht lange, denn selbst wildlebende und exotische Tiere wie Reh, Hase, Fuchs, Igel, Wolf, Bär, Affe, Tiger, Elefant, Giraffe, Nilpferd oder das sich besonders lustig „reimende" Krokodil gehören bald zum beliebten Grundbestand. Die immerwährende Sonderstellung der Maus wurde schon angedeutet, auch wenn die zahme weiße Mauß das graue Urbild heute im Bekanntheitsgrad abgelöst hat. Einen Hauptvertreter hat sie gegenwärtig in Josef Guggenmos gefunden („Was denkt die Maus am

Donnerstag?", „Mir ist eine Maus entlaufen", „Nächtliches Vergnügen", „Kater, Maus und Fußballspiel", „Ich und die Maus", „Briefwechsel zwischen Eva und der Maus" u. a.). Natürlich ist Guggenmos nicht nur ein „Dichter der Maus", die Palette seines Werks, in die neben den schon genannten Tieren noch Amseln, Finken, Meisen, Spatzen, Enten, Schwäne, Krähen, Eulen, Spechte, Tauben, der Kuckuck, Eichhörnchen, Gemsen, Dachse, Kröten, Schnecken, Raupen, Bienen, Käfer, Fische, Frösche, Regenwürmer u. a. verarbeitet sind, ist so reichhaltig, daß sie ohne weiteres als thematischer Spiegel vergangener und gegenwärtiger Kinderlyrik gelten kann. Gerade die „sprechenden Tiere" (schon Titel eines berühmten Bilderbuchs von C. Reinhardt im 19. Jahrhundert) sind wichtiger Teil der kindlichen Realität.

Mit dem erweiterten Blick auf die Umwelt erfährt das Kind zugleich eine vertiefte Begegnung mit den Dingen. Die Erscheinungen der Natur spielen dabei immer eine ganz große Rolle, neben den Tieren die Pflanzen, die Motiv in unzähligen Gedichten sind, so der Apfel und die Kirsche als Vertreter der bekannten Früchte oder der Löwenzahn als eines der beliebtesten Blumenmotive (Beispiele vgl. Franz 1978 b, S. 70, u. Kap. 5.3.). Anthologien wie „Die Blume im Lied" (Fraungruber 1923) können dies nur unterstreichen. Häufig wird damit dem Kind der Kreislauf der Natur, der Wechsel der Jahreszeiten verdeutlicht. Die Personifizierungen von Frühling, Sommer, Herbst und Winter, von Sonne, Mond und Sternen, von Regen, Wind und Sturm kommen dem kindlichen Vorstellungsvermögen entgegen, ob im älteren Kindergedicht bei Matthias Claudius („Der Winter ist ein rechter Mann") oder im neueren bei Peter Hacks (1973, S. 12):

> Der Herbst steht auf der Leiter
> Und malt die Blätter an,
> Ein lustiger Waldarbeiter,
> Ein froher Malersmann ...

Sozialisation vollzieht sich in Auseinandersetzung mit der Realität, neben Mutter und Vater treten weitere Bezugspersonen wie die Geschwister, die Spielkameraden (Spiel-, Scherz- und Neckmotive), der Pfarrer und der Lehrer als Autoritätspersonen (beliebtes Motiv für Neckreime und Parodien) und die Vertreter anderer Berufe. Es fällt schon sehr auf, wie selbst heute noch Schneider, Müller, Bäcker, Bauern, Seiler, Fährleute, Postillions, Böttcher und Leierkastenmänner (vgl. z. B. „Lied des Leierkastenmannes" von Lene Hille-Brandts, „Auf dem Hof zu spielen ist nur Leierkastenmännern gestattet" von Peter Hacks oder Titel der Gedichtsamm-

lung „Der wohltemperierte Leierkasten" von James Krüss) das Kindergedicht bevölkern und selbst Stände wie Kaiser, König, Prinzessin, Graf,
Ritter, Landsknecht, Zigeuner und Vagabund in ungebrochener Kontinui-
tät vertreten sind. In distanzierter Darstellung haben sie in Peter Hacks'
Gedichtbändchen „Der Flohmarkt" (1973) Eingang gefunden (z. B. „Der
Monarch", „Der Säbelkaiser", „Der König hat ein Doppelkinn", „Kö-
nigsrondo", „Ballade vom schweren Leben des Ritters Kauz vom Raben-
see", „Ladislaus und Komkarlinchen").

Damit ist zugleich eine andere wichtige Seite der Kinderlyrik, besonders des Reims in Kindermund, angesprochen; neben die gemüthafte
Welterfassung tritt schnell eine distanzierte Weltsicht, die kaum Tabus
kennt und weder vor dem sexuellen Bereich haltmacht noch Respektper-
sonen ungeschoren läßt:

> Verschwinde
> wie der Furz im Winde
> Der Lehrer, der ist dick und fett.
> Er frißt den Kindern das Butterbrot weg.

Die gesamte Erwachsenenwelt wird mit einbezogen und parodiert, wie
die genannten Sammlungen von Peter Rühmkorf und Ernest Borneman
zeigen, auch wenn ein großer Teil davon dem früheren und heutigen
„Unterhaltungsgut" der Erwachsenen zuzurechnen ist.

Einen weiteren großen Themenkreis bildet das Brauchtum, das früher
noch viel mehr gepflegt wurde und an dem die Kinder bedeutend mehr
Anteil hatten als heute. Die auf uns gekommene Fülle von Liedern zu den
verschiedensten Festen, von Ansinge- und Heischeliedern, von Fast-
nachtsliedern und Glückwunschgedichten belegt dies. Vereinzelte Bräuche werden weitergepflegt oder leben, gerade in den Städten, wieder stärker auf; man denke nur an das Sternsingen! Einzelne „Kinderfeste" wie
Geburtstag, Ostern, Nikolaustag und vor allem Weihnachten treten, das
neuere Kindergedicht mit einbezogen, als Motive in vielfältiger Weise auf.
Ausgaben mit Weihnachtsliedern, Glückwunschgedichten und Poesie-
album-Versen haben in letzter Zeit stark zugenommen. In diesem Umkreis muß man auch die ganzen religiösen Themen in Kinderliedern und
-gebeten sehen.

Ältestes Brauchtum lebt weiter in zahlreichen Kinderspielen, in Zauberformeln und Abzählreimen, und besonders im Wirken übermenschli-
cher Gestalten wie Kobolden, Zwergen, Riesen, geisterhaften Frauen u.
a., die oft Anlaß zu übertriebener mythologischer Deutung waren (vgl.
Kap. 3.1.). Natürlich sind Traum- und Märchenerlebnisse mit dem Er-

scheinen außermenschlicher Wesen auch wichtige Themenbereiche des Kindergedichts unserer Zeit. Butzemann, Nöck, Klabautermann, schwarze Köchin, schwarzer Mann und Heinzelmännchen treiben weiter ihr geisterhaftes Spiel. Eine ganze Sammlung obskurer Gestalten sind „Die Zwengel" von Wolfdietrich Schnurre (1967).

Eine Besonderheit des Kinderreims ist die rasche Adaption aktueller Ereignisse und Probleme sowie die Verwendung bekannter Namen in allen möglichen Zusammenhängen:

> Auf der schwäbschen Eisenbahne
> Kommt der Chruschtschow angefahre
> Mit zwei Bomben unterm Arm
> Das bedeutet Kriegsalarm
> Alle rennen in den Keller
> Adenauer noch viel schneller
> Und der kleine Willy Brandt
> Kommt durch ganz Berlin gerannt
>
> (Rühmkorf 1969, S. 178)

> Beim Müller hat's gebrannt, -brannt, -brannt,
> da bin ich hingerannt, -rannt, -rannt,
> da kam ein Polizist, -zist, -zist,
> der schrieb mich auf die List, List, List.
> Die List fiel in den Dreck, Dreck, Dreck,
> da war mein Name weg, weg, weg.
> Da kam ich vor's Gericht, -richt, -richt,
> da wußt' ich meinen Namen nicht.
> Wie heißt du denn, mein Bösewicht?
>
> Ich bin doch überall bekannt,
> ich heiße Dieter Hildebrandt![7]

Besonders technische Errungenschaften haben schnell Eingang in den Kinderreim gefunden. Brednich (1970, S. 322) zitiert einen Reim, den fränkische Kinder kurz nach dem Start des „Sputnik" gedichtet haben:

> Kommt ein Sputnik geflogen,
> Setzt sich nieder auf den Mond,
> Und kabelt uns wieder,
> Wie und wo sich's dort wohnt.

Die Raumfahrt hat natürlich auch im neueren Kindergedicht, hier stärker problematisiert, ihre Spuren hinterlassen (z. B. „Gagarin" von Albert

Gabriel, „Wovon träumt der Astronaut auf der Erde" von Christine Busta, „Der Mondflug" von Hans Manz; alle in Gelberg 1972 a), genauso wie das schon mit der Eisenbahn, der Straßenbahn, dem Auto, dem Zeppelin, dem Flugzeug, dem Telefon, der Schreibmaschine, dem Fernsehgerät und dem Roboter der Fall ist.

So ist das Telefon die gesuchte Lösung im Rätsel „Kennst du's?" von Ortfried Pörsel, Jux-Medium im „Verhexten Telefon" von Erich Kästner, sprachspielerisches Element im „Eletelefon" von Laura E. Richards, Nonsense-Motiv in „Schlechte Verständigung"und Zeichen des Fortschritts in „Moderne Küken" von Josef Guggenmos, ein etwas schwieriges Kommunikationsinstrument in Gustav Sichelschmidts „Am Telefon" und mittelbarer Anlaß zur Namenreflexion in „Herr Schnecke" von James Krüss.

Um eine komische Wirkung aus Kontrasten zu erzeugen, werden ältere und neuere Motive gerne vermischt, eine Möglichkeit des an Spielarten so reichen Nonsense (vgl. Bull 1962, Sichelschmidt 1966 a). Bei Günter Spang („Das Krokodil im Tintenfaß") gelangt ein Krokodil aus dem Nil per Schiff, Bahn und Taxi zu uns, in Walter Höllerers „Lied vom seekranken Känguruh im Flugzeug" reist das australische Beuteltier in einem recht modernen Verkehrsmittel, bei Hans Baumann („Neues vom Mond") gibt es auf dem Mond eine Maus und bei Josef Guggenmos („So geht es in Grönland") am Nordpol angeblich einen Mercedes.

In manchen Gedichten werden die Intentionen anspruchsvoller, wenn es etwa um die Gleichheit der Menschen, um Rassenprobleme, Krieg und Hunger geht (z. B. „Gebet für Kinder" von Ilse Kleberger, „Bei uns hat es geschneit" von Max Bolliger, „Im gleichen Moment" von Gina Ruck-Pauquèt, „Kinder" von Rainer Schnurre; alle in Gelberg 1972 a).

Bekanntestes, in den meisten Anthologien und Lesebüchern abgedrucktes Beispiel sind die „Kinderhände" von Hans Baumann (ebd. S. 211):

> Ein Holländerkind
> ein Negerkind
> ein Chinesenkind
> drücken beim Spielen
> die Hände in Lehm – nun sag: Welche Hand
> ist von wem?

Sozialkritische Motive werden heute, nicht immer ohne Verzerrung, aufgegriffen: Günter Kunert („Kinderlied vom raschen Reichwerden") warnt vor unterschiedlichen Besitzverhältnissen, Susanne Kilian („Kindsein ist süß?") möchte suggerieren, daß Kindsein, zumindest in der bisherigen Form, mies ist, Michail Krausnick proklamiert in seiner „Ballade vom Stau" die ungehinderte öffentliche Befriedigung allgemeinmenschlicher Bedürfnisse, und Joachim Ringelnatz ist mit seinem Spruch „Ernster Rat für Kinder" Vorbild für recht handgreifliche „antiautoritäre" Forderungen geworden:

> Kinder, ihr müßt euch mehr zutrauen!
> Ihr laßt euch von Erwachsenen belügen.
> Und schlagen! – Denkt mal:
> Fünf Kinder genügen,
> um eine Großmama zu verhauen.

In Fragen der Kindererziehung unter bestimmten Wertvorstellungen liegt überhaupt ein wesentlicher Unterschied zwischen dem alten und neuen Kindergedicht (vgl. Gelberg 1972 a).

Wie zerstörerisch eine allzu enge Verquickung von Kindervers und politischen Motiven im Sinne von übertriebener Gesellschaftskritik und Agitation in den meisten Fällen ist, hat Bruno Horst Bull in einem Aufsatz (1963) zu zeigen versucht.

Geschichtliche Ereignisse, die bei ihrer Adaption Aktualitäten waren, Völker wie die Schweden, die Türken, die Franzosen und Personen wie der Alte Fritz oder Napoleon spiegeln sich natürlich schon immer im Kinderreim (Beispiele bei Lissauer 1928/1929, Lorbe 1971, Gerstner-Hirzel 1973), doch hier in einer kindlich-spielerischen Form.

Trotz der festgestellten Traditionen ist Kinderlyrik mit ihrer schillernden Vielfalt an Themen und Motiven ein kulturhistorisches Zeugnis ersten Ranges, dessen Aussagen zur Geschichte der „Kinderkultur", aber auch zur psychischen Entwicklung des Kindes bisher zuwenig genutzt wurden.

4.2. Sprache und Stilmittel

Man ist leicht geneigt, über die Sprache der Kinderlyrik vorschnell ein Pauschalurteil zu fällen: Sie sei „einfach", da sie kindertümlich und altersgemäß sein müsse. Alfred Göpel (1935, S. 21) faßt folgendermaßen zusammen:

„Das wahre Kinderlied ist in jedem Wort ohne weiteres verständlich und bietet in bezug auf die sprachliche Wiedergabe keine Schwierigkeiten. Ebenso gilt für den Bau der Sätze das Prinzip der Einfachheit, so daß nähere Bestimmungen nur dann hinzutreten, wenn sie unbedingt notwendig sind. Charakteristisch ist ferner die gesetzmäßige Wiederholung derselben Worte, die den Gesamtaufbau wesentlich klärt und ein schnelles Erfassen gewährleistet."

Mit dieser wertenden Beschreibung wird nur ein Teil der Kinderlyrik charakterisiert, nämlich die in einer möglichst geringfügigen sprachlichen Verfremdung abgefaßten Texte, in diesem Fall die Kinderkunstlieder des 18. Jahrhunderts. Sprachanwendung und Stilmittel im weiten Bereich Kinderlyrik sind viel differenzierter zu sehen, denn nicht alle sprachlichen Gebilde folgen logischen Gesetzen und allgemein geltenden Sprachnormen. Selbst im „primitiven" Kinderreim ist vieles unverständlich, unlogisch, weil andere Determinanten wie Reim, Rhythmus, Funktion entscheidend waren.

Ruth Lorbe (1971, S. 69) bezeichnet die Art der Sprachanwendung im volkstümlichen Kinderlied als „praelogisch" und meint damit vor allem einen gewissen Mechanismus, der in vielen Wiederholungen offenbar wird, eine Formelhaftigkeit, eine Bestimmung des Stils durch Assoziationen, Schwarz-Weiß-Zeichnung u. a. m. Damit sind zugleich Merkmale der „Volkspoesie" überhaupt genannt, typische Merkmale, wie sie sich durch die mündliche Tradierung ergeben haben. Dieser „Zersingeprozeß", ausgelöst durch Vergessen, Mißverständnisse, Hörfehler u. ä., hat noch andere Spuren im Kinderreim hinterlassen wie die oft unerklärliche Sprunghaftigkeit, sprachliche und inhaltliche „Lücken" oder Verschmelzung verschiedener Motive (Beispiele bei Lorbe 1971, Stein 1966).

Aber nicht allein deshalb erfaßt man mit Göpels Charakterisierung nur einen Teil der Kinderlyrik, sondern viele Texte, gerade innerhalb der neueren Kinderdichtung, sind teilweise oder in ihrer Gesamtstruktur sprachlich stark verfremdet, z. B. dadaistische Gedichte, Sprachspiele, Nonsense-Verse, worauf noch speziell eingegangen werden soll.

Der *Wortschatz* der Kinderlyrik ist der jeweiligen Altersstufe angemessen, er ist umfangmäßig relativ beschränkt und wird erst allmählich erweitert, so daß sich die Assimilation der Erwachsenenwelt auf einer altersgemäßen Sprachstufe vollzieht. Ihm fehlen weitgehend abstrakte Begriffe, schwierige Ausdrücke und Fremdwörter, falls diese nicht selbst Gegenstand eines Sprachspiels sind, der Motivation dienen, parodistisch eingesetzt sind oder als bereits allgemein bekannt vorausgesetzt werden können wie z. B. die im modernen Kindergedicht verwendeten Begriffe Rakete, Raumfahrt, Astronaut, Roboter, Bungalow, Mercedes, Rolls-Royce, Handgranate, Atombombe, Napalm.

Andererseits zeigt sich der Traditionalismus der Kinderlyrik besonders auffällig im Wortgebrauch. Erst in den „nostalgischen" Tendenzen unserer Zeit wiederentdeckte Requisiten wie Spinnrad, Mühle, Wiege oder Nußknacker haben ihre Bedeutung im Kinderreim bruchlos beibehalten. Alte Handwerkszweige wie Böttcher, Schneider, Müller, Färber und Schmied blühen im Gedicht weiter, auch wenn daneben manchmal technische Errungenschaften wie Planierraupe, Kran, Bagger, Traktor, Schreibmaschine, Fernsehgerät, Telefon und Staubsauger Einzug gehalten haben. Veraltete Begriffe und Formen nimmt man bedenkenlos hin: ... Saffran macht den Kuchen geel; Spannenlanger Hansel, nudeldicke Dirn ...; Sieh, wie hier die Dirne ... (J. G. v. Salis Seewis); Ein blasses, schmächtiges Dirnchen ... (A. Ritter). Sprachgeschichtliche Prozesse offenbaren sich hier. Immerhin ist das hochsprachlich inzwischen allein pejorative „Dirne" in mundartlicher Beschränkung noch als „Mädchen", „Magd" oder als Trachtenkleid „Dirndl" gebräuchlich. Altertümelnde Elemente, wie sie gerade in volkstümlicher Kinderlyrik auf uns gekommen sind, werden als „Archaismen" bewußt auch im neueren Kindergedicht verwendet. Man zahlt weiter mit „Kreuzern" und „Talern", mißt mit „Ellen" und „Meilen", Grafen mit einem silbernen Stock und Diamanten am Ring kommen gefahren; des Ritters „Habit" ist aus Eisen, wo er sich anlehnt, macht es „Pardauz", und sein letzter Fluch ist „Potz Bomben und Gewitter"; Menschen, Mäuse, Spatzen und Bohnen benehmen sich „keck"; „Strolche", „Vagabunden" und „Gaukler" treiben weiter ihr Unwesen, und „Flöhe", „Wanzen" und „Läuse" sind noch immer eine allgemeine Plage.

Auffällig ist auch die Wortwahl, die auf Kontrastwirkung zielt (König – Bettelmann; König – Doppelkinn – Läuse; der König heißt Schmidt u. a.). Diese Schwarz-Weiß-Zeichnung, die Element volkstümlicher, aber auch trivialer Literatur ist, zeigt sich besonders bei der „primitiven" Adjektivauswahl (brav – böse, gut – schlecht, dunkel – hell, schwarz – weiß, riesengroß – winzigklein, spannenlang – nudeldick) und unterstreicht die starke Tendenz zu einer hyperbolischen Sprechweise (abscheulich, schrecklich, fuchsteufelswild, hundsgemein, mordsgroß, fahnenstanglang, kirchturmhoch; z. B. auch bei Vergleichen und Zahlenangaben).

Hier wäre auch die bevorzugte Auswahl oder die Bildung von lautmalenden Wörtern zu nennen (z. B. piepsen, brummen, wuseln; oder „knikken, knacken, krachen, knistern" in „Das Feuer" von J. Krüss; „titschertitscher-dirr" bei Christian Morgenstern).

Ein besonders wichtiges Kennzeichen „kindgemäßer" Sprache, das im modernen Kindergedicht nur noch sporadisch festzustellen ist, weil es als eine der literarischen Kitsch-Komponenten fast ängstlich gemieden wird, war früher die gehäufte Anwendung von Diminutiv-Formen, also Verkleinerungen und Verniedlichungen (Mäuslein, Vöglein, Häuslein, Pfötchen, Stimmchen). Das „Büblein" von Friedrich Rückert („Vom Büblein, das überall hat mitgenommen sein wollen") hat sich allerdings über Friedrich Güll („Kletterbüblein", „Vom Büblein auf dem Eis") und Auguste von Gäßler („Vom braven Büblein", „An klein Büblein") bis zu Vera Ferra-Mikura gehalten (vgl. das zit. Gedicht-Beispiel „Im Sommer"). Natürlich entspricht es auch heute weitgehend kindlicher Erwartung, wenn – wie bei Guggenmos – die Spätzin ein „Räuplein" findet, ein „Fischlein" im Weiher schwimmt oder die Maus das „Schwänzlein" nachzieht. Überhaupt könnte man das von James Krüss (1969, S. 93) über Friedrich Güll Gesagte, er sei „als Süddeutscher ein Meister des legitim verwendeten Diminutivs", heute auch auf Guggenmos übertragen.

Nach wie vor beliebtes Sprachelement ist nicht zuletzt wegen des erhöhten „Reimangebots" das Spiel mit Zahlen, vor allem in Schulweisheiten, Auszähl-, Zauber- und anderen Spielversen, ebenso beim Umgang mit der Uhrzeit („Morgens früh um sechs..."), wozu die berühmte „Ammenuhr" wichtiges Vorbild abgegeben hat.

Die Mundart spielte und spielt innerhalb der Kinderlyrik eine große Rolle, was freilich in erster Linie auf Kinderreim und -lied zutrifft, denn deren Entstehungs- und Tradierungsprozeß läßt die einzelnen Varianten, wie sie sich praktisch für alle volkstümlichen Lyrikgattungen finden, in regional begrenzter Prägung erscheinen (Beispiele für Nürnberg vgl. Lorbe 1971). Hier, bei Wiegen-, Krippen-, Heischeliedern u. a., beweist sich die Tradition besonders stark, wie selbst noch neuere Sammlungen zeigen (vgl. Rumley 1963, Walcher 1973, Bekh 1977). Nicht zuletzt haben aus dieser Tradition bekannte Autoren wie Friedrich Güll, Klaus Groth und Gustav Falke Anregung geschöpft und mundartliche Kinderlyrik geschaffen. Die relativ beschränkte Adressatengruppe dürfte mit ausschlaggebend sein, daß moderne Kinderlyrik auf diese sprachlichen Darstellungsmöglichkeiten weitgehend verzichtet. Zu den wenigen Ausnahmen, die mit ihrer thematischen Brisanz – geistig und körperlich behinderte Kinder – und der sprachlichen Schwierigkeit – Wiener Dialekt – über das eigentliche Kindergedicht allerdings schon hinausgehen, kann man Christine Nöstlingers Sammlung „Iba de gaunz oaman kinda" (Wien 1974) zählen.

Umgangs- und modesprachliche Elemente dagegen finden naturgemäß stärkeren Eingang, was etwa bei häufig metrisch bedingten Kontraktionen (vorm, hinterm, ob's, wär's, 'nen) oder Redewendungen auffällt, z. B.

„... drauf hat einer mit Gewalt/mir eins vor die Brust geknallt" im Rätselgedicht „In Ehren" von J. Guggenmos. Vieles ist tatsächlich Zugeständnis an den kindlichen Erwartungshorizont; dies wird besonders bei Wortneubildungen und Wortneuschöpfungen offenkundig, denn die Wirkung eines Großteils der Kinderlyrik gründet sich auf das Spiel mit Wörtern und Klängen. Häufig werden neue Zusammensetzungen gebildet, die semantisch noch eindeutig sind wie „Samtpantoffeltatzen", „Pelzgespenster" (G. Ruck-Pauquèt), „Polsterzipfelreime" (Chr. Busta), „Feenkinderauszählreim" (G. Klusemann), „Kichererbsenbrei" (H. A. Halbey) oder stärker verfremdet mit assoziativer Wirkung wie „Schimpfonade" (ders.), „Murmelbierprobieren" (J. Spohn), „Brumselfliege" (J. Guggenmos). Häufig sind die Umstellungsmöglichkeiten das Motiv eines ganzen Textes, z. B. bei Kurt Leonhard, der in „Kinogartenkinder" mit den Wörtern Kino, Garten, Kinder und Kirche 39 Varianten bildet. Ebenso wirksam sind ungewöhnliche Analogiebildungen wie „kleckern – drekkern" (H. Hanisch), die meist reimbedingt sind, und Wortneubildungen, die durch Verfremdung der normalen phonologischen Struktur und damit auch der semantischen Ebene, durch Umstellung oder Ersetzung einzelner Morpheme oder Phoneme, zustande kommen, wobei die Wahrung des Reimschemas sowie des metrischen und rhythmischen Rahmens auffällt.

Ein bekanntes und sehr beliebtes Beispiel dafür ist Hans Adolf Halbeys „Papas Pumpernickelpause" (1977, S. 35):

Mein Papa ißt gern Trockenbrot,
denn Trockenbrot macht Wangen rot.
Am liebsten ißt er Pumpernickel,
und jeder kriegt davon ein Stückel:

Der Jochen kriegt den Pimpernuckel
der Horsti einen Nimperpuckel
die Uli ihren Numperpickel
und Papa seinen Pumpernickel.

So geht's bei
Pipers Nuckelpaupepase
nein –
Pumpes Paukerpickelnase
nein –
Pupers Pimpelpackenause
ach –
Papas Pumpernickelpause!

Hier wird mit einer bestimmten Systematik mit Phonemen und Morphemen jongliert; eine Möglichkeit, die der Autor öfter nutzt, z. B. auch in „Pampelmusensalat". Eine ideale, weil durch die Tücke des Objekts selbst begründbare Lösung zur Veränderung der Phonemstruktur hat auch Josef Guggenmos in seinem Gedicht „O unberachenbere Schreibmischane" gefunden. Mit großer Präzision nimmt Wolfdietrich Schnurre in „Vierzig persische Pfirsiche" die entsprechende Zahl an phonologischen Umstellungen vor.

Damit sind wesentliche Ausdrucksmittel des Nonsense genannt, der große Teile der modernen Kinderlyrik prägt. Natürlich gehört hierher ebenso die Verfremdung der phonologischen Struktur von Teilen eines Textes bzw. des ganzen Textes bis hin zur „Erfindung" einer neuen Sprache, was schließlich kindlichen Intentionen entgegenkommt, denn Vorbilder finden sich schon im volkstümlichen Kinderreim nicht selten; z. B. Eene meene muh/drauß bist du ... oder: Ene, bene, suptrahene,/divi, davi, domine ... Autoren haben diese Möglichkeiten mit unterschiedlicher Absicht aufgegriffen; so wollte Paula Dehmel in verschiedenen Texten die Lallsprache des Kindes nachahmen, während Joachim Ringelnatz sein „Gedicht in Bi-Sprache", also einer beliebten „Geheimsprache", dem kindlichen Verfremdungstrieb nachempfunden hat. Daraus erklärt sich schließlich, warum ursprünglich als revolutionär geltende Texte des Dadaismus wie z. B. Hugo Balls „Seepferdchen und Flugfische" oder die genannte „Karawane" zur beliebten Kinderliteratur werden konnten. Derartige Ausdrucksmöglichkeiten werden im neueren Kindergedicht eifrig genutzt, wie die ersten beiden Strophen aus Eva Rechlins „Das selbstgemachte Lied" exemplarisch belegen sollen (Gelberg 1972 a, S. 193):

> Dem Sänger ist Erfolg beschert,
> der singend fremde Sprachen lehrt,
> womöglich gleich im Chor.
> Ich hab mir auch was ausgedacht
> und eine Sprache selbst gemacht.
>
> Ich trag sie euch mal vor:
> Die treepenfrietzen mockenback
> diehah mekuh sedauh.
> Johofen plusen labenjack
> verluse lose lauh.

Auch verschiedene Formen der „Konkreten Poesie" sind wichtiger Bestandteil moderner Kinderdichtung geworden, doch geht vieles über Kinderlyrik im eigentlichen Sinn hinaus bzw. ist Frage formaler Gestaltung.

Ein integratives Modell hat Josef Guggenmos in „Entwischt" entwickelt (1974, S. 62):

> Aus der Tasche sprang mir heut
> ein Apfel. Ich rief: „He!"
> Er hörte nicht. Er lief hinab
> die Tre-
>   pe-
>   pe-
>   pe-
>   pe-
>   pe-
>   pe-
>   pe-
>   pe-
>   pe.

Möglichkeiten des Sprachspiels im weitesten Sinn werden heute so umfassend und vielgestaltig genutzt, daß hier Andeutungen genügen mußten (Näheres bei Helmers 1971, Weller 1977 u. a.). Andererseits sind weitere Stilmittel, wie z. B. die Wiederholung, großenteils diesem Bereich zuzurechnen (s. u.).

Die Betrachtung des Wortgebrauchs wäre ohne einen Blick auf die Verwendung von Namen für Menschen, außermenschliche Wesen, Tiere und Gegenstände unvollständig, denn im Kindermund hat gerade das Spiel mit Namen in Abzähl-, Neck-, Spott- und Scherzversen ungewöhnliche Blüten getrieben. Diese Gelegenheit humorvoller Unterhaltung hat das Kindergedicht bis in unsere Zeit weidlich genutzt. Ungewöhnliche Personennamen wie Melanie, Rotraut, Oliver, Ema, Jule u. a. werden bevorzugt, lautmalende und „sprechende" Phantasienamen treten hinzu, z. B. die Hexe Pimpernelle Zwiebelhaut bei H. A. Halbey und die Katzen Susemir, Flusedir, Susedir, Flusemir, Miresus und Direflus bei G. Schlegel, das Nettchen Pimpelfort bei G. Sichelschmidt und die Zauberin Zappelzeh und Herr Zwidermann bei Chr. Busta, John Bimstein und die drei Zwerge Schnack, Schnick und Schnigelschnagelguckgagelzibelzabeldiwick bei J. Guggenmos. Zu Assoziationen „wunderbar, fremdländisch, exotisch" veranlassen Namen wie Schroch, Munimon, Pussivani, Cebrilla, Murun oder Schuschulin (alle bei H. R. Beck). Besonders beliebt sind massive Schimpfwörter, wie sie gehäuft in H. A. Halbeys „Schimpfonade" auftreten. Die Palette der Namen ist so bunt – ein Vergleich zum Märchen liegt nahe –, und die Formen ihres Einsatzes sind so vielgestaltig, daß der Gegenstand einer eigenen Untersuchung wert wäre.

Ebenso ginge es zu weit, wollte man die syntaktische Struktur der Kinderlyrik in ihrer Gesamtheit aufzeigen, doch sollen einige Merkmale und Besonderheiten herausgestellt werden. Die *Syntax* ist im Vergleich zur „Erwachsenensprache" einfach, d. h. knappe Hauptsätze werden bevorzugt, Nebensätze und kompliziertere Satzgefüge werden weitgehend gemieden. Natürlich können diese Aussagen wiederum nur für Texte gelten, die in ihrer phonologischen Struktur möglichst wenig verfremdet sind, also z. B. nicht für dadaistische und bestimmte Nonsense-Texte, vor allem dann nicht, wenn grammatische Verstöße bewußt Spielmotiv oder spezifisches Ausdrucksmittel des Kindergedichts sind:

> Vorigen Handschuh verlor ich meinen Herbst.
> Da ging ich ihn finden, bis ich ihn suchte.
> Da kam ich an eine Guckte und schlucht hinein.
> Da saßen drei Stühle auf drei großen Herren,
> da nahm ich meinen guten Tag und sagte . . .
> (Enzensberger 1961, S. 279; vgl. Helmers 1971, S. 90 f.)

Unter den Satzfiguren ist gerade die Reihung häufiges Prinzip, besonders in der Verbindung mit „und" oder „da", was kindlichem Sprachvermögen entspricht. Sprunghaftigkeit und unlogischer Motivwechsel sind teilweise daraus erklärbar. Verschiedene Gattungen des volkstümlichen Kinderreims beruhen geradezu auf diesem Prinzip, und zwar immer wenn in einer zeitlichen Abfolge etwas erzählt wird. Man erinnere sich an das Scherz- und Spielgedicht „Beim Müller hat's gebrannt" (Kap. 4.1.) mit den zahlreichen „da" (vgl. auch oben: „Vorigen Handschuh . . ."), oder man denke an die beliebten Gattungen des Lawinengedichts (z. B. „Der Herr der schickt den Jockel aus") und des Kettenreims (z. B. „Es war einmal ein Mann"). Reihung kann sich, wie im letzten Beispiel, auch aus der Anknüpfung an das Reimwort der vorangehenden Zeile ergeben, wobei sich die neue Variante aus erlaubter grammatischer Inversion in der Art des Chiasmus, die Verfremdung aus der Regelmäßigkeit und der Beibehaltung der semantischen Ebene ergibt, z. B. im bekannten Wunderhorn-Reim (Arnim/Brentano 1963, S. 202):

> Troß troß trill,
> der Bauer hat ein Füll,
> Der Bauer will's verkaufen,

> Verkaufen will's der Bauer,
> Das Leben wird ihm sauer,
> Sauer wird ihm das Leben,
> Der Weinstock, der trägt Reben,
> Reben trägt der Weinstock ...

Dabei ist die Gegenüberstellung antithetischer Begriffe sehr beliebt:

> Eins, zwei, drei,
> alt ist nicht neu,
> neu ist nicht alt,
> warm ist nicht kalt,
> kalt ist nicht warm ...

Solche kindlichen Sprachmerkmale sind natürlich zugleich Beleg für mündliche Tradierung von Literatur; selbst das neuere Kindergedicht kann darauf nicht verzichten. In diesem Zusammenhang ist auch die Figur des Parallelismus, also Beibehaltung des syntaktischen Musters, zu stellen; besonders eindrucksvoll gestaltet von James Krüss im Gedicht „3 x 3 an einem Tag", in dem obendrein 23 von 30 Verszeilen erzählerisch-reihend mit „da" beginnen, und in seinem Gedicht „Das Feuer", in dem nicht nur die Anfangszeilen der ersten vier Strophen gleich strukturiert sind (ähnlich im „Sommer" von Ilse Kleberger), sondern sogar die Strophen selbst. Am deutlichsten ist das Prinzip dann verwirklicht in den Fragen der zusammenfassenden fünften Strophe:

> Hörst du, wie es leiser knackt?
> Siehst du, wie es matter flackt?
> Riechst du, wie der Rauch verzieht?
> Fühlst du, wie die Wärme flieht?

Aus diesem Beispiel erhellt zugleich ein anderer Wesenszug der Kinderlyrik, die unmittelbare Wendung an den Rezipienten, seine Einbeziehung in das Geschehen durch Anreden mit „du" oder kollektiv „ihr". Dies kann in Frageform geschehen wie hier oder in Rätseln, in erzählender Form, in Warnungen oder in Aufforderungen, die in Spielgedichten oder in „Kreativitätstexten" neuerer Art recht konkret gemeint sein können. Überhaupt zeigt sich in Spielgedichten der deiktische Charakter der Sprache deutlich, z. B. in der Zeigegeste des „ . . .drauß bist du!" im Abzählvers, ebenso die oft performative Verwendung der Sprache, wenn nämlich die verbale Artikulation der Handlung vom Handlungsvollzug selbst begleitet ist (z. B. „ . . .dann laufen wir davon!", „Häschen, hüpf!").

Genauso sind die vielen „ich"- und „wir"-Gedichte nicht als Ausdruck des absoluten „lyrischen Ich" zu verstehen, sondern als eine Möglichkeit der leichteren Identifikation für das Kind (vgl. Nentwig 1960, S. 177 ff.). Wörtliche Rede, Dialoge und Formen des Rollensprechens sind dafür weitere wichtige Ausdrucks- und Gestaltungsmittel.

Nicht nur die zitierte Strophe von Krüss belegt das Vorherrschen des Zeilenstils innerhalb der Kinderlyrik, sondern in den meisten volkstümlichen Reimen und Liedern endet der Satz mit dem Versschluß oder liegt zumindest eine stärkere Zäsur am Zeilenende. Zeilensprung (Enjambement) bleibt die Ausnahme, hat sich aber in neuerer Dichtung als Gestaltungsmittel allmählich durchgesetzt, z. B. „Herrlicher, glänzender Schnee/liegt, wohin ich seh" bei Guggenmos (vgl. Bull 1962, S. 249, über Eva Rechlin).

Es ist klar, daß gerade solche „Zwänge" wie Metrum und Reim entscheidenden Einfluß auf die syntaktische Struktur haben können. Dies zeigt sich dann am deutlichsten bei Umstellungen und Veränderungen des normalen Satzbaus. Solche Inversionen können ganz ungewöhnlich, „poetisch" sein, aber auch sehr gekünstelt wirken – hier wurde und wird innerhalb der Kinderlyrik besonders viel gesündigt – oder den grammatischen Normen widersprochen, also, falls sie nicht Mittel und Zweck des Sprachspiels sind, falsch sein. Heute nur noch „poetisch" gebräuchlich ist z. B. die attributive Nachstellung von Adjektiven:

> Der Kater Schnappeldorowitz
> hebt seine Krallen scharf und spitz.
> (Guggenmos 1971, S. 29)

Verfremdungen im poetischen Sinn sind natürlich auch polysyndetische (meist mit „und") und asyndetische Wortverbindungen, d. h. Wegfall des üblichen Bindeworts (z. B. die zitierte Zeile „knicken, knacken, krachen, knistern" von J. Krüss) sowie verschiedene Spielarten des Oxymorons; zwei an sich widersprüchliche Begriffe werden miteinander verbunden, z. B. eine „rosarote Katze" und eine „himmelblaue Maus" bei Peter Hacks. Auf diesem Prinzip beruht die Wirkung ganzer Gedichtgattungen, z. B. der „verkehrten Welt" und des Lügengedichts (Dunkel war's,/der Mond schien helle . . .).

Vor allem in Rätselgedichten, die als echte Aufgabe ohne bzw. mit getrennter Lösung (Erst weiß wie Schnee,/Dann grün wie Klee . . .) oder als „rhetorische Frage" mit immanenter Lösung (Was für eine Straße/Ist ohne Staub? . . . Die Straße auf der Donau . . .) angelegt sein können, findet sich die Form der Umschreibung, der Periphrase.

Die Reihe solcher, gerade für bestimmte Gattungen und einzelne Autoren typischen Kunstmittel ließe sich fortsetzen, so z. B. mit dem Element der Parodie im Kinderkunstlied (Anspielungen und Übernahmen; Beispiele für Guggenmos vgl. Bull 1962, S. 250 f.), das im Kindermund ohnehin übermächtige Bedeutung hat, oder mit dem Aproskodeton, dessen Häufigkeit B. H. Bull (ebd. S. 247 f.) bei J. Krüss aufgefallen ist; in „Meine feine, kleine Puppe/kann das Ein-Mal-Zwei!" folgt ein unvorhergesehenes Wort statt es zu erwartenden. Trotzdem ist das überragende Klangmittel der Kinderlyrik die „Wiederholung" in allen ihren Erscheinungsformen, ganz gleich ob man sie mit dem kindlichen Verfremdungstrieb oder mit der Notwendigkeit durch Reim, Metrum und Rhythmus begründet.

Bereits durch die ungewöhnlich erhöhte Rekurrenz einzelner Phoneme kann ein bestimmter Verfremdungseffekt erreicht werden. Geschieht dies durch gleiche Konsonanten im Anlaut, sprechen wir von Alliteration oder Stabreim, einem besonders häufig eingesetzten Mittel (z. B. „knicken, knacken, krachen, knistern", „brodelt, brutzelt, brennt und braust" bei Krüss), das wesentlich lautmalende Funktion hat.

Sogenannte Assonanz liegt vor, wenn der betonte Vokal konstant gehalten wird, z. B. in „Vokal-Gedichten" wie „AEIOU" von Werner Halle, der in den fünf Strophen jeweils mit dem entsprechenden Vokal möglichst auszukommen versucht. Solche Sprachspiele hat Ernst Jandl bis an die Grenze des Möglichen durchexerziert; in „ottos mops" ist ihm ein semantisch eindeutiges Gedicht mit einem einzigen Vokal gelungen. Nicht nur auf die erhöhte Rekurrenz eines bestimmten Vokals gründet sich die Wirkung von Scherzgedichten und -liedern in der Art von „Dri Chinisi mit dim Kintribiß . . .", in solchen Fällen ist auch die normale phonologische Struktur der einzelnen Wörter verändert, indem alle Vokale durch einen bestimmten ersetzt werden.

Selbstverständlich waren derartige Sprachscherze schon immer bei Kindern sehr beliebt, wie etwa die Zungenbrecher und Schnellsprechverse. In den meisten, z. B. „Fischers Fritz fischt frische Fische", sind sogar beide Klangmittel, Alliteration und Assonanz, kombiniert eingesetzt.

Öfter wiederholt werden können aber auch Morpheme (z. B. ver-, ver-, verraten), Sememe in Folge (z. B. weit, weit, weit; List, List, List; Meister Koch, Koch, Koch,/Fiel ins Loch, Loch, Loch . . .) oder in getrennter Stellung (z. B. anaphorisch, also am Zeilenanfang; vgl. da . . ./da . . .) und ganze Semem-Komplexe (z. B. „Auch die Kinder, auch die Kinder"; „O Kuh, o du! O Kuh, o du!" bei Guggenmos), wobei hier mit an die liedhaften Kehrreime zu denken ist. Auf diesem Prinzip beruht die Technik des

Verzögerungsreims (vgl. Helmers 1971, S. 54): „Meine Mu-, meine Mu-, meine Mutter schickt mich her ..."

Eine der auffälligsten Erscheinungen überhaupt ist die Rekurrenz von alliterierenden, aber vokalisch variierenden Wortbestandteilen: Bi-Ba-Butzemann; Troß, troß, trill; Halli, Hallo, Hallunken; Hi, Hu, Ha, Heulen; Ti, Ta, Turm; Sti, Sta, Sturm; Kori, Kora, Korinthe; Wi, Wa, Wurst; schni, schna, schnuppe u. a. Gerade James Krüss hat dieses alte, für Kinder immer wieder motivierende Kunstmittel oft und meisterhaft verwendet.

Überblickt man die bisher aufgeführten sprachlichen und stilistischen Elemente, wird man in großen Zügen die anfangs genannten Kennzeichen des Kinderreims auch im neueren Kindergedicht bestätigt finden: die Konkretisierung, d. h. die Beschränkung auf Wesentliches, oft in Form von lakonischen Aussagen, einen gewissen Mechanismus, besonders in den Prinzipien der Reihung und Wiederholung, und eine kindgemäße Formelhaftigkeit (z. B. die Eingänge und Schlüsse in Abzähl-, Spiel- und Heischeversen), auf die selbst das moderne Kindergedicht nicht verzichten kann.

Bleibt noch ein wesentliches Element des Lyrischen, des „Poetischen" schlechthin, die *Bildhaftigkeit*. Mag man auch in dem um einer höheren Kommunikation willen allgemein geringeren Grad sprachlicher Verschlüsselung im Kindergedicht einen Hauptunterschied zur modernen „Erwachsenenlyrik" sehen, der Wert von Kinderpoesie hängt genauso von der Wirkung ihrer Bilder ab. Gelberg (1972 b, S. 137) fordert „genaue Bilder, unverbrauchte Bilder", eine Forderung, die generell gelten kann. Symbole und Chiffren in ihrer letzten Konsequenz wird man in Kinderlyrik vergebens suchen, dafür fallen andere Spielarten um so mehr auf.

Die Personifikation von Gegenständen, von Tieren, Pflanzen und anderen Naturerscheinungen kommt dem Anschauungsvermögen und dem Identifikationsstreben des Kindes ganz besonders entgegen, denn sie bedeutet „Anschaulichkeit einer der Abstraktion abgeneigten Erfahrung; Möglichkeit der Abbreviatur komplexer Verhältnisse in ein übersichtlich wirksames Ganzes; Freiheit, etwas anderes zu sagen, als es in Wirklichkeit erscheint, um es so erst wirklich zu sagen" (Killy 1972, S. 102; vgl. auch Kliewer 1974, S. 79 f.).

Tiere, Blumen und Spielgeräte sprechen zum Kind, handeln wie Menschen und nehmen menschliche Eigenschaften an, sind gut oder böse; die Jahreszeiten werden vermenschlicht, „Der Winter ist ein rechter Mann" bei Matthias Claudius, und der Wind wächst vom Kind zum Manne bei Guggenmos und spricht mit dem Kind bei Bull.

Der Vergleich, ein Stilmittel, das innerhalb der Dichtung häufig als künstlerische Schwäche ausgelegt wird, findet in der Kinderlyrik gegenüber der Metapher, die ein ganz „Neues" entstehen läßt, bevorzugte Verwendung, weil er beide Bedeutungsschichten stehen läßt und somit dem kindlichen Rezeptionsvermögen eher entspricht. Natürlich müßte man bei differenzierterer Betrachtung den Aspekt der altersmäßigen Entwicklung mit einbeziehen (dazu vgl. Kap. 5.3.). Die Anschaulichkeit ist jedenfalls besonders groß, wenn der Wind zuerst Autos umwirft „wie ein Riese" und dann „wieder sanft wie ein Lämmlein auf der Wiese" spielt (Guggenmos: Geschichte vom Wind) oder wenn die Kirsche als Gegenstand des Rätsels so beschrieben ist:

> Erst weiß wie Schnee,
> Dann grün wie Klee,
> Dann rot wie Blut
> Schmeckt allen Kindern gut.

Die Vergleichspartikel „wie" und „als" fallen beim verkürzten Vergleich weg, im Kindergedicht besonders oft mit zusammengesetzten Adjektiven praktiziert (riesengroß, mandelgroß, wunderherrlich, spannenlang, nudeldick, pudelnaß).

Aber auch Metaphern finden sich in verschiedenen Formen im Kindergedicht, und zwar nicht nur als sprechende Namen (vgl. o.) wie z. B. im Reim „Widewidewenne heißt meine Henne.../Wackelschwanz heißt meine Gans.../Wettermann heißt mein Hahn,/Kunterbunt heißt mein Hund..."und in verblaßten Wendungen, sondern als echte „poetische" Bilder, bei denen freilich der semantische Bezug zwischen Substituendum und Substituens relativ leicht herzustellen sein muß, z. B. „Antennenvögel" für Antennen (Blum), „Wolkenschieber", „Wolkenbär" für Wind (Guggenmos), „Mäusejäger", „Schnurrbartträger" für Katze (Ruck-Pauquèt), „Schäckerer", „Meckerer" für Ziegenbock (Güll).

Als sog. absolute Metaphern könnte man im Kindergedicht bestenfalls rätselhafte Prägungen in Sprachspielen und Nonsense-Versen sehen.

In idealer Weise hat Christine Busta sprachliche Bilder zu einem poetischen Ganzen gefügt, z. B. in ihrem Gedicht „Der Sommer" („Er trägt einen Bienenkorb als Hut,/blau weht sein Mantel aus Himmelsseide..."; vgl. auch Kap. 4.6.), obwohl sie damit an die Grenzen kindlichen Vorstellungsvermögens vorstößt. Selbst 12jährige Schüler hatten bei der „Übersetzung" der Bilder – deren Notwendigkeit man natürlich anzweifeln kann – sehr große Schwierigkeiten.

Ähnliches gilt für Hermann R. Beck, auf dessen Gedichte H.-J. Gel-

73

berg (1972 a, 1972 b) mit Recht aufmerksam gemacht hat. Unverbraucht sind die Bilder, die im Gedicht „Der samtne Abendvogel Murun" den Übergang vom Tag zur Nacht verlebendigen:

> Wenn Sonnenmutter Maya den
> tomatenrot-ovalen Bauch
> ins Bett der fernen Hügel legt,
> fliegt aus des Himmels Mund Murun,
> mit Lapislazuli und Samt gefiedert,
> sein Schnabel pures Gold...

4.3. Reim, Metrum, Rhythmus

Die traditionelle und fast die ganze neuere Kinderlyrik ist in einen verhältnismäßig festen metrischen Rahmen eingebunden und mit Endreim versehen. Dabei fällt auf, daß sich trotz der Adaption einiger Sonderformen, z. B. der konkreten Poesie, seit dem 19. Jahrhundert – und länger – nichts Wesentliches geändert hat (vgl. auch Bull 1968, S. 14). Diese Tatsache, die in krassem Gegensatz zur Entwicklung der modernen Lyrik steht, wird recht unterschiedlich begründet, aber nicht mehr von allen unreflektiert hingenommen.

Für den Reim und die metrische Bindung als die immer schon allein „kindgemäße" Form werden entwicklungsgeschichtliche und entwicklungspsychologische Argumente ins Feld geführt. Denn Kinder selbst suchen bei Eigenprodukten, die im rhythmischen Spiel entstehen und inhaltlich sinnlos sein können, immer die Bindung durch den Reim (vgl. Atanassoff 1970, S. 33). Weltordnendes und seelischen Grundhaltungen entsprechendes Prinzip sieht Anneliese Bodensohn (1965, S. 38 f.) in der gebundenen Rede gegeben:

> „Das Kind ›fordert‹ den Reim als ›musikalisches‹ Lautsymbol. Doch waltet im Reim zugleich ein konstruktives schöpferisches Prinzip, insofern er das gegenständlich Auseinanderliegende zusammenbindet und harmonisch eint... Die Übereinstimmung des Verses empfindet das Kind wie eine Wortschaukel, von der es, in regelmäßiger Wiederkehr ausschwingend erhoben, nach der Zäsur des pausierenden Anhalts entsinkend wieder zurückgeschwebt wird. Es erlebt so das Geheimnis des gefährdeten Gleichgewichts und das bestimmende Gesetz der Konzentration. Damit wird in den gleitenden Bezügen der Seele jeder Vers zum Gleichnis für Aufbruch, Ankunft und Heimkehr."

Guido Stein (1966, S. 2) betont die vielzitierte Funktion des Reims als Gedächtnisstütze: „Als solche ist er gebräuchlich in den frühen Dichtungen vieler Völker, die noch keine Schrift kannten und ihre Dichtungen in mündlicher Form überlieferten ... Für Kinder, die wie die Völker der Frühzeit noch ohne Schrift leben, ist der Reim kein entbehrliches Schmuckmittel, sondern notwendiger Bestandteil."

Aus solchen und ähnlichen Gründen werden auch heute noch reimlose und freirhythmische Kinderverse meist abgelehnt. Vor etwa 15 Jahren konnte B. H. Bull (1963, S. 253) unter den oft zu extremen neueren Versuchen noch keine positiven Lösungen finden: „Montageverse und Worttechnik gehören nicht in den Bereich der Kinderliteratur ... Das Abstrakte hat im Leben eines Kindes nur Bedeutung als Nonsense, als Rest eines mutwillig zerstörten Konkreten oder als unvollkommenes Ergebnis auf dem Wege, etwas Konkretes Gestalt werden zu lassen ... Selbst die Verwendung von reimlosen freien Rhythmen kommt für ein Kinderbuch nicht mehr in Frage."

Auch später konstatiert er (1968, S. 17): „Außer in Sprachspielereien, Schnellsprechsätzen und Schnickschnack, bei dem der Inhalt eine zweitrangige Rolle spielt, ist der freie Rhythmus in Kindergedichten wohl fehl am Platze. Freirhythmische Gedichte, die erst entschlüsselt werden müssen, sind für Kinder Konservenbüchsen, denen kein Dosenöffner beigegeben ist." Immerhin schließt er jetzt die Möglichkeit nicht aus, „daß auch der freie Rhythmus einmal das Kindergedicht erobern wird"!

Die fatale Lage der Autoren, die sich nicht dem Vorwurf epigonalen Schaffens aussetzen wollen, ist gerade hier im formalen Bereich offensichtlich. H.-J. Gelberg (1972 a) plädiert für neue Formen im Kindergedicht, und er stellt auch einige gelungene reimlose Beispiele von Elisabeth Borchers, Peter Härtling und dem schon zitierten Hermann R. Beck vor, die ihre Wirkung bei Kindern nicht verfehlt haben. Man könnte Rainer Schnurres „Kinder" oder Christine Bustas „Wovon träumt der Astronaut auf der Erde?" hinzufügen. Pädagogische und ideologische Gründe sind dafür ausschlaggebend, warum der DDR-Autor Reinhard Bernhof (1974, S. 26) freirhythmische Kindergedichte schreibt:

„Erstens geht es im Leben auch nicht gereimt zu, zweitens versuche ich durch die freirhythmische Form in den Kindern ästhetische Fähigkeiten zu wecken, damit sie später als Erwachsene etwas mehr mit unserer sozialistischen Gegenwartspoesie anzufangen wissen, damit sie auch einmal Neruda, Hermández und Eluard lesen, damit sie Reim nicht gleich mit Gedicht oder Gedicht nicht gleich mit Reim assoziieren.

Eigentlich mißtraue ich dem Reim, weil er vielleicht sogar eine ästhetische Farce ist, etwas fürs Ohr, das sich gern betrügen läßt. Ich jedenfalls gebe mir Mühe, so präzise wie nur möglich zu sein. Da verzichte ich gern auf Wohllaut. Aber Wohllaut stellt sich ja auch mit Präzision ein."

Man wird vorsichtig sein müssen mit Prognosen, da das Deutsche vor dem 10./11. Jahrhundert gar keinen Endreim gekannt hat, und auch mit Urteilen; hier wird man im Einzelfall entscheiden müssen. Sicher ist nur, daß mindestens 95 % der gesamten Kinderlyrik gereimt sind und daß der „Reimzwang" vielerlei Auswirkungen hat. Der Reim bestimmt nicht nur den Einsatz sprachlicher Mittel und die Art von Satzkonstruktionen, sondern ebenso die Wahl von Inhalten und Motiven, Formen der Textgliederung, den Ablauf der Handlung und nicht zuletzt durch schwere Akzentsetzung den Rhythmus des ganzen Gebildes.

Entscheidend ist, neben der alten, aber vielgenutzten Klangform des Stabreims oder „Anreims" (s. o.), der uns allen so vertraute Endreim, dessen Wirkung auf dem Gleichklang von Wörtern vom letzten betonten Vokal ab beruht, der also, abgesehen von wenigen dreisilbigen Ausnahmen, normalerweise einsilbig (= männlich oder stumpf) oder zweisilbig (= weiblich oder klingend) sein kann. Der genaue vokalische und konsonantische Gleichklang überwiegt zwar auch innerhalb der Kinderlyrik, doch fällt hier die Häufung von „unreinen" Reimen besonders auf. Kinder begnügen sich, wie man in ihrem eigenen Reimschaffen feststellen kann, oft mit ungenauen Übereinstimmungen. Typisch dafür ist ein alter verbreiteter Kinderreim mit seinen konsonantischen Unreinheiten, aber den vokalischen Gleichklängen (Assonanzen):

> Backe, backe Kuchen,
> Der Bäcker hat gerufen:
> Wer will guten Kuchen backen,
> Der muß haben sieben Sachen . . .

Vieles ist, wie in manchen „klassischen" Beispielen auch, als Dialektform und damit nicht als unrein zu sehen. Selbst das moderne Kindergedicht wird ziemlich unbekümmert mit diesem Problem fertig, z. B. Wolkenbär – mehr, Tier – Tür, gefällt – Welt, drein – daheim, Wald – schallt, Geäst – Nest, Hahn – an, Specht – fest (Guggenmos 1971, S. 60–63); somit werden der reimarmen deutschen Sprache zugleich neue Möglichkeiten erschlossen. Sonderformen wie identischer Reim, Wiederholung desselben Wortes (an – an; ebd. S. 60), der gern als sprachliche Schwäche angesehen wird, fallen weniger ins Gewicht.

Die komische Wirkung zu erhöhen versucht man manchmal im Kindergedicht mit gekünstelten Formen wie dem gebrochenen Reim, z. B.

> Spaghetti essen kann man fabel-
> haft mit Löffel und mit Gabel.
> (U. Sedgwick, Spaß am Kochen und Backen, 1977)

oder dem gespaltenen Reim, den Peter Hacks (1973, S. 54) gehäuft in seinem „Walfisch"-Gedicht verwendet hat:

> Der Walfisch ist kein Schoßtier,
> Er ist ein viel zu groß Tier.
> . . . .
> Er redet nicht, er bellt mehr
> . . . .
> Er rudert durch das Weltmeer
> . . . .
> Der Schwanz sogar ein Plättbrett.
> Aus seinem Leib man Fett brät.

Damit kommt man in die Nähe einer besonders kunstvollen und als Unterhaltung selbst bei Erwachsenen beliebten Form, des Schüttelreims, dessen Kennzeichen aber die wechselseitige Vertauschung der Anfangskonsonanten der reimenden Silbenpaare ist:

> Im Herbste an den Zitterpappeln
> sieht man die Blätter bitter zappeln.

Natürlich gehen solche Sprachspiele über ursprüngliche kindertümliche Dichtung schon hinaus.

Auch der Reim ist Verfremdung durch Erhöhung der durchschnittlichen Rekurrenz, seine Stellung ist nicht an das Ende der Verszeile gebunden. Kinderlyrik kennt auch verschiedene Formen des Pausen-, Binnen und Mittelreims, bei denen durch Reimhäufung innerhalb der Zeile die Klangwirkung erhöht werden kann:

> Eene meene muh . . .
> Eni beni suptraheni . . .
> Warum denn um die Krümm herum . . .
> Kunterbunt heißt unser Hund . . . (vgl. o.)
> Ein Elefant marschiert durchs Land (Guggenmos)

Sehr oft wird die Klangwirkung allerdings durch Wiederholung identischer Morpheme oder Sememe erreicht (vgl. Kap. 4.2.).

Neben dem Reim bestimmt das Versmaß den metrischen Rahmen des Kindergedichts. Für das volkstümliche Kinderlied nimmt E. Gerstner-Hirzel (1973, S. 956) den Vierheber mit freier Senkungszahl und streng taktierender Betonung als Grundform an, doch findet man verschiedenste Ausprägungen, die landschaftsbezogen (vgl. Reinles Arbeit zur Metrik der Schweizer Kinderreime, 1894) oder gattungsbedingt sein können (vgl. Gerstner-Hirzels Typologie des Wiegenreims, 1967).

Um die Möglichkeiten der Hebungs- und Senkungszahl, des Auftakts und des Versschlusses zu verdeutlichen, sei hier die metrische Darstellung eines „einfachen" Kinderreims wiedergegeben, allerdings bewußt in der Interpretation von Andreas Heusler (zit. n. Braak 1974, S. 88), der den Takt der Versschlüsse (Kadenzen) stark differenziert:

	Backe, backe, Kúchèn	Klingende Kadenz
	$\boxed{\acute{x}\ x}$ $\boxed{\acute{x}\ x}$ $\boxed{\text{--}}$ $\boxed{\grave{x}\ \wedge}$	
	der Bäcker hat gerúfèn	Klingende Kadenz
Auftakt	x $\boxed{\acute{x}\ x}$ $\boxed{\acute{x}\ x}$ $\boxed{\text{--}}$ $\boxed{\grave{x}\ \wedge}$	
	Wer will guten Kuchen backen	Volle Kadenz, zweisilbig weiblich voll
	$\boxed{\acute{x}\ x}$ $\boxed{\acute{x}\ x}$ $\boxed{\acute{x}\ x}$ $\boxed{\acute{x}\ x}$	
	der muß haben sieben Sachen	Volle Kadenz, zweisilbig weiblich voll
	$\boxed{\acute{x}\ x}$ $\boxed{\acute{x}\ x}$ $\boxed{\acute{x}\ x}$ $\boxed{\acute{x}\ x}$	
	Butter und Salz	Stumpfe Kadenz
	$\boxed{\acute{x}\ \cup\ \cup}$ $\boxed{\acute{x}\ \wedge}$ $\boxed{\wedge\ \wedge}$ $\boxed{\wedge\ \wedge}$	
	Eier und Schmalz	Stumpfe Kadenz
	$\boxed{\acute{x}\ \cup\ \cup}$ $\boxed{\acute{x}\ \wedge}$ $\boxed{\wedge\ \wedge}$ $\boxed{\wedge\ \wedge}$	
	Milch und Mehl	Stumpfe Kadenz
	$\boxed{\acute{x}\ x}$ $\boxed{\acute{x}\ \wedge}$ $\boxed{\wedge\ \wedge}$ $\boxed{\wedge\ \wedge}$	
	Saffran macht den Kuchen geel	Volle Kadenz, einsilbig männlich voll
	$\boxed{\acute{x}\ x}$ $\boxed{\acute{x}\ x}$ $\boxed{\acute{x}\ x}$ $\boxed{\acute{x}\ \wedge}$	

Obgleich wir in der neueren Dichtung nur noch von 2 bzw. 3 Formen des Versschlusses ausgehen (s. o.) und somit die Kadenzen der ersten vier

Zeilen als weiblich oder klingend (zweisilbig) bezeichnen würden, fällt doch die Komplexität des metrischen Schemas auf: die unterschiedlichen Verslängen, die verschiedene Anzahl der Hebungen (2-, 3- und 4-hebig), die freie Füllung der Senkungen (zweisilbig in der fünften und sechsten Zeile), der einzige Auftakt in der zweiten Zeile.

Generell kann man feststellen, daß der Kinderreim Kurzzeilen mit zwei, drei oder vier Hebungen bevorzugt; das metrische Schema wird von Trochäen, Jamben und Daktylen bestimmt, was jedoch selten im ganzen Text einheitlich durchgehalten ist. Das hat nichts damit zu tun, daß der allgemeine historische Trend zu prosanahen Formen geht, sondern läßt sich damit begründen, daß Kinderreime, besonders alle Arten von Spieltexten, so stark funktionsbezogen und dem Gestaltungs- und Umgestaltungsprozeß in Kindermund unterworfen sind. Das Metrum wird durch die rhythmische Bewegung des Tanzens, Laufens, Springens, Sich-Drehens oder der abzählenden Hand geprägt. Man könnte beim Kinderreim von beschränkt variablen Metren sprechen, denn eine gewisse Invariabilität sucht das Kind hier ebenso wie beim Reim. Trotz der metrischen Freiheiten wird das Element des Mechanismus offenkundig, die Reime werden in einer gewissen primitiv-melodischen Monotonie, einer Art Sprechgesang, vorgetragen oder „geleiert" (vgl. auch Lorbe 1974, S. 193), und die Silbenzahl wird, wenn notwendig, z. B. durch Apostrophierung eines Vokals oder Kontraktion dem Metrum angepaßt.

Wie sehr diese Kriterien im Einzelfall zutreffen, möge ein metrisches Beispiel Artur Kerns zeigen (zit. bei Bodensohn 1965, S. 40); trotz der „Unregelmäßigkeiten" wird der Rhythmus von der jeweils doppelten Senkung, also vom Daktylus, bestimmt:

> Gretel, Pastetel,
> was machen die Gäns'?
> Sie sitzen im Wasser
> und waschen die Schwänz'!
> x́ x x x́ x
> x x́ x x x́
> x x́ x x x́ x
> x x́ x x x́

Eine Besonderheit des Kinderreims, vor allem vieler deiktischer Texte, z. B. Abzählverse, und Texte mit wiederholten Anrufen bzw. Anreden, ist die häufige Akzentakkumulation:

> Eińs, zwéi, dréi ...
> Stórch, Stórch, Béster ...

Überhaupt hat man innerhalb der metrischen Schemata eine auffällige Wiederkehr bestimmter rhythmischer Gruppen beobachtet und deshalb von „rhythmischer Formelhaftigkeit" gesprochen; wieweit es sich hier um eine anthropogene oder habituelle Erscheinung handelt, ist nicht geklärt (vgl. Abel-Struth 1977, S. 196).

Das volkstümliche Kindergedicht ist jedenfalls trotz der immanenten „Regellosigkeiten" von einer freien Rhythmisierung weit entfernt (vgl. die anfangs skizzierte Diskussion!), was aber nicht heißen soll, daß Kinder nicht auch imstande sind, prosanahe Texte als „Gedicht" zu begreifen und selbst entsprechende Texte zu verfassen. Bei der gemeinsamen freirhythmischen Verbalisierung von Jörg Müllers Bildmappe „Hier fällt ein Haus, dort steht ein Kran, und ewig droht der Baggerzahn" hat eine 4. Klasse interessante Ergebnisse zustande gebracht (vgl. Franz 1978 b, S. 44 f.). Sehr gering ist die Bindung an Metrum und Reim im Gedicht eines 10jährigen Mädchens zum Thema „Kinderfasching":

> Es wird lebendig auf den Straßen.
> Fritz ist ein Cowboy,
> Evi eine Prinzessin,
> Klaus ein Indianer
> und Peter ein Bär.
> So laufen sie alle maskiert umher.[8]

Die unter pädagogischer Anleitung entstandenen Texte sind natürlich als Sonderfall zu betrachten. Selbst die Kinderkunstlyrik kommt, will sie nicht die Adressatengruppe verfehlen, weitgehend dem rhythmischen Empfinden des Kindes entgegen, d. h. die Autoren wählen tradierte „naive" Schemata, so daß vieles über den Kinderreim Gesagte auch hier zutrifft, z. B. gerade in „nachempfundenen" Auszählreimen von Janosch, B. H. Bull u. a.

Versmaße mit mehr als 4 Hebungen bleiben die Ausnahme, in bezug auf ein- oder zweisilbige Senkungen und den Auftakt wird ebenfalls ziemlich frei verfahren. Selbst phonologisch und semantisch teilweise oder ganz verfremdete Texte werden meist durch einen gewissen metrischen Rahmen zusammengehalten (vgl. „Das selbstgemachte Lied" von E. Rechlin, Kap. 4.2.). Dies gilt natürlich nicht mehr für viele Sprachspielereien, die außerhalb des Bereiches „Kinderlyrik" liegen.

4.4. Äußerer und innerer Aufbau

Größere Unterschiede lassen sich, trotz weitgehender Verwandtschaft, zwischen volkstümlicher Kinderlyrik und Kinderkunstlyrik in bezug auf den äußeren Aufbau, also Reimfolge, Strophenbau, Gedichtform, und den Sinnzusammenhang bzw. den Handlungsablauf feststellen. Die oft fehlenden oder schwer erkennbaren Sinnzusammenhänge und die gedankliche Sprunghaftigkeit des Kinderreims lassen sich nicht nur als Folge des „Zersingens", sondern vor allem mit dem übermächtigen Zwang von Rhythmus und Reimabfolge erklären. Abgesehen von bewußter Verwendung in Unsinntexten, fehlen diese Kennzeichen der Kinderkunstlyrik trotz deren komplizierterer Bauelemente. Der volkstümliche Kinderreim ist in seiner Struktur immer einfach; in der Regel besteht er aus einer Strophe, die oft nur aus einem Reimpaar oder aus drei bzw. vier Verszeilen gebildet ist. Dabei überwiegt der Paarreim, während der Kreuzreim (abab) oder Reimschemata wie xaxa oder aaxa Ausnahme bleiben.

Auf die formelhaften Kompositionselemente gründet E. Gerstner-Hirzel (1973, S. 955 ff.) ihren Vorschlag zu einem Typenverzeichnis des Kinderreims. Als Kennformel z. B. für einen Vierzeiler hält sie die Bestimmung des Eingangs und der Reimwörter (e – a:a/b:b), der Merkmale der Mittelverse ($m_1 + m_2$) und das Merkmal des Schlußverses (s) für notwendig. Solche Verfahrensweisen haben in erster Linie für die wissenschaftliche Katalogisierung von Kinderreimen und -liedern und ihrer zahlreichen Varianten Bedeutung.

Zu den strukturellen Ausnahmen innerhalb des Kinderreims gehören die auch heute beliebten Sonderformen des Kettenreims und des Schwelloder Lawinengedichts. Beide kommen trotz eines teilweise sehr großen Umfangs der kindlichen Merkfähigkeit stark entgegen, und zwar weniger durch die inhaltlichen Bezüge. Andererseits ist gerade hier der freien Variation viel Spielraum gegeben.

Bei der Kette, die paarig reimt und die durch Klangassoziation zu weiterer Zeilenreihung geradezu herausfordert, greift ein Vers in den anderen über, das Reimwort wird als Subjekt in die nächste Zeile übernommen:

> Es war einmal ein Mann,
> Der hatte einen Schwamm.
> Der Schwamm war ihm zu naß,
> Da ging er auf die Gass'.
> Die Gass' war ihm zu kalt,
> Da ging er in den Wald ...

Gedächtnisstütze beim Schwellgedicht ist ebenfalls die Anknüpfung an die vorangehende Zeile sowie die jedesmalige Wiederholung des ganzen Textsegments, bevor es erneut erweitert wird oder nachdem ein neues Motiv vorangestellt wurde; so schwillt das bekannte Gedicht „Der Herr der schickt den Jockel aus" von 4 auf 12 Zeilen an. Dabei wird jede Strophe von der gleichen Formel eingeleitet („Da schickt der Herr . . .") und abgeschlossen („Und kommt auch nicht nach Haus."), während der anschwellende Mittelteil syntaktisch exakt parallel angelegt ist:

> . . . .
>
> Das Feuer brennt den Prügel nicht,
> Der Prügel schlägt den Pudel nicht,
> Der Pudel beißt den Jockel nicht,
> Der Jockel schneidt den Hafer nicht
>
> . . . .

Überhaupt kann man neben der abgerundeten Einstrophigkeit die stichische Versverwendung als zweites wesentliches Bauprinzip des Kinderreims nennen, d. h. Verszeilen mit demselben metrischen Schema werden in beliebiger Folge, also unstrophisch, aneinandergereiht. Das ist z. B. bei Kettenreimen, Schwellgedichten und anderen Gattungen wie Rätselgedichten der Fall.

Die bei Kindern sehr beliebten Textstrukturen wurden natürlich auch bewußt ins Kindergedicht übernommen. So reiht Friedrich Güll in seiner komplizierten Form des Kettengedichts „Wenn das Kind nicht schlafen will" über 100 metrisch gleiche Verszeilen aneinander, die alle mit „ein" beginnen („Ein Knecht ist kein Graf,/ Ein Graf ist kein Knecht./ Ein Star ist kein Specht . . ."), und in seinem Rätselgedicht „Nußsäcklein" stellt er syntaktisch analog 30 Fragen:

> Welcher Kopf hat keine Nase,
> Welche Stadt hat keine Straße,
> Welcher Laden hat keine Türe,
> Welches Netz hat keine Schnüre,
> . . . .

Ein „modernes" Schwellgedicht hat z. B. Peter Hacks geschaffen („Eine dicke Familie").

An längeren Texten ohne strophische Einteilung finden sich hauptsächlich paarig gereimte Erzählgedichte, deren Tendenz heute aus verschiedenen Gründen wieder rückläufig ist. Das Interesse und die Fähigkeit, längere zusammenhängende Texte, noch dazu in Reimform, zu lesen, nehmen ab, da diese Art der literarischen Unterhaltung auch für Erwachsene nur bis in die erste Hälfte unseres Jahrhunderts noch verbreitet war und dementsprechend gefördert wurde. Nur wenige großartige Zeugnisse des 19. Jahrhunderts haben ihre Existenz bis in die Gegenwart gerettet, z. B. Theodor Storms „Knecht Ruprecht"-Gedicht: „Von drauß', vom Walde komm ich her . . ."

Kinderkunstlyrik neigt, nicht nur im neueren Erzählgedicht (Hacks, Krüss), generell zu strophischer Einteilung; vom einstrophigen bis zum vielstrophigen ist alles vertreten. Trotzdem kann man aus historischer Sicht erkennen, daß der Umfang der Gedichte, was schließlich auch eine Frage der Altersabstufung ist, allgemein zurückgeht. Kunstvolle „klassische" Gedichtformen wie z. B. das Sonett hat man im Bereich des Kindergedichts ohnehin immer vermieden; die höchsten Anforderungen an das Kind stellte man noch zur Zeit der Aufklärung und im 19. Jahrhundert.

Obwohl im Kindergedicht volkstümliche, kindgemäße Strukturen bevorzugt werden, zeigen sich gerade im Hinblick auf den Strophenbau erhebliche Unterschiede. Vierzeilige, daneben zwei- und dreizeilige Strophen finden sich weitaus am häufigsten. Durch den Einsatz kunstvollerer Reimfolgen werden auch längere Strophen mit ungerader Zeilenzahl oder mit wechselndem Metrum konstruiert, z. B. die 14-zeiligen Strophen der berühmten „Heinzelmännchen" von August Kopisch. Als neuere Beispiele (alle in: Gelberg 1972a) seien nur genannt: 2-zeilige Strophen verwendet Richard Bletschacher („Der Bärenführer"), 3-zeilige Gerd Hoffmann („Ton-Folge"), 4-zeilige Rosemarie Neie („Kastanienbaum"), 5-zeilige Gina Ruck-Pauquèt („Im gleichen Moment"), 6-zeilige Doris Mühlberger („Die Staatskarosse"), 7-zeilige Gerd Hoffmann („Wenn") und 8-zeilige Max Bolliger („Was uns Angst macht"). Das sind willkürliche, aber bewußt aus e i n e r Sammlung ausgewählte Beispiele, die sich beliebig erweitern ließen. Auf die Einhaltung bestimmter metrischer Schemata wird, wenn es sich nicht ohnehin um ein freirhythmisches Gedicht wie bei Gerd Hoffmanns „Wenn" handelt, im neueren Kindergedicht weniger Wert gelegt. Sprachwitz und Rhythmus prägen auch hier den Textaufbau, so daß wechselnde Metren innerhalb von Strophen, also unterschiedliche Verslängen, und unterschiedliche Strophenlängen im selben Gedicht keine Seltenheit sind. Als einen Meister der Variation, der bis zur Auslösung der Form im einzelnen geht und doch ganz im rhythmischen Gefühl des Kindes bleibt, kann man Josef Guggenmos bezeichnen. Solche Gedichte, die man in ihrer Konstruktion nur als Ganzes sehen kann, sind z. B. „Was denkt die Maus am Donnerstag?", „Der Wind" oder „Kater, Maus und Fußballspiel". In manchen Fällen ist, in der Art konkreter

Poesie, der Strophenbau ganz eindeutig semiologisches Signifikat. Als besonders gelungen kann die letzte Strophe des „Feuer"-Gedichts von James Krüss gelten:

> Kleiner wird der Feuersbraus:
> ein letztes Knistern,
> ein leises Flüstern,
> ein schwaches Züngeln,
> ein dünnes Ringeln-
> aus.

Signalisiert die phonologisch, semantisch und metrisch-rhythmisch regelmäßige Struktur von Brentanos „Wiegenlied" die gleichförmige und immer wiederkehrende Bewegung des „Wiegens", „Beruhigens", „Einschläferns", so ist die Krüss-Strophe semantischer und metrisch-rhythmischer Ausdruck für eine allmählich langsamer werdende Bewegung, die schließlich zum Ende kommt, das Verlöschen des Feuers. Die Form eines Gedichts, die immer adäquater Ausdruck der Aussage sein soll, kann in den wenigsten Fällen, sieht man von Bildgedichten u. ä. einmal ab, bewußt in dieser semiologischen Funktion von Kindern verstanden werden.

Umfang und Aufbau der Strophe werden in erster Linie von der gewählten Reimfolge bestimmt. Auch im Kindergedicht wird der Paarreim (aabb) am häufigsten gewählt, daneben oft der Kreuzreim (abab) oder die Stellung xaxa, seltener der verschränkte oder umrahmende Reim (abba). Bei den längeren ungeraden Strophen wird eine Reimform gehäuft, oder es wird eine reimlose Verszeile (Waise = x) eingeschoben. Sonderformen wie den Haufenreim, der schon früher auftritt („Herr von Hagen,/darf ich fragen:/Kann ihr Magen . . ."), benützt man heute gerne in sprachspielerischen Texten, als Möglichkeit der Sprachkomik, z. B. im „Markus" von Hans Manz (Gelberg 1972a, S. 98):

> Wie knackt Markus
> eine Nuß?
> Er legt die Nuß mit Hochgenuß
> unter einen Autobus.

Ein Ausnahmeschema (aaax) weist der „Riese Mutakirorikatum" von Josef Guggenmos auf, während Detlev von Liliencron für seine „Ballade in U-dur" die Reimfolge aaabaab zugrunde gelegt hatte. Den seltenen Schweif- oder Zwischenreim hat Krüss für die 3-zeiligen Strophen in „3 x 3 an einem Tag" gewählt, und er wundert sich selbst über den Erfolg, den das Gedicht trotz der metrischen Probleme hatte (1969, S. 54 f.):

„Daß das Gedicht den Kindern zu gefallen scheint, ist ein wenig seltsam, denn weder die Reimverschlingung (aabccb) noch das Metrum – ein ganz unregelmäßiger Daktylus – sind besonders kindgemäß... Beim Vorlesen ergeben sich durch die Unregelmäßigkeiten des Metrums gewisse Betonungen von selbst. Das rein daktylische Schema der Zeilen 1, 2, 4 und 5 haben wir in der Zeile: ›Da schauen drei Mäuse zum Fenster heraus.‹ Dieses Schema ist sehr selten eingehalten worden. Gleich die erste Zeile weicht durch zwei fehlende Silben vom Schema ab...“

Obwohl selbst das Kindergedicht der Gegenwart keine extremen Formen anstrebt, ist mit den angedeuteten Beispielen nur ein Teil einer bunten Palette von Variationsmöglichkeiten erfaßt. Trotzdem kann man bei Kinderlyrik mit ihren vorwiegend alternierenden Metren, den unkomplizierten Reimfolgen und dem Vorherrschen des Zeilenstils, also syntaktischen Zäsuren am Versschluß – Strophensprung fehlt praktisch ganz –, von einer vorherrschend „weichen Fügung“ sprechen. Daneben sind andere, graphische Signifikate nur sekundär zu sehen. Wird die durchgehende Großschreibung am Versanfang bei älteren Gedichten beibehalten, so richtet man sich heute weitgehend nach den syntaktischen Notwendigkeiten. Hier ist auch die, analog zu moderner Lyrik, manchmal „willkürlich“ gehandhabte oder ganz fehlende Interpunktion zu nennen, die gerade pädagogischen Interessen zuwiderlaufen kann, obwohl selbst da didaktisch sinnvolle Möglichkeiten auf der Hand liegen. Reinhard Bernhof (1974, S. 26) hat eine Lösung parat:

„Einige Lehrer beanstandeten in meinen Gedichten die fehlenden Punkte und Kommata jeweils am Ende der Zeile. Da ich sie da nicht für nötig erachte, dennoch aber kompromißbereit bin, möchte ich dem Verlag vorschlagen, daß er die Druckerei veranlaßt, die fehlenden Punkte und Kommata in Zukunft in einem Tütchen angeheftet mitzuliefern, damit sie jene Lehrer sofort einsetzen können.“

Auf die unbegrenzten Möglichkeiten in Sprachspielen und Unsinnstexten konnte und mußte nicht speziell eingegangen werden, denn vieles liegt schon am Rande des Untersuchungsgegenstandes. Das gilt auch für äußerst streng gebaute Reimspiele wie Schüttelreime (vgl. o.), Leberreime, Klapphornverse und Limericks, die eher dem Humor der Erwachsenenwelt zuzurechnen sind und die Hermann Helmers (1971, S. 71 ff. u. 150 ff.) nicht zuletzt deshalb in seinen „Lehrplan“ erst ab der 5. Klasse stufenweise einbezieht. Freilich können auch Kinder unter 10 Jahren Limericks, die hier erst für die 10. Klasse vorgesehen sind, unter pädagogischer Anleitung bewältigen, was Ergebnisse in vierten Klassen eindrucksvoll belegen (vgl. Kap. 7.3.). Um originäre kindertümliche Formen handelt es sich jedenfalls nicht.

4.5. Text-Ton-Synechie

Die Frage nach der Verbindung von Kinderlyrik und Musik ist eine Frage nach der Synechie sprachlicher und musikalischer Komponenten generell. Schon immer hat man die starke Verwandtschaft von Sprache, gerade der gebundenen lyrischen Formen, und Musik betont; hier wie dort wird nach Sätzen und Perioden gegliedert, ist der Zeitablauf durch Takt, Metrum, Rhythmus geregelt, werden größte Wirkungen durch die „Melodie", durch Klänge, Wiederholungen, Kontraste u. a. erreicht. Und doch zeigen sich bei einem genaueren Vergleich wesensspezifische Unterschiede; nicht nur daß der Musik die direkten inhaltlichen Signifikate der Sprache fehlen, sie kann auch nicht mit klanglichen Rekurrenzen, wie z. B. dem Reim, arbeiten. Andererseits ist der zeitbezogene Rahmen der Musik in Notenwert und Rhythmus mathematisch, d. h. also viel exakter, geordnet, und in der geregelten Festlegung der Tonhöhen, der Intervalle, geht sie weit über das in der Sprache allein Mögliche hinaus.

Damit ist klar, daß man die Text-Ton-Synechie unter zwei Komponenten sehen muß, einmal unter der sprachimmanenten, wobei nur die „musikalischen" Eigenschaften der Sprache selbst ausgeschöpft werden, zum andern unter der eigentlich musikalischen, wobei der Text als Grundlage für eine weitergehende Bearbeitung dient, d. h. genauer: „Sprachliche Intentionen eines zu vertonenden Textes werden vom Komponisten nach ihrem Affektgehalt rationalisiert", so entsteht, nicht nur im Opernwerk, eine „Komposition des Tonfalls der Sprache" (Friederich 1973, S. 3). Daneben gibt es noch die akustische bzw. musikalische Untermalung und Begleitung von Sprechtexten (vgl. Kap. 7.4.).

Wir konnten uns schon davon überzeugen, welche vielfältigen sprachimmanenten Mittel Kinderlyrik einsetzt, um „Musikalität" zu erreichen. Kinderreime und -gedichte leben von Klang und Rhythmus, es handelt sich im einzelnen um formal und strukturell durchkomponierte Gebilde. Ja, man kann ohne Übertreibung sagen, die sprachliche Musikalität der Kinderlyrik, wie sie sich im „Vortrag" erweist, stößt bis an die Grenzen der Musik im eigentlichen Sinn vor. Hier tauchen wieder Aspekte der Phylogenese und Ontogenese auf, denn die Kinderliedforschung, die sich besonders in diesem Bereich engagiert, hat nachgewiesen, daß Sprech-Tonfall und Melodie aus einer Wurzel stammen und daß die Entwicklung vom Tonfall zur Pentatonik, also zum Gebrauch von fünf Tonstufen innerhalb eines Oktavzwischenraums, wahrscheinlich ist. Dennoch beruht die aus zwei bis vier Tonstufen bestehende musikalische Leiermelodik des Kinderreims auf eigenen vorpentatonischen Leitern, wie sie heute noch im Volksgesang anderer europäischer Völker und bei Naturvölkern verbreitet sind (vgl. Abel-Struth 1977, S. 196). Dies gilt mehr oder weniger für alle Arten des Kinderreims, ob für Neckverse wie „Annamirl Zuckaschnürl" oder Spieltexte wie „Fürchtet ihr den schwarzen Mann?"; selbst neuere „Kunstgedichte" werden von Kindern sprecherisch in dieser Weise adaptiert, womit wir wieder bei der bereits diskutierten Frage der „Kindertümlichkeit" freirhythmischer und ungereimter Texte wären.

Interessanterweise basiert auch das „Orff-Schulwerk" auf der Korrelation zwischen dem frühhistorischen musikalischen Stadium, heute noch bei den sogenannten primitiven Völkern vorherrschend, und dem psychischen Musikverhalten des Kindes. Dessen Sprachwelt kommt Orff durch besondere Berücksichtigung von Kinderlied-Texten entgegen (vgl. Stein 1966, S. 4).

Aus all dem erklärt sich das starke Bedürfnis von Kindern nach einer Vertonung von Texten, also einer Singmelodik im strengeren Sinn, die häufige Befriedigung dieses Bedürfnisses und die weitgefaßte Bedeutung des Begriffs „Kinderlied". Die Geschichte der Kinderlyrik ist zugleich die Geschichte ihrer Vertonung, deren sich bereits im 18./19. Jahrhundert Komponisten wie Burmann, Hiller, Reichhardt, Schulz, Mozart, Haydn, Marx, Mendelssohn-Bartholdy, Nicolai, Reißiger, Richter, Schumann, Spohr u. a. angenommen haben. Schon die innerhalb des neueren Kindergedichts chronologisch meist an erster Stelle genannte Sammlung „Lieder für Kinder" (1765) von Christian Felix Weiße ist diesbezüglich ein prägnanter Fall. Erst die zweite Auflage von 1769 mit den Kompositionen Hillers hatte großen Erfolg, nachdem diejenigen des Kopenhagener Kapellmeisters Scheibe zur ersten Auflage nicht gefallen hatten (vgl. Köster 1972, S. 103). Der dritte Komponist der Weißeschen Lieder war dann G. G. Hunger. Hier tritt uns zugleich ein neuer Aspekt entgegen: Vertonung ist nicht spontaner künstlerischer Wurf, sondern hartes Ringen; Mehrfach-Vertonungen mit unterschiedlichem Erfolg – am bekanntesten ist vielleicht Goethes „Erlkönig" – finden sich im Bereich der Kinderlyrik öfter, wie später noch an einem Beispiel aus der Gegenwart ersichtlich wird.

Ein nicht unwesentlicher Gesichtspunkt ist auch die zeitliche Relation von Textproduktion und Vertonung. So wurden alte Kinderreime mit großem zeitlichen Abstand musikalisch bearbeitet, während andererseits Kindergedichte häufig schon im Hinblick darauf geschrieben werden, das Endprodukt also in einer Art Koproduktion zwischen Autor und Komponisten entsteht, oder bei Eignung und Bedarf doch relativ bald vertont werden, auch wenn man die Meinung Alfred Göpels (1935, S. 23) nicht in allem teilen muß:

> „Das Kinderlied verknüpft Wort und Ton zu einer untrennbaren Einheit. Die Formung wird vom Dichter dem Musiker geboten, da die Gedichte oft in sicherer Vorahnung der Komposition angelegt oder von vornherein auf einen musikalischen Typus zugeschnitten sind und daher eine gute Grundlage für die musikalische Gestaltung bieten.“

Dies war besonders der Fall bei unserem bekanntesten Kinderliederdichter, Hoffmann von Fallersleben, der nach eigener Aussage historisch an die alte Volkspoesie anknüpfte und seine Lyrik unzertrennlich vom Gesang sah (vgl. Kuhnert 1972, S. 40). Gerade bei ihm findet sich aber auch der von H. L. Köster (1972, S. 112) so sehr kritisierte umgekehrte Entstehungsprozeß, indem er, wie er im vierten Band seiner Autobiographie selbst schildert, Verse auf vorgegebene Melodien schrieb bzw. sogar seine eigenen Texte älteren, bekannten Volksweisen unterlegte:

> „Ich versah ihn (d. i. Ernst Richter) mit Volksweisen aller Völker und ließ mir dann diejenigen, welche er für unsern Zweck geeignet fand, mehrmals vorspielen, bis ich sie fast auswendig wußte. Wenn ich dann nach Hause kam, fand ich immer Zeit und Lust, einen Text dazu zu dichten. Ich war sehr glücklich; ich lebte wieder in der Kinderwelt und dichtete aus ihr heraus für sie mit wahrer Herzenslust“ (zit. n. Köster 1972, S. 112).

Trotzdem besteht der übliche Ablauf in der Folge Textproduktion – Vertonung, und auch für den Umsetzungsvorgang selbst lassen sich einige Kriterien verallgemeinern. So werden vom Komponisten betonte Silben im allgemeinen durch längere Notenwerte, durch mehr oder weniger starken Wechsel in der Tonhöhe oder durch Spitzenstellung im Takt gekennzeichnet. Da Kinderreime und viele Kindergedichte in ihrem unkomplizierten metrischen Rahmen und rhythmischen Ablauf immanent liedhaft sind, ist hier die Akzentfolge und -schwere 2 1 3 mit ihrer entsprechenden musikalischen Aktualisierung fast die Regel. Dementsprechend sieht für das Kinderlied „Alle meine Entchen“ (Beispiel bei Asmuth 1974, S. 33; vgl. auch S. 30 ff.) das Schema, wie es sich mit abwechselnd weiblichem und männlichem Versausgang in jeder Zeile ähnlich wiederholt, folgendermaßen aus: x́xx̀xx́'(x). Verlängerung des Notenwerts und Wechsel der Tonhöhe fallen also ganz auffällig jeweils am Zeilenende (Hauptakzent) zusammen.

Die Molltonart war, von neueren Ausnahmen abgesehen (z B. bei Krüss), im Kinderlied nie gebräuchlich. Allerdings deutet man die Töne des Kinderlied-Ternos nicht mehr im Sinne Böhmes, Lewalters u. a. als Terz, Quint und Sext des Dur-Dreiklanges (vgl. noch Göpel 1935, S. 22), sondern als eigenwertige Tonreihe (vgl. Suppan 1966, S. 29 f.). Was allerdings musikalische „Spielerei" aus solch einfachen Gebilden hervorzaubern kann, beweist Franz Lehrndorffer mit seiner „Heiteren Orgel", Improvisationen über Kinderlieder (Schallplatte CAL 30415).

Da Vertonungen dem kindlichen Bedürfnis entgegenkommen und meist größere Wirkung hinterlassen, ist der Trend dazu, selbst bei komplizierteren sprachlichen Gebilden, auch in unserer Zeit erhalten geblieben. Gerade bei progressiver Kinderlyrik, häufig in moderne Kinder- und Jugendtheaterstücke integriert, fällt dies auf; Beispiele dafür sind die Kinderlieder-Sammlungen „Baggerführer Willibald" (Kuhnke 1973) und „Sing Sang Song" (Margolis 1976). Darin finden sich selbst Vertonungen von „Sprachspielen" wie z. B. von Ernst Jandls „ottos mops", wobei der Komponist, Wilhelm Keller, der Textstruktur angemessen, mit zwei Tönen, c und g, auskommt.

Die bekanntesten Kindergedichte und Kindergedicht-Sammlungen unserer Zeit sind natürlich ebenfalls vertont, z. T. sogar öfter wie Josef Guggenmos' „Was denkt die Maus am Donnerstag?" (Fidula Verlag, Schott u. Söhne Musikverlag).

Selten bekommt man einen so guten Einblick in das Zusammenwirken von Autor und Komponist wie durch Christian Bruhns kurze „Geburtstagsadresse": „Gedichte für Musik oder Über das Vergnügen, James Krüss zu vertonen" (in: Oetinger-Almanach 1976, S. 46-50). Vor allem hebt Bruhn immer wieder hervor, daß „Krüss' Gedichte von vornherein für Musik gedacht" scheinen:

„James Krüss ist, glaube ich, der meistvertonte Nachkriegsautor. Es geht ihm wie Heinrich Heine, seine Gedichte bieten sich für Musik geradezu an. Seine farbige, ausgefeilte und dadurch leicht singbare Sprache schreit förmlich mit ihren Gleichklängen und Alliterationen nach Vertonung. Vom ›Zauberer Korinthe‹ gibt es meines Wissens 47 (da habe ich dann stolz von einer 48. abgesehen)." (Ebd. S. 47)

Im einzelnen sieht das so aus, daß Bruhn die Bildhaftigkeit der Sprache in „Optische Musik" umzusetzen versucht oder daß er für Wiederholungen wie das zwölfmalige „Wenn" im Gedicht „Wenn die Möpse Schnäpse trinken" die chromatische Tonleiter mit ihren zwölf Schritten als „Melodie" verwendet, „um schließlich beim erlösenden ›Dann‹ die Oktav zu erreichen" (ebd. S. 49). Die Mühe seiner Arbeit offenbart sich z. B. in den teilweise mehrfachen Musikfassungen eines Textes, über deren Wert er den Autor entscheiden läßt, die Bedeutung erhellt u. a. aus der Vertonung des Krüss-Gedichts „Es kommt ein Schiff gefahren" für Katja Ebstein.

Schließlich sei in diesem Zusammenhang noch auf eine Besonderheit hingewiesen, eine Art „Medienverbund", wie ihn vertonte Versbilderbücher mit beigefügter Schallplattenaufnahme darstellen, z. B. „Was kocht die Maus in ihrem Haus?" in der Bearbeitung von James Krüss. Diese bisher wenig berücksichtigte musische Dreiheit „Text, Bild, Musik" hat Dušan Roll 1969 zum Gegenstand eines kurzen Referats erhoben. Damit rückt für uns zugleich ein neuer Aspekt ins Blickfeld, derjenige der Illustration von Kinderlyrik.

4.6. Text-Bild-Synechie

Ohne Zweifel ist im pragmatischen Sinn die Illustration von Texten primär Teilaspekt der Edition, hätte also auch an anderer Stelle besprochen werden können, doch finden wir im Bereich Kinderlyrik neben einer mehr oder weniger festen textexternen auch eine textinterne Verbindung, d. h. eine unlösliche Integration von textualen – hier der Textbegriff im engeren Sinn gebraucht – und bildnerischen Elementen; sie sind zusammen unlösliches semiologisches Signifikat. Allerdings nimmt diese Art von Kindelyrik im Gesamt einen sehr geringen Raum ein und bleibt auf bestimmte Gattungen, z. B. vor allem Rätseltexte und Sprachspiele, beschränkt. Typische Beispiele, auch als Erwachsenenunterhaltung schon früher sehr beliebt (z. B. Flugblatt „Die drei Bettler aus Böhmen" von 1620), sind Texte, in denen sprachliche Elemente, meist die Nomina, aber selbst einzelne Phoneme, durch andere, nichtsprachliche Zeichen ersetzt sind, also vom Rezipienten erst wieder in sprachliche Begriffe umgesetzt werden müssen, was etwa mit Hilfe des Reims um so leichter geschehen kann:

> In dem großen (Abbildung: Haus)
> wohnt eine kleine (Abbildung: Maus).

Als Ersatzelemente waren schon immer Zahlen sehr beliebt, heute z. B.

praktiziert bei Hans Manz: „8 W8soldaten bew8en W8eln in Sch8eln und l8en . . ." Natürlich muß man hier auch Formen der konkreten Poesie und „Bildgedichte", wie sie früher schon barocke Spielfreude so differenziert hervorgebracht hat, erwähnen. Die Textanordnung (abnehmende Zeilenlängen) in Christian Morgensterns „Die Trichter" veranschaulicht selbst den angesprochenen Gegenstand; mit drei Wörtern, Haus, Rauch und Weg, stellt Karlhans Frank „Das Haus des Schreibers" dar, ähnlich wie Reinhard Döhl seinen berühmten „Apfel". Damit sind natürlich Gattungsgrenzen der Kinderlyrik erreicht. Ergiebige Fundgruben für solche Art von Literatur sind neuere illustrierte Sammlungen von Sprachspielen und Unsinngedichten wie z. B. „Schnick Schnack Schabernack" von V. Christen und J. Wulff (1973).

Eine weitaus größere Rolle spielt die textexterne Verbindung, obwohl auch hier der Grad der Text-Bild-Integration sehr unterschiedlich sein kann. In diesem Fall ist der Text für sich eine eigenständige semantische Einheit, auch wenn er auf das dazugehörige Bild verweist und vielleicht sogar ohne dieses nur eine Teilinformation liefert (z. B. in „Die Zwengel" von Schnurre, 1967, oder in den Verwandelbilderbüchern).

Hierher gehört die Masse der Versbilderbücher und Bilderbuch-Versgeschichten, wie sie z. B. Wilhelm Busch in idealer Weise gestaltet hat, wie wir sie heute aber fast nur noch mit geringem künstlerischen Niveau finden (vgl. Bull 1963 a; Kliewer 1977, S. 188).

Von den vielfältigen Aspekten der Text-Bild-Beziehung im Bilderbuch speziell ist an dieser Stelle nicht zu sprechen, doch sind die Grenzen fließend, so daß der Terminus „Bilderbuch" ohne weiteres auch auf reich illustrierte Ausgaben von Gedichtsammlungen oder Einzelgedichten zutrifft und entsprechend verwendet wird. Heute werden sowieso sehr viele Kindergedichte schon im Hinblick auf eine Illustration verfaßt, und die Geschichte der Kinderlyrik zeigt uns, daß es früher ähnlich war. Die Reimsammlungen in England, die chap-books, waren schon im 18. Jahrhundert bebildert, in Deutschland ist man, gerade in kindertümlichen Ausgaben, erst später dazu übergegangen. Von Anfang an wurden dagegen fast alle Kindergedicht-Ausgaben, die bekannteren sogar öfter, illustriert (Beispiele s. Künnemann/Müller 1975, S. 161; allg. Doderer/Müller 1973). Unbebilderte sind die Ausnahme; meist handelt es sich dann um Texte mit Noten (z. B. „Sing Sang Song", Margolis 1976). Die Tendenz hat sich ungebrochen in die Gedicht-Kapitel der Grundschullesebücher und in die Einzelabdrucke von Kindergedichten in Zeitschriften u.a. fortgesetzt. Bilder haben gerade für dieses Rezipientenalter, in der Gegenwart eher noch verstärkt, sehr große Bedeutung; sie kommen dem visuellen

Bedürfnis des Kindes entgegen und haben motivierende, unterstützende und vermittelnde Funktion in einer Phase des Übergangs vom Bild zum geschriebenen Text, eine Funktion, auf die u. a. Walter Benjamin eindringlich aufmerksam gemacht hat (vgl. Enzensberger 1961, S. 363). Es ist klar, daß mit den editorischen Fragen kommerzielle Aspekte verknüpft sind, denn: „Jedes Kind weiß: Bücher ohne Bilder sind langweilig" (Enzensberger 1961, S. 362), sie finden dementsprechend nicht den erwarteten Absatz. So kommt dem Illustrator eine oft übermächtige Bedeutung für das Gelingen zu. Eine geglückte Vereinigung beider Aufgabenbereiche in einer Hand ist sowieso sehr selten, obwohl James Krüss (1969, S. 19), der als Positivbeispiele Wilhelm Busch und Reiner Zimnik nennt – man könnte S. Ehmcke, Janosch, J. Spohn, M. Reidel u. a. ergänzen –, eine solche „Personalunion" für ideal hält. Fast immer fällt aber das Niveau der einen Kunstfertigkeit gegenüber dem der anderen beträchtlich ab. Zu Ansehen und Erfolg brachte es im 19. Jahrhundert Karl Fröhlich mit seiner Kunst des Silhouettenschneidens, mit seinen Kindergedichten blieb er bedeutungslos.

Andererseits gibt es gerade in diesem Bereich berühmte „Gespanne" wie Wilhelm Hey und Otto Speckter („Fünfzig Fabeln für Kinder", 1833), Friedrich Güll und Franz Pocci („Kinderheimat in Liedern und Bildern", 2. Aufl. 1846), Paula und Richard Dehmel und Ernst Kreidolf („Fitzebutze", 1900), Paula Dehmel und Karl Hofer („Rumpumpel", 1903) usw. Hier sind natürlich ähnliche Vorgänge festzustellen, wie sie schon im Kapitel über die Text-Ton-Verbindung zutage getreten sind: Gülls „Kinderheimat" wird nicht in der ersten Auflage (1836) mit den Steinradierungen A. Gnauths berühmt, sondern erst in der erweiterten zweiten (1846) mit den 60 Holzschnitten Poccis. Ebenso interessant ist nicht nur das Ringen um die erweiterten Textfassungen, sondern auch die „etwas verwirrende Illustrationsgeschichte" der Fabel-Bände von Hey und Speckter (1978; vgl. Nachwort v. W. Scherf und Anhang: Aus Wilhelm Heys Kritik an Otto Speckters ersten Entwürfen).

Aus den Beispielen erhellt, daß der Arbeitsvorgang chronologisch verschieden ablaufen kann: Texte können zu vorhandenen Bildern verfaßt werden oder in gleichzeitiger enger Kooperation von Autor und Illustrator entstehen (häufiger in ausgesprochenen Bilderbüchern) oder, was die Regel ist, Anlaß zu einer motivierenden, ergänzenden, erläuternden oder einfach schmückenden Illustration sein. Damit ist auch die Funktion, die im einzelnen umstritten ist, angedeutet. Im letzten Fall könnte der Text bedenkenlos (wieder) allein stehen, so daß sich hier, gerade an verschiedenen illustrativen Bearbeitungen desselben Textes, äußerst unterschiedliche

Grade der Text-Bild-Synechie feststellen lassen, von der begleitenden Darstellung der Handlung im Bild (z. B. Erzählgedichte) bis zur motivandeutenden Schmuckleiste (z. B. Albus 1974). Das illustrative „Beiwerk" bleibt austauschbar, um so mehr, da der Künstler bei Bebilderung von Anthologien normalerweise zunächst das Ganze konzeptionell im Auge hat. Man denke hier nur an die immer wieder neue bildhafte Ausstattung alter Kinderreim-Sammlungen, vor allem aus dem „Wunderhorn"! Nicht nur um und nach 1900 stand die Kinderbuch-Illustration in hoher Blüte (über alte und neue Reim-Bilderbücher vgl. Gärtner 1978), auch heute finden wir bibliophil gestaltete Bände, in denen Text und Bild ideal harmonieren, z. B. „Es wollt' ein Tänzer auf dem Seil..." von Halbey und Leonhard (1977), „Ein Maikäfer und zwei Siebenschläfer" von Lissow und Fessl (1977), „Kindergedichte" von M. Rettich und Harries (1978).

Austauschbarkeit, Textadäquatheit und künstlerische Qualität lassen sich besonders gut beobachten an Illustrationsvarianten zu Einzeltexten, wie sie in den verschiedenen Sammelausgaben, besonders aber in den einzelnen Lesebuchreihen und selbst als eigenständige Bilderbuchbearbeitungen vorkommen. Ein bekanntes Beispiel ist das Gedicht „Die Ammenuhr" aus „Des Knaben Wunderhorn" als Bilderbuch des Dresdner Künstlerkreises (1843; vgl. Dierks 1975) oder in unserer Zeit in Anthologien mit Szenenbildern u. a. von G. Schmedes, E. Binder-Staßfurt oder M. Rettich (vgl. o. 1978; da auch Einbandillustration der Sammlung). Zum ebenso beliebten Illustrationsobjekt wurde die Stationenabfolge des „Buckligen Männleins", z. B. bei den großen Buchillustratoren des 19. Jahrhunderts, als erzählerische Textgrundlage für Bilderbogen (E. Ille, Münchener Bilderbogen Nr. 69), als Medailloninhalt innerhalb der prächtigen Schmuckleisten bei A. Albus (1974) oder in der Illustration von A. Fechner (in: Der Kinder Wunderhorn, o. J.), in der Fußspuren von Strophe zu Strophe und kleine Skizzen das Geschehen begleiten. Andere Texte wie Ketten- oder Lawinenreime mit einem entsprechenden Handlungsablauf bieten sich für eine Bilderbuchbearbeitung geradezu an, z. B. „Es war einmal ein Mann" (s. Polder 1959) oder „Der Herr der schickt den Jockel aus" (Hilde Hoffmann 1963, Felix Hoffmann 1971 u. a.).

Eine ebenso eindrucksvolle Illustrationsgeschichte können viele erzählende Kindergedichte aufweisen, allen voran „Die Heinzelmännchen zu Köln" von August Kopisch, die in ihrer geeigneten Szenenabfolge Textgrundlage für zahlreiche Bilderbücher wurden – allein in der Internationalen Jugendbibliothek München sind etwa 10 neuere Titel katalogisiert (z. B. Kopisch o. J., Oberländer 1969). Die Sagenballade „Das Riesenspielzeug" von Adelbert von Chamisso, ein „Gedicht für Kinder", hat neuerdings eine besonders prächtige kindgemäße Bilderbuchgestaltung durch Friedrich Hechelmann (1976) erfahren.

Wieweit Ersatz und Austauschbarkeit der Bebilderung gehen können, wird auch aus einem anderen Vorgang deutlich: Bibliophile Originalausgaben erscheinen illustrativ gekürzt oder anderweitig verändert als Taschenbuch. So wurden die Gedichte in Gelbergs „Stadt der Kinder" in der Originalausgabe (1969) von Janoschs farbenfrohen Bildern begleitet, während sie in der Taschenbuchausgabe (1972a) – nicht weniger reizvoll – schwarz-weiß sind, wobei z. B. eine so bunte Illustration wie die zu Vera Ferra-Mikuras „Regenschirmen" sinnigerweise ganz weggelassen wurde.

Damit wird natürlich ein neuer Problembereich angeschnitten, der mit Illustrationstechniken und Stilarten, mit Fragen der Wertung und dem kindlichen Geschmack zu tun hat, also das Bild-Rezipienten-Verhältnis allgemein betrifft und somit über unseren inhaltlichen Rahmen hinausgeht. Nur soviel sei noch angedeutet: Auch die Kinderlyrik-Illustration kennt alle Stilarten und Techniken, vom Holzschnitt über Schiefertafelbilder bis zur Ölmalerei, sie ist darin wie das Bilderbuch ein Spiegel der jeweiligen Zeit. Heute ist die Palette besonders reichhaltig; während z. B. Enzensberger für seine Sammlung „Allerleirauh" (1961) alte englische Holzschnitte verwendet, ist Bulls Ammenreime-Sammlung „ABC, die Katze lief im Schnee" (1964 a) mit Linolschnitten ausgestattet. Die Reime in der Sammlung „Ich will euch was erzählen" von Anne Gabrisch werden von Kinderzeichnungen begleitet, einer seltenen Art von Illustration, die beim kindlichen Betrachter nicht immer unbedingt Anklang findet. Erstaunlich ist, welche Wirkung die einfachen Kohlezeichnungen von Jochen Bartsch erreichen (vgl. Bartsch/Kruse 1968, Kühne/Bartsch 1977).

Die Notwendigkeit der Illustration kindertümlicher Gedichtsammlungen ist trotz Hinweis auf Gefahren wie Unterbinden der Phantasie, starre Festlegung des kindlichen Vorstellungsvermögens oder Ablenkung vom „Wort" kaum umstritten, obwohl für didaktische Überlegungen doch andere Regeln gelten. Ein kleines Beispiel mag dies verdeutlichen: Ein Lehrer übte fast jedes Jahr mit seiner jeweiligen Hauptschulklasse (5./6. Jahrgangsstufe) das „Erkennen poetischer Bilder" am Gedicht „Der Sommer" aus Christine Bustas „Sternenmühle" (1959). Dabei verbanden er und die Schüler, wie es auch in einschlägigen Interpretationen geschieht, mit der Zeile „ . . .die roten Füchse im gelben Getreide/kennen ihn gut" u. a. Assoziationen wie „Mohnblumen". Seine Enttäuschung war groß, als ich ihn auf J. Grügers Originalillustration, die nun tatsächlich einen Fuchs zeigt, aufmerksam machte. Didaktisch gesehen, kann also ein Text durch illustrative Übersetzung der Sprachbilder seinen Wert verlieren.

Im allgemeinen dreht sich allerdings die Diskussion mehr um Art und Technik der Illustration. Eine Begründung der gewählten Bebilderung wird manchmal mitgeliefert, wie z. B. im Vorwort zu „Pinguinträume und andere Gedichte für Kinder" (Frank/Karnick/Lehmann 1971):

> „Die Illustrationen nehmen den Worten nichts vorweg. Bewußt verzichteten wir auf Farbe. Die Atmosphäre dieses Bandes sollte durch die Sprache erzeugt werden, von der Ausdruckskraft schwarz-weißer Zeichnung ausgehen! Der Verzicht auf Farbe stellt allerdings eine höhere Stufe der Abstraktion dar. Die Vorstellungskraft der Kinder wird gefordert und gefördert."

4.7. Formen der Verfremdung

Einer der bekanntesten Kinderverse ist der Kniereiter-Reim „Hoppe, hoppe, Reiter". Weit weniger bekannt dürften die beiden folgenden „Fassungen" sein:

> Hoppe hoppe Reiter.
> Vater war Gefreiter.
> Als er fiel, da schrie er.
> Und dann schrie er nie mehr.
> (Hildegard Wohlgemuth, in: Gelberg 1972 b, S. 122)

>   Knie-Reiter

> „Hoppe, hoppe, Reiter,
> Wenn er fällt, dann schreit er,
> Fällt er in den Graben,
> Fressen ihn die Raben!"
> Jetzt geriet er mit 200 Pferdestärken
> Nachts in den Montenegrinischen Bergen
> (Wahrscheinlich auch, daß er dabei schrie)
> Ins Schleudern und in den Graben.
> Und in der Nähe, man hörte sie,
> Waren Raben.
> Das hat man also dem kleinen Jungen
> Sozusagen schon an der Wiege gesungen.
>   (Otto Kühner, in: Süddt. Zeitg. v. 17. 5. 1975)

Für den Leser sind trotzdem mit dem Einsetzen bekannter Passagen (z. B. Überschrift oder erste Zeile) sofort assoziative Bezugspunkte hergestellt. Die Kombination bekannter und neuer Elemente macht das Wesen dieser „literarischen Verfremdung" aus, wie überhaupt für Verfremdung in diesem Sinn ein entscheidendes Kriterium darin besteht, daß die literarische Vorlage, der „Urstoff", als dem Leser weitestgehend vertraut vorausgesetzt werden darf, da ansonsten Zweck und Wirkung verfehlt würden.

Verfremdung soll also hier nicht im weitesten Sinn verstanden werden, denn jede Dichtung, als Abweichung von der Normalsprache, wäre dann als solche zu sehen. Ebenso sollen nicht Elemente der Verfremdung i n - n e r h a l b der Kinderlyrik gemeint sein, denn Parodierung, Assimilation u. ä. von Erwachsenenliteratur ist, wenn wir an die Sammlungen Rühmkorfs und Bornemans denken, ein ausgeprägter Wesenszug des volkstümlichen Kinderreims. Literarische Verfremdung im engeren Sinn bezieht sich allein auf die „zweckentfremdete" Verwendung von bekannten und normalerweise eindeutig von Kindern und für Kinder benutzten Texten, nicht ausschließt, daß diese nicht selbst schon durch literarische Verfremdung entstanden sein können, wie z. B. Richard Bletschachers Kindergedicht „Selbstbedienung", dessen Strukturraster („Kommt ein Truthahn geflogen,/setzt sich nieder in mein Topf . . .") eindeutig auf einem bekannten Kinderlied basiert. Als Grenzfall könnte man alle Reimereien sehen, deren Primärziel die Sachmitteilung für Kinder ist. Beispiele solcher Art wären Aufforderungs-, Erklärungs-, Merk- und Lückenverse, wie wir sie z. B. in Sachbilderbüchern, Mal- und Hobbybüchern (Tessloff-Kochbuch, Schneider-Schachbuch u.a.), aber auch in Schulbüchern (Sprachbuch) finden.

Anlässe, Ziele und Arten einer Verfremdung sind im allgemeinen recht unterschiedlich. Zur Identifikationserleichterung in der Werbung, als Erwachsenenunterhaltung im Witz, zur Bloßstellung und Provokation in der Parodie, als künstlerisches Element in der Literatur usw. können Texte verändert, mit anderen Texten kombiniert, unverändert ganz oder teilweise in einen neuen Kontext transponiert werden. Oft werden die leichten Bezüge gar nicht bewußt registriert, die Wirkung im Unterbewußtsein des Rezipienten ist um so stärker. Der offensichtlich hohe Bekanntheitsgrad von Kinderreimen, -liedern und -gedichten bei allen Bevölkerungsschichten und die altersunabhängige Rezeptionsbereitschaft „ahistorischen" Stilelementen gegenüber scheinen deren Bevorzugung als Objekt der Verfremdung zu begünstigen. Vergleiche zu anderer volkstümlicher Literatur, besonders zum Märchen, heute auch zum Schlager, liegen nahe.

Gerade die Wirtschaftswerbung, die selbst zahlreiche Motive für

Sprachspiele und Parodien im Kindermund liefert (Beispiele vgl. Rühmkorf 1969, S. 185 ff.), hat sich die Popularität des Kinderreims in starkem Maße zunutze gemacht. Ja, der mediale Einfluß hat heute schon solche Formen angenommen, daß Werbesendungen im Fernsehen dem jungen Konsumenten Märchen- und Gedichtstunde bedeuten und daß eine Mutter in einem Leserbrief (Süddt. Zeitg. v. 13. 7. 1978) kundtun kann: „Ob die Kinder jetzt Abzählreime oder Werbesprüche aufsagen, ist mir schnuppe."

Eingängige Strukturmuster werden von der Werbung übernommen, wie Abzählreime und beliebte Kinderlieder. „1, 2, 3 – Develey", mit der Melodie von „Hänschen klein..." unterlegt, verbindet beides. „Kaba, Kaba hält dich gesund" stimmt syntaktisch, rhythmisch und melodisch mit „Kuckuck, Kuckuck ruft aus dem Wald" überein. Dieselbe Wirkung erzeugen Sprechgesänge wie „Haribo macht Kinder froh...", „Kinder knacken Knäcke", „Viele, viele bunte Smarties", verfremdete Weihnachtslieder wie „Alle Jahre wieder...", „Zaubersprüche" wie das „Duplo-Einmaleins" und „Küchenlieder" wie „Mariechen saß weinend im Garten". Auch andere Schichten versucht man mit ähnlichen Mitteln anzusprechen, wenn z. B. in einer ärztlichen Fachzeitschrift (Der Praktische Arzt 6/1978) für konzentrationsfördernde Präparate mit entsprechenden Struwwelpeter-Bildfolgen und für Grippe-Medikamente mit Wilhelm-Busch-Versen über den kranken Schneider Böck und einer Art Kinderrätsel geworben wird:

> Geschwind läuft sie von Ort zu Ort
> und tut zugleich verweilen,
> von wo sie ist, da eilt sie fort,
> sie bleibt und rennt doch Meilen.

Einen Gag besonderer Art hat sich die Deutsche Bundespost einfallen lassen, als sie 1978 zur inneren Vorbereitung der Fernsprechteilnehmer auf den umstrittenen Acht-Minuten-Takt 15 verschiedene Plakate drucken ließ, wobei man sich auf einem davon unter dem Motto „Was man in acht Minuten am Telephon alles sagen kann" von der Menge der möglichen Kinderreime überzeugen kann.

Auch die Presse macht sich den Bekanntheitsgrad des Kinderliedes zunutze. Unter der Balkenüberschrift „Schlaf, Kindchen schlaf!" gab die Bild-Zeitung (30. 9. 1978) Hinweise zu Einschlafproblemen bei Kindern, und die Schlagzeile „Des Knaben Wunder-Kino" sollte in der Süddeutschen Zeitung (4. 10. 1978) die Aufmerksamkeit des Lesers auf einen Bericht über den Fund von 500 Stummfilmen im kanadischen Eis lenken.

Programmatische Verwendung findet die bekannte Schlußzeile des Ab-
zählverses „Und du bist ab" als Titel eines Jugendromans von Aliana
Brodmann (Dortmund 1976), ebenso der Poesiealbumvers „Rosen, Tulpen, Nelken . . ." bei Angelika Kutsch (Hamburg 1978). Bestimmte Assoziationen erweckt der Anfang eines bekannten Weihnachtsliedes im Titel
von Jörg Müllers Bildmappe „Alle Jahre wieder saust der Preßlufthamm-
mer nieder oder Die Veränderung der Landschaft" (Aarau 1973).

In einem existentiellen Zusammenhang hat ein 19jähriger Südafrikaner
mit Namen Oliver, der sich aus Liebeskummer in die Luft sprengte,
Kinderverse verwendet, indem er in seinem Abschiedsbrief etwas abge-
wandelt einige Zeilen aus dem englischen Kinderrätsel „Humpty
Dumpty" zitiert hat: „Nicht des Königs Pferde und nicht des Königs
Heer können Oliver reparieren mehr" (vgl. Süddt. Zeitg. v. 4./5. 10.
1975).

Seichte Erwachsenenunterhaltung bezieht oft Motive und Anregungen
aus der Kinderlyrik ein und arbeitet bevorzugt mit der Kontrastwirkung,
ob im gereimten Witz, im Sprachspiel oder in sexuellen Anspielungen.
Hier wird überhaupt ein interessanter Entwicklungsprozeß deutlich:
Texte, die zwischenzeitlich ihre Ursprungsfunktion verloren hatten, treten wieder in ihrer früheren Funktion auf. So dient das alte Lied „Ein
Vogel wollte Hochzeit machen", das original recht freizügig und nicht für
Kinder gestaltet war, sich aber seit dem 19. Jahrhundert zu einem der
beliebtesten Kinderlieder entwickelt hat, heute wieder in zahlreichen por-
nographischen Fassungen, auch im Druck verbreitet, der Erwachsenenunterhaltung. Das kreative Spiel mit Limerick-Strophen, Schüttelreimen u.
a. ist unter Erwachsenen weit verbreitet. In Schlagertexte sind Kinderlieder wie „Backe, backe Kuchen", „Heile, heile, Segen" und „Alle meine
Entchen" eingebaut, z. B. in „Ich bin 'ne kleine Frau".

Eine besonders ergiebige Fundgrube ist Kinderlyrik für die parodisti-
schen und provokativen Ziele des Kabaretts. Das TamS in München
(Theater am Sozialamt) verzeichnet 1977 im Programm: „›Metzger, wetz
mir's Metzgermesser oder Anna Maria Schlenkerbein und Rennfahrer
Biewerl.‹ Ein heiter böser Abend mit Kinderreimen von P. Arp." –

1923 wurden im Kieler Theater „Volks-Texte", die Carl Zuckmayer
alten Moritaten und Kinderversen nachgebildet hatte, vorgetragen und
vom Rezensenten für „echte Volkspoesie" gehalten (vgl. Bausinger 1968,
S. 272). Auch in anderen Literaturgattungen tauchen Kinderreime in verschiedenen Verwendungszusammenhängen auf, z. B. in Stücken von Bertolt Brecht („Der Brotladen" u. a.) oder im Titel der sozialkritischen
Szenen „Wer fürchtet sich vorm schwarzen Mann?" von Marie Luise

Kaschnitz. Oder man denke an die ironisierenden Eisenbahnverse in Thomas Manns Novelle „Unordnung und frühes Leid" (vgl. Bausinger 1968, S. 82) und die reflektierende Einbettung des „Buckligen Männleins" in seinen Buddenbrooks-Roman. Die Schlüsselsprache des konfliktgeladenen Hörspiels „Blut ist im Schuh" der Münchner Autorin Christiane Adam, vom Bayerischen Rundfunk am 13. 1. 1978 gesendet, gründet sich auf wohlvertraute Märchenverse.

Besonders stark war der Einfluß auf die neuere Lyrik, wie ja überhaupt die Affinität zwischen bestimmten Strömungen moderner Kunst und den „naiven", „primitiven", kindertümlichen Urbildern auffällt. H. C. Artmann hat 1969 als Reaktion auf Enzensbergers bekannte Reimsammlung „Allerleirauh" (1961) sein Bändchen „allerleirausch. neue schöne kinderreime" herausgebracht. Ein Männlein steht jetzt nicht mehr im Walde, sondern „ein männlein steht am schalter/so gar nicht stumm" und will eine Bank ausrauben. Trotzdem werden auch solche Gebilde hin und wieder in neue Kindergedichtsammlungen aufgenommen und damit einer oft nicht intendierten Lesergruppe, nämlich Kindern, vorgelegt. Als einen solchen „Zweifelsfall" könnte man Rainer Malikowskis „Kindervers '73" (Wildermuth 1974, S. 152) mit seiner konsequent durchgeführten Requisitangleichung sehen:

> das ist der Daumen
> der fährt Mercedes
> das ist der Zeigefinger
> der fährt BMW
> das ist der Mittelfinger
> der fährt alles und jedes
> das ist der Ringfinger
> der fährt VW
> das ist der kleine
> der geht noch per pedes.

Schon Hans Arp, einer der Gründer der Dada-Bewegung, hat erklärt, daß er „Des Knaben Wunderhorn" mit Entzückung gelesen habe und daß ihn Kindergedichte sehr stark beeinflußt hätten (vgl. Stein 1966, S. 13; hier überhaupt zahlreiche Beispiele zu diesem Problemkreis).

Kindertümliche Verselemente treten in erstaunlichem Maße auf bei Elisabeth Borchers, Christine Busta, Ingeborg Bachmann, Peter Härtling, Günter Grass, Peter Rühmkorf, Hans Magnus Enzensberger, Peter Hacks u. a., bei Autoren, die teilweise selbst für Kinder gesammelt oder geschrieben haben. Bertolt Brecht hat z. B. seinem „Beiß, Greifer, beiß/Die Kohle hat 'nen Preis..." den Strukturraster von „Maikäfer, flieg" unterlegt, andererseits sind aber gerade seine als Kinderlieder deklarierten Gedichte im Hinblick auf ihre tatsächliche Kindertümlichkeit umstritten (vgl. dagegen George 1973). Dasselbe gilt sogar für die hintergründigen Kindergedichte von Ringelnatz (vgl. das zit. Beispiel Kap. 4.1.), Christian Morgenstern und z. T. Peter Hacks.

Nicht alles, was sich „Kinderlied" o. ä. nennt (als Gedichttitel z. B. bei Agnes Miegel, Friedrich Bischoff, Günter Grass) oder entsprechende Motive verarbeitet, ist auch wirklich Kinderliteratur. Hier wird „die Welt des Kindes im Gedicht" beschworen, wie der Untertitel einer derartigen Anthologie von Inge Diederichs (1962) angibt. Auch die Sammlung „Kommt, Kinder, wischt die Augen aus" von Heckmann und Krüger (1974) enthält manche Gedichte über Kinder.

Paul Celans Chiffre „Wir werden das Kinderlied singen" im Gedicht „...rauscht der Brunnen" ist schließlich der hoffnungsvolle Ausdruck des entwurzelten Gegenwartsmenschen bei seiner Suche nach dem Ursprünglichen.

5. Wertung und Rezeption

5.1. „Idealvorstellungen" des Autors

Neben der Wirkung auf die Rezipienten selbst, worauf später eingegangen wird, sind die reflektierenden Äußerungen der Autoren von Kindergedichten wichtige Zeugnisse sozialer Kontextualität, denn sie gewähren authentischen Einblick in deren Absichten und Wertvorstellungen. Dabei können sich die Aussagen auf das eigene Werk beschränken, die literarische oder gesellschaftliche Situation allgemein betreffen, spezifische Probleme berühren oder eine Beurteilung von Zunftgenossen beinhalten.

Zunächst fällt auf, daß der Wert volkstümlicher Kinderreime und -lieder allgemein unumstritten ist, was in besonders zahlreichen Äußerungen zum Ausdruck gebracht wird. Am bekanntesten sind Hans Magnus Enzensbergers überschwengliche Aufwertung im Nachwort zu „Allerleirauh" (1961) – „Der Kinderreim gehört zum poetischen Existenzminimum" (S. 350) – und die Ausführungen von James Krüss über „Ammenreime und Buchstabenspiele" (1969, S. 11 ff.):

> „Im Ammenreim, mag er so simpel oder so verspielt erscheinen, wie er will, sind wir im Bereich der Sprache unserem Ursprung am nächsten. Geben wir unseren Kindern, die das Leben von Grund auf erlernen müssen, dieses älteste Spielzeug des Geistes in die Hand. Es bedarf dessen" (S. 15).

Die Wertschätzung der „Volkspoesie" hat, wie wir sehen konnten, eine längere Tradition, so daß man auf Gedanken Herders und der Romantiker zurückgreifen und an die hohe Einschätzung kindlicher „Poesie" um und nach 1900 denken könnte. Da ist es nicht verwunderlich, wenn auch für die Kinderkunstlyrik die Volkstümlichkeit und Naivität des Kinderreims immer schon als literarästhetische Maxime gefordert wird.

> „Man meint immer noch, für die Kleinen sei auch das Unbedeutendste und Albernste gut genug. Selten, daß man solchen Kinderliedern anmerkt, daß der Verfasser bei dem Volke in die Schule gegangen ist und von diesem singen und sagen gelernt hat. Und Humor und heitere Laune sucht man bei derlei Herren rein vergebens" (Friedrich Güll, in: Gollmitz 1971, S. 52).

Maxim Gorki, der meint, daß man für Kinder „wie für Erwachsene, nur besser" schreiben müsse, stellt 1933 die Forderung:

> „Die Kinder im vorschulpflichtigen Alter brauchen einfache Verse, die aber gleichzeitig von hohem künstlerischen Wert sein müssen – Stoff für Spiele, Abzählreime, Spottverschen" (Gollmitz 1971, S. 119).

Häufig gehen, wie bei Friedrich Güll schon anklang, den künstlerischen Forderungen „Zeitklage" und „laudatio temporis acti" voran, was besonders deutlich Gustav Sichelschmidt (1957) in einer literarischen Übergangszeit zum Ausdruck bringt:

> „Wie ist die Misere des deutschen Kindergedichts seit einem guten Menschenalter zu erklären? Nun, ganz sicher mit dem Verlust jener bei Andersen so bewunderungswürdigen elementaren Naivität, jener Unmittelbarkeit des Empfindens und der künstlerischen Aussage, deren Versiegen die Gegenwartskrise sämtlicher Kunstgattungen charakterisiert. Die moderne Kunst hat eine extreme Wendung gegen die Natürlichkeit vollzogen, und wo sie sich natürlich gibt, handelt es sich meist um eine sekundäre, durch hypersensibles Raffinement hindurchgegangene Naivität, die begreiflicherweise bei Kindern nicht ›ankommt‹. Die Unmittelbarkeit des Ausdrucks ist durch einen Intellektualismus ersetzt, der sich im Manierierten und Artifiziellen ausdrückt. Deshalb kann die Kunst heute nicht mehr volkstümlich sein . . ." (S. 297).

Und im Hinblick auf den überlieferten Schatz guter Kinderpoesie urteilt er:

> „Solchen in ihrer Einfachheit schlechthin genialischen Versen gegenüber, die sogleich höchste künstlerische Kommunikation erreichen, zeigen die dilettantischen Reimereien unserer modernen Versproduzenten kraß ihre ganze dichterische Inferiorität" (S. 298).

Obwohl er sich darüber im klaren ist, daß „das Einfache auch in der Kunst zugleich das Schwerste" ist (S. 299), lautet seine Maxime, ähnlich wie bei vielen anderen:

> „Kinderverse haben nun einmal so kindlich zu sein, als wären sie von Kindern selbst gereimt; aber sie müssen zugleich auch ausgereifte und verdichtete Kunstwerke sein, denen kein Wort abzuziehen oder hinzuzufügen wäre. Sie müssen in der prälogischen Welt der kindlichen Psyche wurzeln und etwas von der Magie elementarer Urpoesie besitzen" (S. 298).

Etwa 120 Jahre vorher (1836) hat Gustav Schwab im Vorwort zur ersten Auflage der „Kinderheimat" (Güll/Pocci 1975, S. 9) die „kindliche Unbefangenheit" Friedrich Gülls gelobt, nachdem er sich mit dem speziellen Problem der Lehrhaftigkeit auseinandergesetzt hatte:

„Wenn irgendwo die Vereinigung der Poesie mit einem Lehrzweck ihre Schwierigkeiten hat, so macht sich dies bei lyrischen Gedichten für Kinder mehr als in andern didaktischen Dichtungen fühlbar. Je unmittelbarer und unbewußter das Kind empfindet und geistig genießt, desto mehr ist scheinbare Unmittelbarkeit und Bewußtlosigkeit das unerbittlich verlangte Erfordernis eines Kinderliedes. Wie schwierig es ist, diese Forderung genügend zu erfüllen, zeigen so viele verfehlte Versuche in Poesien dieser Art, so viele mißglückte poetische Kinderschriften."

Weitgehend einig ist man sich darin, daß sich ein künstlerisches Werk schlecht abschätzen läßt. „Was die eine Generation in den Himmel hebt, kann von der nächsten zerstört und verlacht werden" (Bull 1968, S. 19). „Für ästhetische Gebilde, wie es Gedichte sind, gibt es keinen verläßlichen Wertmaßstab, den man jedermann in die Hand drücken kann mit den Worten: Nimm und miß!" (Krüss 1969, S. 56)

Trotzdem haben immer wieder Autoren, in unserer Zeit neben Gustav Sichelschmidt und Josef Guggenmos vor allem Bruno Horst Bull und James Krüss, ihr Anliegen im einzelnen zu artikulieren versucht. Bull hat neue positive Ansätze in Nonsense-Elementen u. ä. entdeckt, und zwar besonders bei James Krüss, Peter Hacks und Josef Guggenmos (1962); insgesamt stellt er aber sehr viel epigonal Minderwertiges im neueren Kindergedicht fest (1963a und 1968). Politische Infiltration, wie er sie vor allem in der DDR-Lyrik repräsentiert sieht, lehnt er als nicht kindgemäß ab (1963 b).

Aus einer „naiven", ganzheitlichen Haltung schreibt Josef Guggenmos seine Gedichte, wie er 1967 im Nachwort zu seiner Sammlung „Was denkt die Maus am Donnerstag?" ausführt (zit. n. Auböck, S. 73 f.):

„Kunst ist immer ein Spiel mit vielen Bällen. So muß auch beim Kindergedicht manches auf besondere Art zusammentreffen. Es muß der Welt des Kindes zugeordnet sein. Doch das andere gilt nicht minder: Der Dichter schreibt das Gedicht für sich selber. Auf andere Art kommt kein echtes Gedicht zustande. Da beißt keine Maus den Faden ab. Das Kind aber hat ein Recht auf das Echte. Wer ihm mit Mache kommt, so oder so, zeigt, daß er das Beste im Kind nicht begriffen hat. Man kann sagen, der Autor von Kindergedichten schreibt zuerst für das Kind in sich selbst. Freilich, was ist dieses Kind, das Kind im Manne und das Kind im Kind? Einfach ein Stück ehrliches, lebendiges Menschentum. Der Autor von Kindergedichten ist es seiner eigenen Wahrhaftigkeit schuldig, daß er seine Gedichte so gut macht, wie er kann. Das, was die Kunst einem anderen schenkt, schenkt sie auch ihm. Ihr Glück und den nie ruhenden Stachel. Denn auch für das Kindergedicht gibt es nur den einen literarischen Himmel, in dem Vagantenlieder glimmen und in dem das Tagelied Morungens glüht, in dem die großen Gedichte des Barock stehen und die Fleurs du mal, die Gedichte John Donnes und der Limerick von der Dame, die auf dem Tiger ritt."

Nicht grundlos wird Guggenmos von Krüss (1959b, S. 299 f.) als „ein Glücksfall für die deutsche Kinderdichtung" bezeichnet:

„Er hat – nicht theoretisch, aber praktisch in seinen Versen – eine Poetik des Kindergedichtes entwickelt, die vom Volkslied bis zur modernen Lyrik alle Möglichkeiten ausschöpft ... Was Guggenmos auszeichnet, ist der nahezu konsequente Verzicht auf Füllwörter jeder Art. Selbst da, wo er in metrischer Glätte dichtet, bewahrt er eine knappe Diktion ohne jedes Füllsel."

Überhaupt hat James Krüss am konsequentesten versucht, das Wesen kindertümlicher Lyrik zu erfassen und zu beschreiben. Dies geschieht nicht nur in der Analyse eigener Gedichte (1969, S. 49 ff.) und der Untersuchung spezieller Gattungen wie der Gelegenheits- und Album-Poesie (ebd. S. 64 ff.), sondern auch in seinem öfter genannten literarhistorischen Überblick (1959 b; auch 1969, S. 74 ff.). Hier verdichtet er die Maxime „Gedichte für Kinder haben kindlich zu sein" im Sinne Schillers zum Imperativ: „Kindergedichte haben naiv zu sein!", wobei er sich damit begnügt, „die Naivität als höhere Kindlichkeit zu definieren und im Hinblick auf die Ästhetik des Gedichts die direkte, aber nicht plumpe, die natürliche, aber nicht die naturalistische Darstellungsweise als naiv zu bezeichnen ... Erzählt ein Gedicht eine einfache Fabel oder stellt es einen einfachen Sachverhalt dar und tut es dies auf eine unmittelbare Weise (die weder Anmut noch Witz, ja nicht einmal Artistik ausschließt), so haben wir es mit einem naiven Gedicht in unserem Sinne zu tun. Kommt hinzu, daß das Gedicht vom Kenner geschätzt und vom Kind begriffen oder gar vom Kenner bewundert und vom Kind geliebt wird, so haben wir es mit einem idealen Gedicht für Kinder zu tun. Ich halte den ›Nöck‹ von Kopisch für eines dieser idealen Gedichte" (S. 283 f.).

Ausführlich erläutert hat er diese Gedanken an 12 Textbeispielen in dem Aufsatz „Was ist ein gutes Kindergedicht?" (1969, S. 56 ff.; zuerst 1961), den er mit seiner bekannten Wertschätzung der Kinderpoesie abschließt (S. 63): „Ein Gedicht ist kein Sahnebonbon. Gedicht ist Nahrung. Es kann die eiserne Ration in bösen Zeiten sein." Wie schwierig das Kind als Publikum ist und wie ernst man es in dieser Rolle nehmen sollte, ist auch ihm bewußt:

„Wer für Kinder schreibt, der schreibt für das offenste, weiteste, neugierigste und undoktrinärste Publikum der Welt. Kinder sind Realisten und Phantasten zugleich, doch sie sind auch die Erwachsenen von morgen" (Offenbach-Post v. 28.9.1976).

Die von Krüss definierte „Naivität" wurde innerhalb der sozialistischen Kinderlyrik als zu unverbindlich kritisiert (George, Kuhnert u.a.), obwohl auch sie sich auf ähnliche Traditionen beruft; so auf den sowjetischen Schriftsteller Kornej Tschukowski, dessen 13 Regeln aus den zwanziger Jahren Atanassoff zusammengefaßt hat (1970, S. 34):

„In den Gedichten für Kinder müssen die Bilder rasch wechseln, dynamisch in Bewegung und Handlung sein. Der Vers braucht Musik, der Reim Klang. Die Reimwörter sollten Hauptträger des Satzinhalts sein. Jede Strophe muß ein syntaktisches Ganzes darstellen, abgeschlossen nach Sinn und Bildhaftigkeit. Das Gedicht darf nicht mit Adjektiven und Beiwörtern überladen sein..."

Neben den formalen Gegebenheiten wie Versmaß, Reim und Rhythmus (vgl. auch Tschukowski, in: Gollmitz 1971, S. 175) wird immer wieder betont, daß Kindergedichte genauso für Erwachsene taugen und in Anbetracht des sich verschärfenden geistigen Kampfes „zwischen den unversöhnlichen zwei Weltsystemen... noch poetischer und noch parteilicher sein" müßten (Scherner 1970, S. 18).

5.2. Kriterien der Beurteilung

Mit welchen Problemen literarische Wertung zu tun hat, ist hinreichend bekannt, welche spezifischen Aspekte Wertung der Kinderliteratur zu beachten hat, ist bisher wenig diskutiert worden (vgl. Franz 1978 c). Natürlich sollte man allgemeine Theorien zunächst auch auf Kinderpoesie anzuwenden versuchen. Daß dies nicht uneingeschränkt geschehen könnte, würde sich bald erweisen, da viele als positiv beschriebene Merkmale der Kinderlyrik wie Wiederholung, Reihung, Häufung von den gängigen „Kitschtheorien" erfaßt und somit als „unkünstlerisch" abqualifiziert würden. Hier kommt bereits die Determination des Werks durch

Alters- und Entwicklungsstand der Rezipienten als wesentliches Kriterium literarästhetischer Betrachtung zur Geltung. Im Aspekt der Ontogenese dürfte auch die Begründung dafür liegen, daß sich innerhalb der Kinderlyrik wie in kaum einer anderen Gattung die Möglichkeit „übergeschichtlicher Norm" im Sinne Walter Müller-Seidels (1965) gegenüber der „geschichtlichen Relativität" nachweisen läßt. Nicht nur Vertreter der Kulturstufentheorie und Entwicklungspsychologen sehen in einfachster „Kinderpoesie" einen ontogenetischen Schritt innerhalb der komprimierten Rekapitulation bisheriger kultureller Entwicklung. Dies wäre allerdings nur eine Begründung dafür, warum sich Kinderlyrik bisher so wenig von ihrem kulturellen „Ausgangstyp" entfernt hat. Nicht zuletzt untermauern auch die zitierten Autorenaussagen diese Tatsache.

Die Kriterien für die Beurteilung und Wertung von Kinderlyrik sind trotz mancher Innovationsversuche weitgehend gleich geblieben. Während Kinderreim und Kindervolkslied genauso wie das Volkslied als das „natürlich" Gewachsene seit ihrer Entdeckung praktisch nie mehr vom Standpunkt der Kunstdichtung aus, sondern vom Hintergrund ihrer sozialen Trägerschaft her bewertet wurden, z. B. unter Berücksichtigung dialektaler Verwurzelung oder der beschränkten kindlichen Sprachkompetenz, hat man andererseits gerade hieraus gewonnene Beurteilungskriterien auf die Kinderkunstlyrik übertragen. Gefordert werden vor allem Volkstümlichkeit, Natürlichkeit, Naivität, „Primitivität", Altersgemäßheit u. ä., während konkrete Einzelaspekte selten angesprochen sind. Man könnte im Sinne Franz Hebels (1976, S. 252 ff.) diese Forderungen auf den einen Nenner der literarischen „Einfachheit" bringen, und zwar einmal der „naiv-primitiven", wie sie ontogenetisch in kindlichen und phylogenetisch in frühgeschichtlichen Formen auftritt – Hebel belegt dies am Kinderreim „Wir treten auf die Kette" – , zum andern der „künstlerisch-gestalteten". Johann Gottfried Herder hat z. B. Goethes „Heidenröslein" als „kindisches Fabelliedchen" bezeichnet, den Refrain „das kindische Ritornell" genannt und vom „Kinderton" des ganzen Liedes gesprochen (vgl. ebd. S. 257).

Das Wesen des volkstümlichen Kinderreims wie der Kinderkunstlyrik liegt in dieser „Einfachheit" begründet, denn eine dritte Ausprägung, die „falsche Einfachheit" oder der Kitsch, die natürlich innerhalb der Kinderlyrik stark vertreten ist, z. B. in klischeehaften Bildern, Wendungen, Strukturen oder in übertriebenen Verkleinerungen und Verniedlichungen, leistet ihren Beitrag für die Wertung nur als Negativ-Kriterium. Auf dieser Basis hat Franz Magnus Böhme im Vorwort zu seiner berühmten Sammlung „Kinderlied und Kinderspiel" (1897, S. XVII) ein vernichtendes Pauschalurteil gefällt: „Alles Gemachte des Pädagogen verhält sich zum Volkstümlichen wie die Goldleiste mit ihrem Anstrich zum echten Golde."

Scheinbar paradox zur „Einfachheit" steht die immer wieder in Verbindung damit erhobene Maxime hoher künstlerischer Qualität, doch erklärt sich vieles im Konsens der Meinungen, daß gewollt Einfaches in idealer Form am schwierigsten zu gestalten sei. Fast extreme Ansprüche wurden an das Kindergedicht innerhalb der Kunsterziehungsbewegung, besonders von Heinrich Wolgast, gestellt, z. B. sollte das Werk künstlerische Gültigkeit sowohl für das Kind wie für den Erwachsenen haben, ein Charakteristikum, das modifiziert in den Kriterienkatalog des sozialistischen Realismus übernommen ist.

Im Gesamt der Literatur, gerade in Relation zur „hohen", „ästethischen" Literatur, war und ist Kinderlyrik allerdings ähnlich wie Trivialoder Massenliteratur, z. T. auch „Volkspoesie", als eine Art subkulturelle Erscheinung einer gewissen Minderwertung unterworfen. Auslösende Faktoren sind die „Volkstümlichkeit" und „Einfachheit", die Kohärenz mit einer noch in geistiger Entwicklung stehenden Schicht und die tatsächlich große Produktion der poetae minores, die den Gesamteindruck am stärksten prägen.

Obwohl immer wieder festgestellt wurde, daß keine literarische Gattung strukturell so sehr von Rhythmus und Klang bestimmt wird wie Kinderlyrik, sind Formfragen – trotz der Diskussion z. B. um freie Rhythmen – immer mehr zurückgetreten; Wertung gründet sich vornehmlich auf intentionale Aspekte, auf Inhalte, Themen, Motive. So ist Bedingung des sozialistischen deutschen Kindergedichts, das sich bewußt vom traditionellen „bürgerlichen" abzuheben versucht, eine entsprechende politisch affirmative bzw. konstruktive Grundhaltung. In diesem Fall wird die Komponente einer geschichtlich-sozialen Relativierung bei der Wertung literarischer Texte deutlich. Beurteilungsraster und Kataloge mit neutralen Fragen wie „Ist das Thema des Gedichts relevant, ist die Struktur kindgemäß, wird die gewünschte Wirkung erreicht?" u. ä. können da nur Hilfsfunktion haben. Die eigentliche Wertung wird schließlich vom politisch-sozialen Standpunkt des „Kunstrichters" aus vollzogen, von hier werden Wertungsmaßstäbe an das Werk herangetragen. Dabei können heute innerhalb eines pluralistischen Meinungsbildes verschiedene Postionen, natürlich jeweils kaum in dieser „reinen" Form, unterschieden werden (vgl. Rademacher 1978).

Die *ideologiekritische* Richtung, die freilich im weiteren Sinn auch „pädagogische" Ziele verfolgt, fördert das „realistisch-emanzipatorische", auch antiautoritäre Kindergedicht, dessen Anleihen beim normabweichenden „verbotenen" Kinderreim und bei früheren „antipädagogischen" Ansätzen unverkennbar sind. Mit ihm soll die soziale Stellung des Kindes gegenüber Erwachsenen, Eltern, Vorgesetzten gestärkt und sein späteres Engagement für die Überwindung bestehender gesellschaftlicher Verhältnisse vorbereitet werden. Dieses „Programm", das oft fälschlich mit Erziehung zu allgemeiner Kritikfähigkeit gleichgesetzt wird, ist kaum expressis verbis Thema eines Einzeltextes, es wird realisiert in der Summe aller destruktiver und konstruktiver Äußerungen (vgl. z. B. Süverkrüps „Baggerführer Willibald").

Wenn auch Erkenntnisse der Kommunikationsforschung, welcher Kinderlyrik in ihrer starken Funktions- und Adressatenbezogenheit als Untersuchungsobjekt ohnehin entgegenkommt, schon häufig mit eingebracht werden, so sind doch drei traditionelle Wertungspositionen mit all ihrer wechselseitigen Verflechtung in der Gegenwart entscheidend. Die Vertreter der *literarästhetischen* Richtung sehen im Anschluß an bekannte Vorläufer das Kindergedicht als sprachliches Kunstwerk, als ideale Einheit von Inhalt und Form, sie werten normativ und sind weitgehend der „werkimmanenten" Methode verpflichtet. Strukturalistisch-deskriptive u. a. Verfahrensweisen, wie sie die Textlinguistik heute anbietet, werden bisher in diesem Bereich wenig angewandt.

Kinderlyrik wird auch unter vorwiegend *pädagogisch-psychologischen* Aspekten beurteilt, im Anschluß an die frühere Bewegung „Dichtung vom Kinde aus". Hier geht es um die zentrale Frage, ob die Gesamtstruktur des Werkes den Fähigkeiten und Bedürfnissen des Kindes auf einem bestimmten Entwicklungsstand entspricht.

Die dritte Position, die *literar-pädagogische*, hat naturgemäß Kriterien der ersten beiden mehr oder weniger fest miteinander zu vereinigen versucht. Ihre Bestimmung erhellt am besten aus den Lernzielen, die sie sich steckt bzw. die vorgegeben sind (vgl. Kap. 7.2.). Da über Elemente und Strukturen der Kinderlyrik allgemein gesprochen wurde, bleibt noch die wichtige Frage nach der „Kindgemäßheit" im einzelnen zu klären.

5.3. Altersrelevanz und Rezipientenkompetenz

Wir haben als wesentliches Definitionsmerkmal für „Kinderlyrik" den Bezug auf eine altersmäßig abgegrenzte Adressatengruppe festgestellt. Danach kann man annehmen, daß diese Art von Literatur spezifische Strukturen aufweisen, d. h. altersrelevant sein muß, um der Interessenlage und dem Rezeptionsvermögen des Adressaten, der Rezipientenkompetenz, zu entsprechen. Alexander Beinlich (1970, S. 1365) hat solche Gedanken als Grundsätze formuliert: „Das Beste ist das jeweils der Entwicklungsstufe zugängliche, adäquate Beste, nicht das absolut Hochwertigste im Sinne weltliterarischen Ranges . . . Das in seiner Art Vollkommene für jede Entwicklungsstufe muß gesucht werden." Diese „Passung" zwischen Kind und Literatur kann nur erreicht werden, wenn im Sinne Piagets die Fähigkeit des Kindes sowohl zur Assimilation, also Anpassung des Objekts an das Subjekt, als auch zur Akkommodation, Anpassung der Person, berücksichtigt wird (vgl. Maier 1976, S. 188 f.). Damit ist zugleich gesagt, daß mit diesem Problem nicht nur Autoren von Kinderlyrik konfrontiert sind, sondern alle Personen, die in irgendeiner Weise einen Selektionsprozeß vornehmen müssen, z. B. Lehrer, Erzieher, Eltern, Bibliothekare, Herausgeber von Anthologien oder Lesebüchern usw.

Der Grad der Kommunikativität ist normalerweise am höchsten, wenn sich Autor und Rezipient aus einer nach Alter und Entwicklungsstand homogenen Gruppe rekrutieren, was im Bereich Kinderlyrik teilweise (Kinderreime, Gedichte von Kindern) der Fall ist, doch unterliegt „poetische" Kommunikation spezifischen Imponderabilien. Trotzdem hat der erwachsene Autor hohe Barrieren zu überwinden, um das Idealverhältnis, nämlich die Identität zwischen implizitem und intendiertem Leser, zu erreichen. Gerade bei Kinderliteratur im allgemeinen, Kinderlyrik im besonderen ist eine Divergenz keine Seltenheit. Dies zeigt sich in recht pragmatischer Weise dann, wenn z. B. der intendierte Leser offen bezeichnet ist (Altersangabe im Buch), der Text sich aber als zu schwierig oder auch zu leicht für die angegebene Altersgruppe erweist.

Vielleicht hat es der Lyriker überhaupt am schwersten, denn „ein naives Kindergedicht kann er . . . nur schaffen, wenn er sich die Art und Weise des Kindes, sich die Welt anzueignen, selbst zu eigen macht" (H. Kuhnert 1972, S. 31). Paul Nentwig (1960, S. 174) meint, der Kinderlieddichter „entäußert sich seines Erwachsenseins . . . Er spricht zum Kinde oder für das Kind in der Sprache des Kindes und aus seiner Weltschau heraus . . . er muß ›einfältig‹ sein wie die Kinder, sonst trifft er nicht deren Ton"; ein Hauptkriterium für ihn ist die „Sprachgebung", während K. E. Maier (1976) die „sprachliche Passung" als „Übereinstimmung zwischen der Sprache des Textes und der Sprache des kindlichen Adressaten" (S. 128) und die „inhaltliche Passung" als „Übereinstimmung zwischen Inhalt eines Textes einerseits und dem Erfahrungs- und Vorstellungsbestand des kindlichen Adressaten andererseits" (S. 136) gleichermaßen berücksichtigt sehen möchte.

In ähnlicher Weise hat Hermann Bertlein (1977, S. 210) die schon früher erhobenen Forderungen von W. Lottig, B. Otto, J. Prestel und vor allem E. Linde (mit den fünf Grundsätzen: rein-frisch; natürlich, schlicht, gesund; innig-herzenswarm; lebensfreudig; heiter-freundlich) für Kinderliteratur generell auf einen Nenner gebracht: „Kindertümlich gestalten dürfte demnach heißen: eine dem jeweiligen Lesealter gemäße Versprachlichung des ›Inhalts‹ mit einer leicht überschaubaren Handlungsführung unter Berücksichtigung kindnaher ästhetischer Gestaltungsprinzipien (Spannung, Humor, Lautung) schaffen."

Da „kindertümlich", nicht synonym mit dem weiteren Begriff „altersgemäß", keine in sich statische Altersgruppe erfaßt, sondern sich im Gegenteil auf eine Lebenszeit des Menschen bezieht, in der sich in schnellster Abfolge komplizierteste Entwicklungsvorgänge vollziehen, hat man natürlich noch im einzelnen zu differenzieren versucht, und zwar sowohl im Hinblick auf die Entwicklung der Sprache (Entwicklungspsychologie, Psycholinguistik) wie der Lesefähigkeit und der Leseinteressen (Lesealterforschung).

Ein vollständiges „Curriculum" für Kinderlyrik ist allerdings noch nicht entworfen, besonders nicht für das Vorschulkind, denn immerhin kann man beim Schulkind die amtlichen Lehrpläne und einzelne Lehrplanvorschläge in dieser Funktion sehen. Als Beispiele seien genannt das von H.-J. Kliewer (1974) für die Primarstufe entwickelte Gedicht-Curriculum und der von H. Helmers (1971) stammende spezielle „Lehrplan des lyrischen Humors".

Richtungweisende Anmerkungen enthalten die leserpsychologischen Betrachtungen Walter Scherfs (1978, S. 23 f.), der dem kindlichen Entwicklungsstand adäquate Textformen zuweist, z. B. Kinderreime und -lieder als Ersterlebnisse für das Kleinkind, das noch keine Zeitfolge kennt und das „die unverrückbare Mittelpunktstellung seines Erlebens" auskostet; Fingerspiele, Aufzähl- und Kosereime, wenn der Ordnungstrieb erwacht und der Umkreis erkundet wird; Klang- und Reimspiele, die sich beliebig fortsetzen lassen (z. B. „Es war einmal ein Mann, der hatte einen Schwamm", „Morgens früh um sechse/kommt die alte Hexe"), wenn „das Kind die Abfolge von Begebenheiten entdeckt", zunächst in der Und-dann-Reihung; abgeschlossene Kettenreime („Der Herr der schickt den Jockel aus"), wenn das Verständnis für eine bestimmte Abhängigkeitsfolge gegeben ist und bei der Reihung eine feste Ordnung eingehalten werden kann. Ergänzen könnte man, daß mit zunehmender Reife, vor allem durch schulische Einwirkung (Erstlesen und allmählich freies Lesen), Texte mit komplizierteren Erzählhandlungen, mit Konfliktmotiven, mit lehrhaftem Inhalt, schwierigere Sprachspiele und schließlich stimmungshafte Gedichte hinzutreten. Ähnliche Zuordnungen, bezogen auf die Rezeptionsfähigkeit des Kleinkindes und Vorschulkindes, nehmen auch andere Psychologen und Pädagogen vor, z. B. Theodor Rutt (1962) und Anneliese Bodensohn (1965).

Wir haben bei der Strukturanalyse gesehen, daß ein Kindergedicht als literarisches Ganzes beurteilt werden muß, daß also bei der Frage der Altersgemäßheit alle Kriterien wie Inhalt, Sprache und Form berücksichtigt werden müssen, auch wenn manches in seiner Bedeutung höher eingeschätzt wird, z. B. Rhythmus und Reim bei G. Stein (1966, S. 4). Für einen bisher nur angedeuteten Aspekt, den Umfang von Kindergedichten, hat H. Helmers (1972, S. 324) einen altersbezogenen Vorschlag unterbreitet, dessen Rahmen selbstverständlich je nach Gedichtgattung und Schwierigkeitsgrad verlassen werden kann. Ein Ansteigen erfolgt von den wenigzeiligen Kinderreimen auf etwa 6 Zeilen im 2. Schuljahr, 8–10 Zeilen im 3. und 16–24 Zeilen im 4. Schuljahr, d. h. also auf meist mehrstrophige Gedichte.

Natürlich hat es nie an Kritik am Postulat der Kindertümlichkeit gefehlt, an ihren extremen Ausprägungen oder an der ständigen Gefahr der Unterforderung, die im Normalfall kindlichem Verlangen entgegenkommt. Solche und andere Argumente führen R. Geißler, M. Dahrendorf, D. Richter u. a. gegen dieses Prinzip ins Feld (vgl. Bertlein 1977, S. 211). Das Problem ist freilich auch nicht gelöst mit „goldenen Worten" wie: „In der Überwindung der Spaltung in eine ›Kunst für Kinder‹ und in eine ›Erwachsenenkunst‹ liegt ein Triumph des sozialistischen Humanismus und des sozialistischen Realismus" (K. Jarmatz, in: Beiträge zur Kinder- u. Jugendliteratur 33, 1974, S. 45).

Wie evident dieses Problem ist, zeigen die immer wieder durchgeführten Experimente, „Erwachsenengedichte" Kindern nahezubringen. Logischerweise können sich solche Versuche sowieso nur auf „einfache" Gedichte stützen und sich in einer Übergangszeit vom Kindes- zum Jugendalter abspielen. Es mutet schon fast gewagt an, wenn in einem Zeitschriftenaufsatz mit dem Titel „Celan im vierten Schuljahr?" (Venus 1961) ein Gesprächsprotokoll zum Gedicht „Sprachgitter" gegeben wird oder wenn Goethes „Erlkönig", der üblicherweise ab dem 7. Schuljahr in den Literaturkanon einbezogen wird, in ein Lesebuch der 3./4. Jahrgangsstufe aufgenommen ist (vgl. Beinlich 1970, S. 1363). Interpretationen neuerer Lyrik (z. B. von Krolow, Huchel, Piontek) werden z. T. mit Beteiligung von Kindern in einer Sendereihe des Bayerischen Schulfunks („10 Minuten Lyrik") durchgeführt. Daß sich eine solche „Verfrühung" positiv auswirken kann, geht aus den Äußerungen von Marie Luise Kaschnitz, einer allerdings bestimmt nicht „durchschnittlichen" Zeugin, über ihre Beziehung zu Hölderlins „Hälfte des Lebens" hervor:

> „Mein Gedicht, das soll wohl heißen, eines, das mich immer begleitet hat und das mir nie ganz aus dem Sinn gekommen ist... Als ich es kennenlernte, war ich beinahe noch ein Kind... Erst in späteren Jahren verstand ich recht eigentlich die schmerzliche Frage und Klage des Gedichts..." (zit. n. Riedler 1977).

Als ein heftig umstrittenes Paradebeispiel kann Goethes Gedicht „Gefunden" gelten, das in Kindergedicht-Sammlungen (z. B. Fraungruber 1923, Krüss 1959 b) und in besonders viele Lesebücher der Grundschule und der 5./6. Jahrgangsstufe Eingang gefunden hat, z. B. Oldenbourg-Lesebuch 3 (1977, S. 188) mit dem beigefügten Impuls: „Die Blume ist sehr zart. Das merkst du am ganzen Gedicht." In H.-J. Kliewers Primarstufen-Curriculum (1974) ist es unter dem Lernziel-Bereich „Sinnbild" für das vierte Schuljahr angesetzt (Diskussion u. Literaturhinweise vgl. ebd. S. 110 ff.), obwohl ein adäquates Symbolverständnis in diesem Alter fehlt. Man muß sich fragen, ob es legitim ist, den sprachlich und formal scheinbar leichten Text als reines „Blumengedicht" anzubieten, wie es notgedrungen oft geschieht. Dem kommt auch die bei Goethe häufig homogene Bildebene sehr entgegen, wenngleich anthropomorphe Elemente (Äuglein; Sprechen der Blume) die Möglichkeit einer Subscriptio andeuten.[9] Für Kinder, die von klein an Personifizierungen als Realität hinnehmen, sind sie nicht in gleichem Maße signifikante Impulse in diese Richtung wie für den erwachsenen Rezipienten. Nun ist nicht nur implizit eine symbolische Deutung des Gedichts angebracht, sondern auf dem biographischen Hintergrund geradezu erforderlich, denn Goethe umschreibt in diesem „Silberhochzeitsgedicht", seiner Frau Christiane gewidmet, das erste Kennenlernen und die engere Verbindung mit ihr, die ihn schließlich zu der Erkenntnis geführt hat, „daß alles Lebendige sich in polaren Gegensätzen höherentwickelt" (A. Christiansen, zit. n. Kliewer 1974, S. 111). Kann die erste Symbolebene von Kindern ansatzweise noch erreicht werden, so wird das Vordringen zum absoluten Allgemeinen selbst Erwachsenen nur beschränkt möglich sein. Gerade diese Relativierung liefert aber das Hauptargument dafür, daß man solche Lyrik so früh wie überhaupt möglich ansetzen sollte, um bei Kindern ein vertieftes Bild- und Symbolverständnis anzubahnen. Neuere Versuche in Parallelbereichen könnten die Legitimität solcher Bestrebungen noch unterstreichen. So plädiert man (z. B. in Japan) dafür, Kleinkindern möglichst viel gute, vor allem „klassische" Musik vorzuspielen, um für später ein untrügliches Gefühl für das echte Wertvolle zu erzeugen. Ganz abzulehnen ist eine Kürzung (z. B. bei längeren Erzählgedichten) oder eine andere Veränderung des Originaltextes für pädagogische Zwecke; das gilt vornehmlich für Gedichte (vgl. auch Kap. 6.3.).

Um einmal am praktischen Beispiel zu demonstrieren, nach welchen Kriterien man eine altersmäßige Zuordnung und auch literarische Wertung vornehmen könnte, sollen im folgenden *9 motivgleiche Gedichte* mit den notwendigsten Annotationen vorgestellt werden. Das Löwenzahn-Motiv eignet sich besonders gut, da die Blume durch ihr verbreitetes Vorkommen allgemein bekannt und wegen der spielerischen Verwendbarkeit bei Kindern sehr beliebt ist. Obendrein sind die ersten drei Texte bei P. Nentwig (1960, S. 174 ff.) als Beispiele vorgegeben und besprochen, sechs weitere sind erprobt und hinzugefügt (vgl. auch Franz 1978 b, S. 70). Es gibt noch viele andere bekannte Löwenzahn-Gedichte, z. B. „Kettenblume" von Paula Dehmel, „Löwenzahn" von Lulu von Strauß und Torney oder „Samen an seidenen Schirmen" von J. Guggenmos, aber auch die ausgewählten sind fast alle in neueren Lesebuchreihen abgedruckt.

I

Lichtlein auf der Wiese

Lichtlein auf der Wiese
blas ich alle aus,
und es fliegen Sternchen
in die Welt hinaus,
schweben in der Sonne,
schweben auf und nieder.
Nächstes Jahr zur Frühlingszeit
gibt's neue Lichtlein wieder. –
Doch zuerst, du wirst es sehn,
wird die Wiese, wird die Wiese
ganz in Gold, in Golde stehn.

(Elise Vogel)

Das Gedicht ist als Ganzes „kindertümlich"; altersmäßig kann man es der Vorschul- und ersten Grundschulzeit zuordnen. Gut getroffen wird die Sprache des Kindes in den Diminutiva (Lichtlein, Sternchen), „Herzlichkeitsformen" und liedhaften Wiederholungen (Lichtlein, schweben, Wiese, Gold), die Sprechsituation in der „Ich-Aussage" und „Du-Anrede", das altersgemäße Motiv in der Tätigkeit des spielenden Kindes, das hier „im Vordergründigen des Geschehens das Gesetz des ewigen ›Stirb

113

und werde‹" entdeckt (Nentwig 1960, S. 175). Das fehlende „Löwenzahn" macht den Text zum „Rätselgedicht", das eine Deutung im ganzen und im einzelnen verlangt. Gerade in den Metaphern (Lichtlein, Sternchen, Gold) liegen die Vorzüge des Gedichts, sie sind die entscheidende „poetische" Herausforderung an das Kind. Gewisse Schwierigkeiten können die Zeitsprünge bieten: gegenwärtige Tätigkeit – dieselbe Tätigkeit im nächsten Jahr – Rückblende auf die Zeit davor.

II
Löwenzahn

Löwenzahn, Löwenzahn,
zünde deine Lichtlein an!
Lichtlein hell und Lichtlein weiß,
Lichtlein auf der Wiese!
Pust ich alle Lichtlein aus,
dunkel wird's im Wiesenhaus.
Tausend Fünklein fliegen fort,
blühn an einem andern Ort.
Nächstes Jahr hebt's wieder an:
Löwenzahn, Löwenzahn!

(Kurt Kölsch)

Auch in diesem Gedicht (vertont von H. Schubert) ist die Identifikation des Kindes mit dem tätigen „ich" gegeben, auch hier die herzliche Anrede der personifizierten Blume, die zahlreichen Wiederholungen, fast dieselben Bilder (Lichtlein); der Blumenname tritt allerdings im Text selbst gehäuft auf. Trotzdem fordern gerade die „falschen" Bilder zur Kritik heraus, das „Blühn" der „Fünklein" oder die Stätte des Geschehens als „Wiesenhaus", eine Kombination zweier Begriffe, denen eine erkennbare semantische Gemeinsamkeit fehlt. Die lineare Zeitabfolge erleichtert die Einsicht in den Kreislauf der Natur, doch ist der Vorausblick sprachlich mißglückt („hebt's wieder an") und nicht kindgemäß. Dagegen werden Inversionen wie die Nachstellung der Adjektive in der dritten Zeile als poetisch normal empfunden.

III
Löwenzahn

Sonnen im Grün! –
Wenn sie verblühn,
schimmert ein Strahlenhaus
silberner Seidenflaus.

Bläst du hinein,
stieben und schnein
schwebende Lichte,
winzige Wichte.

Fang sie und schau,
besieh's genau:
Drin träumen von Wonnen
schon künftige Sonnen.

(Heinz Ritter)

Der Name der Blume wird, wie auch in I, IV und VI, nur in der Überschrift genannt. Motivliche Parallelen (spielendes Kind und Kreislauf der Natur) zu den ersten beiden Texten sind unverkennbar. Trotzdem hält Nentwig (ebd. S. 177), der nur die zweite Strophe als kindertümlich gelten läßt, das Gedicht als Ganzes für nicht gelungen, „denn es spricht weder in der Sprache des Kindes noch entspricht es der kindlichen Art der Weltbegegnung". Der Erwachsene redet das Kind an und fordert es zum Tun auf. Manche Bilder wie „Wichte" sind anschaulich, andere wie „Sonnen im Grün", dessen semantischer Durchschnitt jeweils nur in der Farbe, gelb und grün, liegt, sind schwierig, manche sind unverständlich; das gilt besonders jeweils für die beiden letzten Zeilen der ersten und dritten Strophe. Verstehensbarrieren können auch schwierige Begriffe und sprachliche Archaismen sein (Seidenflaus, stieben, Lichte, besieh's, Wonnen).

IV
Verblühter Löwenzahn

Wunderbar
stand er da im Silberhaar.

Aber eine Dame,
Annette war ihr Name,
machte ihre Backen dick,
machte ihre Lippen spitz,
blies einmal, blies mit Macht,
blies ihm fort die ganze Pracht.

Und er blieb am Platze
zurück mit einer Glatze.

(Josef Guggenmos)

Das bisher jüngste Gedicht ist das „lustigste", es kommt bei Kindern der 1./2. und auch 3. Klasse am allerbesten an. Hier liegt der Hauptunterschied zu den bisherigen Texten. Guggenmos verwendet zwar ebenfalls traditionelle, kindgemäße Mittel wie syntaktischen Parallelismus (Zeile 5 u. 6) oder Wiederholungen (machte, blies), er variiert aber rhythmisch stärker und arbeitet mit neuen Bildern (Silberhaar, Glatze), Kontrasten (wunderbar – Pracht – Glatze; Dame – Annette) und Überraschungseffekten (lustiger Name, Ergebnis des Blasens).

V

Warum sind Löwenzahnblüten gelb?

Warum sind Löwenzahnblüten gelb?
Das weiß jedes Kind.
Weil Löwenzahnblüten
Briefkästen sind.

Wer hat die Briefkästen aufgestellt?
Die grasgrüne Wiese.
Sie steckt in die Briefkästen
all ihre Grüße.

Wem werden die Grüße zugestellt?
Das weiß jedes Kind.
Briefträger sind
Biene und Wind.

(Reiner Kunze)

Das „moderne" dreistrophige Kindergedicht, etwa aus der Zeit des vorigen stammend, spricht mit seinen dreimaligen Fragen und Antworten und der zweimal eingeschobenen Beschwichtigungsgeste („Das weiß . . .") Kinder stark an. Trotzdem tun sich selbst Schüler der zweiten Grundschulhälfte schwer, mit den „Bildern" zurechtzukommen. Der semantische Durchschnitt von Blume und Briefkasten, die Farbe Gelb, ist allen bewußt; gerade der noch fehlende Hinweis auf die Funktionsüberschneidung motiviert zum Weiterlesen. Auch die personifizierte Wiese als „Aufstellerin" der Briefkästen ist klar, schwierig und für viele Kinder nicht mehr nachvollziehbar wird es allerdings bei den „Grüßen", die von der Wiese hineingesteckt und von Biene und Wind einem trotz der dritten Frage nicht genannten Adressaten zugestellt werden. Die Vorkenntnis biologischer Zusammenhänge ist unerläßlich. Das Gedicht gehört einerseits zu den Texten, die zum sachkundlichen „Mißbrauch" geradezu herausfordern, andererseits ist es mit seinen differenzierten Schwierigkeiten ein Idealfall für die Anregung und Hinführung von Kindern zum notwendigen metaphorischen Denken.

VI
Löwenzahnwiese

Die goldne Pracht hat ausgeblüht.
Die kleinen Sonnen sind verglüht.
In silbernen Laternchen glimmt
Ihr Licht, bevor es Abschied nimmt,
Bevor der Wind es rund verweht
Und neue goldne Sonnen sät.

(Dr. Owlglaß = Hans Erich Blaich)

Das kurze Gedicht, dessen Licht-Metaphorik besonders auffällt (golden, Sonne, verglühen, silbern, Laternchen, glimmen, Licht), ist äußerlich und innerlich logisch aufgebaut, einfacher als I und II; drei Reimpaare lenken den Blick auf vergangenes, gegenwärtiges und künftiges Geschehen. Die Prägnanz der Aussage, die Dichte der Bilder und die insgesamt distanziertere und realistischere Grundhaltung (keine Anrede; der Wind als Auslöser) ergeben einen höheren Schwierigkeitsgrad und lassen die Aufnahme des Textes in Lesebücher der 3. und 4. Jahrgangsstufe, und auch darüber, gerechtfertigt erscheinen.

VII
Pustemuhme

Krause, krause Muhme,
alte Butterblume,
Pusterchen, nanu?
wo hast du denn dein Hütchen,
dein gelbes Federklütchen,
worauf wartest du?

Warte aufs Kindchen,
auf ein lieb Mündchen,
ich alte griese
Trauerliese,
puh, puh, puh;
ach bitte, pust mich doch
rasch in den Himmel hoch,
tausend kleine Nackedeis
spielen da im Gras,
tausend kleine Nackedeis
lachen sich da was!

(Paula und Richard Dehmel)

Eine Ausnahme in unserer Abfolge bildet dieses Gedicht, das um 1900 entstanden ist. Obwohl es im Sprachduktus viel kindgemäßer anmutet als das vorige – man möchte es der Vorschulzeit zuordnen –, obwohl es als Rollen- oder Dialoggedicht dem kindlichen Sprechverlangen entgegenkommt, obwohl es an mehreren Stellen verniedlicht und verkleinert (Pusterchen, Hütchen, Federklütchen, Kindchen, Mündchen, Nackedeis u. a.), sind die Rezeptionsschwierigkeiten für Kinder größer, als man erwarten könnte. Zwar ist in unserem Fall die originale Schreibung, z. B. puhsten, Nackedeys, unserer heutigen angeglichen, doch liegen die kulturhistorisch bedingten Probleme vorwiegend im Wortgebrauch, denn einiges ist veraltet, ungewöhnlich oder Kindern nicht mehr bekannt, z. B. Pustemuhme, krause Muhme, Pusterchen, Federklütchen, griese. Für viele ist sogar das fehlende Personalpronomen „ich" am Beginn der zweiten Strophe („Warte . . .") eine unüberwindliche syntaktische Barriere. Somit muß man auf das Gedicht, selbst mit seiner im Original beigefügten Abbildung eines personifizierten Löwenzahns (vgl. P. u. R. Dehmel 1976, S. 19; auch in Kunze 1965, S. 383) heute entweder verzichten oder es in der zweiten Grundschulhälfte ansetzen.

VIII
Löwenzahn

Fliegen im Juni auf weißer Bahn
Flimmernde Monde vom Löwenzahn,
Liegst du versunken im Wiesenschaum,
Löschend der Monde flockenden Flaum.

Wenn du sie hauchend im Winde drehst,
Kugel auf Kugel sich weiß zerbläst,
Lampen, die stäubend im Sommer stehn,
Wo die Dochte noch wolliger wehn.

Leise segelt das Löwenzahnlicht
Über dein weißes Wiesengesicht,
Segelt wie eine Wimper blaß
In das zottig wogende Gras.

Monde um Monde wehten ins Jahr,
Wehten wie Schnee auf Wange und Haar.
Zeitlose Stunde, die mich verließ,
Da sich der Löwenzahn weiß zerblies.

(Peter Huchel)

Abgesehen von sprachlichen und formalen Schwierigkeiten, unterscheidet sich dieses bekannte Naturgedicht vor allem durch die Komplexität der metaphorischen Assoziationskette von den bisherigen Texten. Verschiedene semantische Gemeinsamkeiten binden ein Bild an das andere, z. B. Löwenzahn/Mond: fliegen, Bahn, flimmern; Mond/Kugel: runde Form; Kugel/Lampe: runde Form usw. Gemeinsames Sem bleibt durchgehend das „Licht". H. Kügler[10] hat den poetischen Transformationsprozeß graphisch darzustellen versucht, obwohl auch damit die semantische Verflechtung nur angedeutet werden kann:

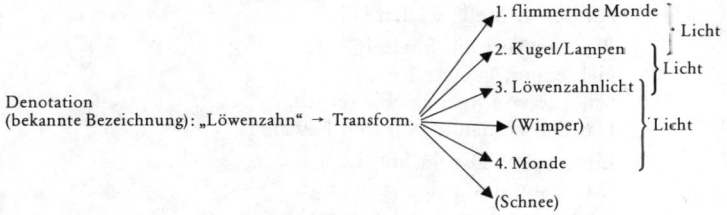

Im Anschluß daran haben Greil/Kreuz (1976, S. 210) eine „altersgemäße" Graphik (Tafelbild, 6. Jahrgangsstufe) entwickeln lassen:

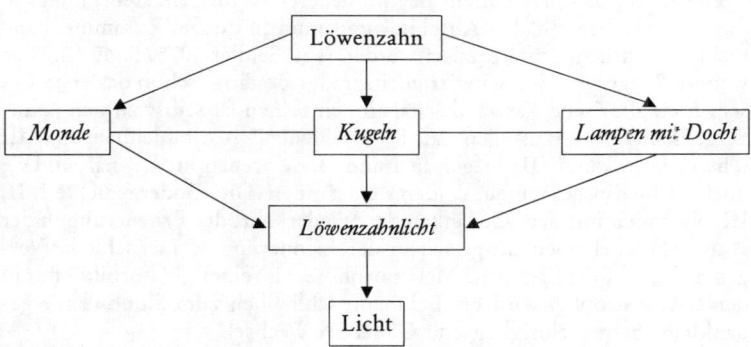

Daß die Anrede „du" der ersten drei Strophen lyrisches Ich in der 2. Person ist, bestätigt in der letzten das lyrische Ich der 1. Person. Die notwendige Transformation des symbolhaften Geschehens auf den menschlichen Bereich entzieht dieses „Erwachsenengedicht" kindlichem Deutungsvermögen, so daß adäquate Einsichten frühestens ab einem Alter von etwa 12 Jahren erwartet werden können.

IX

Abgeblühter Löwenzahn

Verwandle dich und werde leicht,
Zerfasere zu Samenhaar!
Gemindert schwebt, ein dünnes Korn,
Was gestern Strahlenball noch war.

Verwandlungsträchtig, warst du kaum,
Und saugst dich frisch im Leben fest,
Das dich und mich, treuloser Staub,
An keiner Stelle weilen läßt.

Begleite Vers die Flüchtigkeit,
Gebiete er, gebiete zart.
Sei, wie von meinem Finger du,
Das Schwindende von ihm bewahrt.

Ein zweites Dasein überwächst
Das erste, das geopfert liegt.
Verweh es denn wie Löwenzahn,
Damit es traumgekräftigt fliegt.

(Wilhelm Lehmann)

Dieses Beispiel, das mit am Beginn neuerer Naturlyrik steht, bildet in
dieser Reihe bewußt den Abschluß und muß in diesem Zusammenhang
nicht ausführlicher interpretiert werden (vgl. Seidler 1975, S. 40 f.). Eine
weitere Steigerung des Schwierigkeitsgrades bestätigt schon das erste Lesen. Metaphorische Verwandtschaft im einzelnen ist selbst zu den „Kindergedichten" festzustellen (z. B. Strahlenball – Strahlenhaus in III;
schweben in I und III; fliegen in I und II; verwehen in VI; -haar in IV),
doch ist hier insgesamt ein Anderes entstanden. Die Kindergedichte I, II,
III, VI enden mit dem Gedanken der Wiederkehr, der Erneuerung in der
Natur, Huchels Gedicht gipfelt in der Erinnerung an menschliche Ver-
gänglichkeit, die pflanzliche Metamorphose, als reines „Naturbild" nur in
der ersten Strophe, wird bei Lehmann schließlich zum Sinnbild für gedankliche Schwerelosigkeit und Dauer im Wechsel.

Wurde bei der Betrachtung der 9 Gedichte auch bewußt auf sprachliche
und äußerlich formale Aspekte weitgehend verzichtet, so dürfte doch klar
geworden sein, daß sich die Altersrelevanz eines sprachlich traditionellen
poetischen Textes in erster Linie von der Komplexität seines Bild- und
Symbolgehalts her bestimmen läßt. Daraus erwächst verschiedenen Wissenschaftsdisziplinen (Psychologie, Pädagogik, Deutschdidaktik u. a.) der
Auftrag, sich noch stärker als bisher unter interdisziplinären Fragestellun-

gen mit dem entwicklungsbedingten Bild- und Symbolverständnis bei Kindern zu beschäftigen. Genaue Kennnis der Rezipientenkompetenz ist unerläßlich, will man phasengerechte Literatur-Curricula entwickeln. Zwar kranken viele Untersuchungen gerade an der Beschränkung bzw. Konzentration auf einen kleinen Teilbereich kindlichen Denkverhaltens, doch sind solche Vorarbeiten, wie sie z. B. Jean Piaget und im Anschluß Erich Wolfrum (1976) mit seiner Untersuchung über die „Stufen und Formen des reifenden Sinnverständnisses" am Beispiel des Sprichworts geleistet haben, dringend notwendig. Mit dem Problem der Metaphern-Didaktik im weiteren Sinn haben sich immerhin Linguisten und Sprachdidaktiker auseinandergesetzt (zum Überblick vgl. Nieraad 1977).

An einem einfachen Gedicht, keinem ausgesprochenen Kindergedicht, und mit 319 Probanden in dritten bis siebten Grund- und Hauptschulklassen an verschiedenen Schulen habe ich einige *Prolegomena zum Problemkreis „Metaphern- und Symbolverständnis"* zu entwickeln versucht. Die Tests werden fortgesetzt, die bisherigen Ergebnisse können in diesem Rahmen nur angedeutet werden. Berücksichtigen muß man z. B. das Ausscheiden vieler geistig reiferer Schüler ab der 5. Klasse durch Übertritt auf das Gymnasium, außerdem die Tatsache, daß es sich kaum vermeiden läßt, den Test in „poetisch" recht unterschiedlich geschulten Klassen durchzuführen. Gefragt war auf dem Bogen nach Klasse, Alter und Geschlecht, verlangt wurde die knappe Wiedergabe der eigenen Meinung über die Aussage des folgenden Brecht-Gedichts, wobei keine Hilfestellung geleistet wurde außer der Worterklärung: Bauschragen = Pfosten, Stempen des Baugerüsts, der aus Holz oder Eisen besteht.

Eisen

Im Traum heute Nacht
Sah ich einen großen Sturm.
Ins Baugerüst griff er
Den Bauschragen riß er
Den eisernen, abwärts.
Doch was da aus Holz war
Bog sich und blieb.

Die Einheit des Bildes ist durchgehend gewahrt; wenn überhaupt, dann ist das Gedicht als Ganzes zu deuten, es gehört dem innovativen Bereich metaphorischer Großformen an. Einzelbilder wie in den besprochenen Kindergedichten fehlen. Damit ergeben sich nach strukturalistischem Vorgehen (vgl. Link 1974, S. 165 ff.) im groben Schema folgende Verstehenshorizonte, d. h. Grade des Verstehens und der Leistung der Bild-

Übersetzung, mit den auf den einzelnen Jahrgangsstufen erreichten Prozentzahlen, wobei hier zunächst nicht nach dem Geschlecht getrennt wurde:

Verteilung in Prozenten
nach Jahrgangsstufen

Verstehensebene	Mögliche Inhalte der Aussagen	3	4	5	6	7
A Keine oder nicht relevante (falsche) Angaben		56	42	19	9	14
B Pictura (Wiedergabe des vorgegebenen Bildes)	Ein Mensch träumt, daß ein Sturm einen eisernen Bauschragen abwärtsreißt; der aus Holz bleibt stehen u. ä.	19	22	36	31	29
C Subscriptio I (Generalisierung von B)	Eisen ist starr, es wird umgerissen; Holz ist biegsam, gibt nach, bleibt deshalb stehen, ist das bessere Material u. ä.	22	33	29	50	52
D Subscriptio II (Hypothese über Subscriptio I; Transfer; Erkennen des „Symbols")	Unbedingte starre Haltung des Menschen ist nicht richtig, mit Anpassung zur rechten Zeit kommt man weiter u. ä.	3	3	16	10	5

Im wesentlichen konnten die Antworten meist einwandfrei den vorgegebenen Verstehensebenen zugeordnet werden; am häufigsten wurde es bei der Unterscheidung zwischen B und C problematisch, da die schriftlichen Formulierungen manchmal nicht so eindeutig waren. Natürlich wurden auch einzelne sehr eigenständige – und nicht erwartete – Antworten abgegeben, z. B. von Schülern einer 4. Klasse: Der Dichter wollte damit sagen, daß er in dieser Nacht sehr schlecht geschlafen hatte; oder: Das Herz bleibt bestehen, alles andere verwest; oder: Man soll nicht mit dem Kopf durch die Wand gehen wollen; von Schülern einer 5. Klasse: Ein Mann, der nicht raucht, lebt länger als einer, der raucht; oder: Der Sturm ist Gott, die beiden Schragen sind Männer, der eiserne ist groß und stark und glaubt nicht an Gott, der hölzerne ist klein und glaubt an Gott; der eiserne wird bestraft, der hölzerne überlebt.

Die Tabelle zeigt zumindest bei A, B und C regelmäßige und damit nicht unerwartete Tendenzen; daß D etwas aus dem Rahmen fällt, erklärt sich einmal mit der insgesamt doch nicht sehr hohen Probandenzahl, bei der bereits einzelne Schüler prozentual stark ins Gewicht fallen, zum andern mit einer weit überdurchschnittlichen unter den drei getesteten fünften Klassen (ähnlich eine der drei sechsten). Ganz klar ersichtlich wird, daß Schüler mit zunehmendem Alter und entsprechend höherem Bildungsstand immer mehr mit poetischen Bildern anzufangen wissen, was z. B. die Zahlenreihen bei A und C einwandfrei belegen. Zu erkennen ist aber auch, daß ein Transfer, so wie hier in den menschlichen Bereich, auf allen einbezogenen Jahrgangsstufen ohne Hilfestellung jeweils nur ganz wenigen gelingt, d. h. daß eine solche Transferleistung doch höheren Altersstufen vorbehalten bleibt. Das Ergebnis eines späteren Tests mit rund 50 Realschülern und Gymnasiasten im Alter von 16 und 17 Jahren kann diese Aussage unterstützen, denn die Antworten verteilten sich folgendermaßen: A 7%, B 8%, C 50% und D 35%. Damit sollte man das Gedicht, obwohl in diesem Fall in einer Ausnahmesituation, ohne Hilfestellung des Lehrers, vorgelegt, frühestens ab der 6. Jahrgangsstufe gemeinsam erarbeiten, wenn sinnvolle Lernziele auf den Ebenen C und D von der Mehrzahl der Schüler erreicht werden sollen.

Alles Zahlenmaterial kann eigentlich nur als Aufforderung gesehen werden, metaphorisches Denken an altersadäquaten Texten so früh und so lange wie möglich zu schulen.

5.4. Rezipienten-Interessen

Aus dem Problemkomplex „Leseverhalten" sollen nur noch einige Schwerpunktfragen herausgegriffen werden, z. B. wieweit Kinderlyrik bekannt ist, ob und in welchem Umfang auch in der Freizeit gelesen wird u. ä. Viele Fragen bleiben offen, z. B. welche Texte aus welchem Grund am liebsten gelesen werden, welchen spezifischen Einfluß die soziale Determinante auf das Leseverhalten hat, welche Wirkung Gedichte hinterlassen u. a. m.

Daß der volkstümliche Kinderreim als freie spielerische Möglichkeit im Kindermund weiterlebt, wurde schon öfter angedeutet; dabei werden natürlich einfache, banale, lustige, obszöne und funktional-pragmatische

123

Textvarianten bevorzugt. Wir haben auch gesehen, daß altes Kulturgut in den Kinderstubenreimen durch die früheste Bezugsperson des Kindes tradiert wird; eine ähnlich regelmäßige Pflege läßt sich heute noch in Kindergarten, Vorschule und z. T. Grundschule feststellen. Problematischer wird erst die Frage nach dem eigentlichen „Leseverhalten" im Grundschulalter und später. Darüber gibt es bisher kaum Untersuchungen, obwohl volkstümliche Kinderlyrik an sich zur „Massenliteratur" gehört und damit im Sinne Adornos zu den ohnehin bevorzugten Untersuchungsobjekten der Geschmackssoziologie und der empirischen Soziologie zu zählen wäre.

Man darf ohne weiteres sagen, daß das Kindergedicht zu bestimmten Zeiten – man denke nur an die bekannten Autoren und Illustratoren um 1900 – in höherem Ansehen stand und entsprechend stärker gepflegt wurde als heute. Bedenken muß man dabei allerdings, daß die „lesende" Schicht früher trotzdem kleiner war und daß die gute Erhaltung vieler alter Gedichtbändchen nicht unbedingt von eifriger kindlicher Nutzung zeugt. Den Gründen des Wandels soll hier nicht nachgegangen werden, manche liegen ohnehin auf der Hand. Wichtig sind aber die Gründe, warum sich das Aufgabenfeld bisher weitgehend einer Bearbeitung entzogen hat. Mündliche Befragungen von Kindern sind aufwendig und schwierig, schriftliche sind im Kleinkind- und Vorschulalter nicht, im Grundschulalter nur bedingt möglich; die Gefahr, zu irreführenden Ergebnissen zu gelangen, ist dabei besonders groß. So täuschen z. B. Verkaufszahlen von Gedichtsammlungen über das tatsächliche Leseverhalten, denn auswählende Käufer sind fast ausnahmslos Erwachsene. Andererseits fällt bei kaum einer anderen literarischen Gattung die sporadische Rezeption z. B. in Bilderbüchern oder Kinderzeitschriften so ins Gewicht wie gerade bei Kinderlyrik (vgl. Kap. 6.). Die meisten Forschungsarbeiten über das Leseverhalten von Kindern und Jugendlichen klammern die Gattung „Lyrik" einfach aus.

1978 ließ ich an verschiedenen Grund- und Hauptschulen (2., 3., 4., 5., 7. und 9. Klassen) 247 Schüler, etwa zur Hälfte männlich und weiblich, mit einem *Fragebogen* testen. Dabei waren Fragen zu beantworten wie:
- Wieviele und welche Gedichte kennst du?
- Woher kennst du diese Gedichte?
- Liest du gerne Gedichte?
- Besitzt du Bücher mit Gedichten? Welche?
- Leihst du dir Bücher mit Gedichten in Bibliotheken aus?
- Magst du es gern, wenn dir jemand Gedichte vorliest?
- Schreibst du selbst Gedichte?

Probleme ergaben sich bereits aus den unterschiedlichen Auffassungen der Literaturgattung „Gedicht" – „Lied" war ohnehin ausgeklammert – und der relativen Häufigkeitsangaben „selten, mittel, oft" u. ä. Wenngleich die umfassenden Auswertungen vom reinen Zahlenwert her nicht unbedingt als repräsentativ gelten können, so liefern sie doch interessante Aussagen über Trends, die in Verbindung mit anderweitig erarbeiteten Ergebnissen durchaus einen gültigen Gesamteindruck vermitteln können.

Einige Erkenntnisse lassen sich pauschal formulieren: Die Kenntnis von Gedichten, selbst die ungefähren Titel – von einem genauen Kennen oder Auswendig-Können ganz zu schweigen –, ist insgesamt sehr gering. Ein deutliches Gefälle zeichnet sich außerdem von der 5. Jahrgangsstufe nach obenhin ab. Die meisten Gedichte sind vom Elternhaus (Mutter, Geschwister) her und besonders durch die zeitlich nicht weit zurückreichende Vermittlung in der Schule bekannt. Hier kann eine Statistik stark täuschen, denn jeweils bis zu 90 % der Schüler konnten das zuletzt besprochene Gedicht nennen, während der Kenntnisgrad in bezug auf etwas weiter zurückliegende Texte jedesmal extrem schnell sank. Im allgemeinen werden Gedichte nicht gerne gelesen, obwohl die positiven Antworten in der Grundschule gegenüber denjenigen in den oberen Klassen noch weit überwiegen. So besitzen auch die wenigsten Schüler eigene Bücher mit Gedichten, oder es ist ihnen gar nicht bewußt; (richtige) Titel können kaum genannt werden. In der Grundschule (bis in die 5./6. Klasse) läßt man sich noch gerne Gedichte vorlesen und übernimmt auch selbst kleine produktive Versuche, in den oberen Klassen sind die Negativ-Antworten sehr hoch. Freilich sind die beiden letzten Aspekte praktisch ganz in Verbindung mit dem Schulunterricht zu sehen. Es fällt auf, daß die Positiv-Antworten der weiblichen Probanden durchgehend höher sind als die der männlichen. Gewisse Einflüsse gehen heute von der wieder weitverbreiteten Mode der Album-Poesie aus, doch müssen die Kinder normalerweise erst auf deren Bedeutung aufmerksam gemacht werden.

Diese Aussagen können durch Ergebnisse einiger anderer Untersuchungen gestützt werden. Welche geringe Rolle Gedicht-Rezeption bei Zehnjährigen spielt, geht eindrucksvoll aus einer umfassenden österreichischen Arbeit hervor (Bamberger/Binder/Vanecek 1977). Unter 3197 Lieblingsbüchern, die von 2398 getesteten Kindern angegeben wurden, sind Kindergedicht-Bände praktisch nicht vertreten. Ein einziger Lyrikbandtitel im engeren Sinn ist fünfmal genannt, dazu kommen einige vermischte Anthologien und Verserzählungen (z. B. Wilhelm Busch). Erzählende Bücher, realistische Umwelt- und Abenteuerliteratur, dominieren; Lyrik wäre demnach völlig bedeutungslos, würde man nicht noch die anfangs vorgebrachten Unwägbarkeiten berücksichtigen. Natürlich prägen sich Gedichtsammlungen als „Lieblingsbücher" dem Bewußtsein in jedem Fall weniger stark ein.

Eine DDR-Untersuchung über Lyrikbestände in Kinderbibliotheken und Leserwünsche trägt nicht grundlos den programmatischen Titel „Wenn ich das Wort Gedicht höre, bin ich schon bedient!" (R. Kuhnert 1970). Die Angaben beziehen sich speziell auf 10- bis 14jährige Leser, doch wird auch hier zunächst ein starkes Gefälle von den untersten Schuljahrgängen nach obenhin bestätigt, ebenso die höhere weibliche Beteiligung bei Entleihern und Lesern. Der Anteil der Lyrikausleihe durch Leser vom 5. Schuljahr an betrug z. B. 1969 in einer Leipziger Kinderbibliothek nur 0,75 % der Gesamtausleihe von Schöner Literatur; der diesbezügliche Bibliotheksbestand war prozentual nur geringfügig höher, wobei reine Lyrikbände den allergeringsten Teil ausmachten. Interessant ist die Feststellung, daß auch Erwachsene, besonders Eltern, Lehrer und Pädagogikstudenten, beim Entleihen von Kinderlyrik eine gewisse Rolle spielen.

Der Bibliotheksbestand an Kinderlyrik ist für das Leseverhalten nicht entscheidend, denn er wird durch die äußerst geringe Nachfrage nicht annähernd ausgeschöpft, wie auch eine Befragung in öffentlichen Bibliotheken ergab, z. B. Stadt-Jugendbibliothek München-Haidhausen (Lioba Betten).

Da verwundert es nicht, daß Gedichtbände neben Klassikern und philosophischen Büchern laut Ergebnis einer Infratest-Untersuchung (vgl. Südd. Zeitg. v. 3. 10. 1978) die allerletzte Gruppe unter dem Buchbestand des Deutschen bilden. Daß technischer Fortschritt und „lyrische Verkühlung" aus einem fortschreitenden Mißverständnis heraus konform gehen, steht ohnehin seit längerem außer Zweifel (vgl. Pforte, in: Bark/Pforte, Bd. 1, 1970, S. LI).

Stärkeren Einfluß, wenn auch auf indirektem Weg, kann das jeweilige Ergebnis des Deutschen Jugendbuchpreises auf das Leseverhalten haben. Doch gerade da offenbart sich das schwache „Image" der Kinderlyrik. Unter den von den Verlagen eingereichten Büchern finden sich im allergeringsten Maße reine Gedichtsammlungen, obwohl es an Produktion nicht mangelt, da die Chancen dafür, wie die bisherige Verteilung zeigt, recht gering sind. Am ehesten tauchen Verse noch in prämierten Gedicht-Bilderbüchern auf, z. B. „3 × 3 an einem Tag" von E. Rubin (Krüss 1963), in Verwandelbilderbüchern, z. B. „Kunterbunter Schabernack" von Blecher/Schröder (1969), in Anthologien vermischten Inhalts, z. B. „Geh und spiel mit dem Riesen" von H.-J. Gelberg (1971), oder sie sind eingestreut in andere Literaturgattungen, z. B. „Mein Urgroßvater und ich" von J. Krüss (1959c). Innerhalb der Abteilung Bilderbuch sind in die Auswahlliste auch vereinzelt Gedichtbände wie Peter Hacks' „Flohmarkt" (1973) oder Viktor Christens „Schnick Schnack Schabernack" (1973) aufgenommen. Eine große Ausnahme bildet das 1968 mit dem Sonderpreis bedachte Gedichtbändchen „Was denkt die Maus am Donnerstag?" von Josef Guggenmos (1971, zuerst 1967), das seitdem eine ungewöhnliche Popularität erlangt hat und zur wahren Fundgrube für Anthologisten geworden ist.

6. Formen der Vermittlung und Edition

6.1. Multimediale Vermittlung

Wie praktisch jede Literaturgattung, so wird auch Kinderlyrik heute multimedial vermittelt.[11] Gedichte werden mündlich, schriftlich oder mit Hilfe von technischen Medien, also Ton- und Bildträgern (Schallplatte, Tonband, Kassette, Hörfunk, Fernsehen, Film etc.), dargeboten.

Obwohl das *Mündliche* gegenüber früher, als es die einzig mögliche Form der Weitergabe mit all ihren Begleiterscheinungen (Auswendigsprechen, Variabilität, „Zersingen") war, in neuerer Zeit immer mehr zurückgegangen ist, wird Kinderlyrik, am ehesten vergleichbar dem Witz, doch noch relativ häufiger mündlich tradiert, als dies bei den meisten anderen literarischen Gattungen der Fall ist. Damit ist vor allem der permanente genetische Prozeß des Kinderreims gemeint, wie er sich täglich unter Kindern beim Spiel im weitesten Sinn vollzieht, aber auch die Erziehungs- und Unterhaltungsfunktion von Kinderreimen und -gedichten, z. B. der Kinderstubenreime, aus dem Munde der Erwachsenen oder die in Kindergarten, Vor- und Grundschule heute wieder besonders geförderte Pflege des mündlichen Sprachgebrauchs, bei der Kinderlyrik aller Art eine hervorragende Rolle spielt. Geübt am Gedicht werden u. a. Lesen und Sprechen, freier Vortrag und Auswendig-Sprechen (vgl. dazu Kap. 7.2.).

Eine aus naheliegenden Gründen noch weniger übliche Darbietungsform, die das Rezeptionsverhalten von Kindern nachweislich besonders stark beeinflussen kann, ist die „Dichterlesung" mit anschließender Aussprachemöglichkeit. Im Schulalltag hat der Lehrer diese wichtige Funktion zu erfüllen.

Insgesamt besteht unter der verständlichen Intention der Langzeitwirkung in unserer Zeit grundsätzlich das Interesse, alles möglichst *schriftlich* zu fixieren, also selbst umgangssprachliche Reimereien von Kindern, eventuell noch mit regionalen Varianten, aufzuzeichnen. Das gilt natürlich, auch unter kommerziellen Aspekten, um so mehr für neuere lyrische Produkte, so daß wir uns in bezug auf eine literarische Gattung, der diese Rezeptionsform mit am wenigsten gemäß ist, ebenfalls als „lesendes Volk" erweisen.

Andere *Medien* treten demgegenüber stark zurück. Diese Vermittlungsarten sind als Sekundärformen zu sehen, da sich auch hier nur die

mündliche, allerdings nicht persönliche, oder schriftliche Wiedergabe mit
anderen technischen Mitteln vollzieht. Heute gibt es Sprechplatten und
Kassetten mit Kindergedichten oder meist handlungsbegleitenden Texten
in Anlehnung an vorausgegangene Buchveröffentlichungen sowie sporadisch Kindersendungen entsprechender Art in Rundfunk und Fernsehen.
Natürlich nimmt innerhalb dieser Vermittlungsformen das Kinderlied als
Gattung den weitaus größten Raum ein. Formen des Medienverbunds
zeichnen sich allmählich stärker ab; so ist z. B. zum Kinderliederbuch
„Liedergärtli" von Alfred und Klara Stern (1976) die entsprechende
Schallplatte erhältlich. Allein von James Krüss gibt es eine ganze Reihe
von Schallplatten mit vertonten Kindergedichten, die z. T. von Udo Jür-
gens gesungen werden (vgl. Bibliographie in: Oetinger Almanach 1976,
S. 143 ff.).

Entscheidendes und für gegenwärtige Tendenzen besonders aufschluß-
reiches Publikationsorgan ist das *Buch* als die wichtigste Form schrift-
cher Verbreitung. Auffällig sind hier die zahlreichen *Neuauflagen* oder
Bearbeitungen älterer Kinderlyrik, z. B. nach dem Vorbild von H. M.
Enzensbergers „Allerleirauh" (1961) die „Kinderreime, Kinderlieder"
von H. Goertz (1973), die nach der bekannten Simrockschen Sammlung
von 1848 edierten „Kinderlieder" (Wels o. J.), die alten Ammenreime in
„ABC, die Katze lief in Schnee" (Bull 1964a), die „Deutschen Wiegenlieder" (Fraungruber) oder die in Ausgaben wie „Alle meine Entchen" (Bull
1975), „Die schönsten Kinderreime" (1969), „Ri-ra-rutsch" (Durban/
Kolnberger) u. a. zusammengestellten Reime und Kinderlieder.

Daneben gibt es Sammlungen, die bewußt den *musikalischen* Aspekt
berücksichtigen, also auch die Noten bieten, z. B. „Ist die schwarze Köchin da ..." (Bienath 1966, als Taschenbuch 1972), „Fröhliche Kinderlieder" (1969), „Der Garten der Lieder" (Albus 1974), „Die schönsten deutschen Kinderlieder" (Pössiger 1977), z. T. auch die Sammlung von H.
Goertz (s. o.),[12] außerdem solche, die speziell vom *Gebrauchswert* der
Gedichte her konzipiert sind, also Ausgaben von spielbegleitenden Versen, z. B. „Ist die schwarze Köchin da ..." (s. o.), „Schnigelschnagelguckgagel. Kindergedichte zum Spielen und Ausprobieren für 4- bis 8jährige"
(Kühne 1977), „Ravensburger Liederspielbuch" (Kreusch-Jacob 1978),
von Versen für besondere Anlässe, z. B. im Poesiealbum (Verse für das
Poesiealbum, 1969; Schneider: Die schönsten Verse fürs Poesiealbum,
1976), oder von Gedichten für bestimmte Feste (Festgedichte, 1974; Bull:
Glück und Segen, 1964b; Kunterbuntes Glückwunschbuch, 1976).

Ältere Ausgaben wichtiger Kinderlieddichter werden gerne neu aufge-
legt; bekanntestes Beispiel ist die „Kinderheimat in Liedern und Bildern"

von Friedrich Güll und Franz Pocci (1975), andererseits werden auch Gedichte von Kindern in Buchform ediert (K. Doderer, Th. Lenz u. a.).

Zwei Trends, die sich scheinbar widersprechen, sind ganz besonders hervorzuheben; das ist einmal die Wiederentdeckung der *Mundartdichtung*, auch der kindgemäßen Formen, als dem Ergebnis regional begrenzten Wirkens (z. B. Fanderl: Annamirl Zuckaschnürl, 1961; Walcher: Steirische Kinderreime und Bauernrätsel, 1973; Bekh: Reserl mit 'm Beserl. Altbayerische Volksreime, 1977; H. R. Meier: Wer isch de größer Esel?, 1974; Rumley: Alli mini Äntli, 1963; Stern: Röselichranz, 1977, Liedergärtli, 1976; Suter: Am Brünneli, 1975), zum andern die Ausweitung des Blickfeldes auf internationale Sicht. Eng damit verknüpft ist natürlich das Problem der *Übersetzung* von Kinderlyrik; meist wird auch hier das Ergebnis eine sprachlich-formale Nachdichtung unter weitgehender Beibehaltung inhaltlicher Grundelemente sein, d. h. daß nur wieder Kinderlieddichter selbst diesen Prozeß nachvollziehen können. Neuere Beispiele sind, nachdem schon E. Kästner vorangegangen ist, Hans Baumann, der in einer bibliophilen Bilderbuchausgabe russische Kinderreime übertragen hat (Das Regenbogentor, 1973a), Josef Guggenmos mit seiner Nachgestaltung englischer Gedichte von R. L. Stevenson (Mein Königreich, 1975) oder James Krüss mit seiner Nachdichtung kroatischer Fabeln von G. Kerkletz (Ergebener Diener! sprach der Fuchs, 1975) und vielen anderen Übersetzungen (vgl. Kap. 3.1.).

Insgesamt läßt sich heute eine große Diskrepanz in der *Buchgestaltung* feststellen, z. B. in bezug auf Format, Einband oder Titelillustration. Die billigen Taschenbuchausgaben sind zwar stark im Zunehmen begriffen (vgl. o. Bienath, Pössiger), was vor allem für verkürzte, im Titel oder illustrativ veränderte Originalausgaben zutrifft, z. B. „Die Stadt der Kinder" von H.-J. Gelberg (1972a, zuerst 1969) oder „So viele Tage wie das Jahr hat" von J. Krüss (1959b, dann als Taschenbuchausgabe „Gedichte für ein ganzes Jahr", 1966). Doch hat man auch wieder die Liebe zu bibliophil gestalteten Büchern entdeckt, wobei die meist beigefügten Illustrationen eine entscheidende Rolle spielen (vgl. Kap. 4.6.). Man kann hier an „Das große Liederbuch" von Tomi Ungerer (1975) denken oder an spezifische Kinderbücher wie z. B. „Schnick Schnack Schabernack" von V. Christen und J. Wulff (1973), „Ein Maikäfer und zwei Siebenschläfer" von I. Lissow und J. Fessl (1977), die „Kindergedichte" von M. Rettich und E. Harries (1978) oder „Es wollt' ein Tänzer auf dem Seil . . ." von H. A. Halbey und L. Leonhard (1977), dessen Entstehung sogar als Werkstattbericht (Fernsehfilm) dokumentiert ist. Dazu kommen bibliophile Neuausgaben und heute sogar verstärkt Faksimile-Ausgaben alter Gedichtsammlungen (z. B. P. und R. Dehmels „Fitzebutze", 1976; verschiedene Titel aus Gerlachs Jugendbücherei, vgl. Fraungruber); selbst bibliophile Taschenbuchausgaben unterstützen den Trend (z. B. H. Kaulbach: Bilderbuch, 1977; Gartenlaube-Bilderbuch, 1978, innerhalb der Reihe „Das besondere Kinderbuch" bei Heyne).

An dieser Stelle muß man wieder auf die Menge von ausgesprochenen Bilderbüchern mit begleitenden Versen und Gedichten hinweisen. Umgekehrt ist eine wichtige Sonderform das zum Bilderbuch ausgestaltete Kindergedicht, das schon z. T. im Bilderbogen einen adäquaten Vorläufer hat (z. B. H. Hoffmann: Der Herr der schickt den Jockel aus, 1963; Steht ein bucklicht Männlein da, 1964; Felix Hoffmann: Joggeli wott go Birli schüttle, 1971; besonders oft „Die Heinzelmännchen" von A. Kopisch; vgl. auch Kap. 4.6.).

Neben der Übermacht der Buchveröffentlichungen gibt es auch verschiedene, in ihrer Wirkung nicht zu unterschätzende Möglichkeiten *schriftlicher Einzelveröffentlichung*; damit sind nicht nur Lesebücher gemeint (vgl. Kap. 6.3.), sondern überhaupt Bücher vermischten Inhalts, die im ganzen einen breiten Raum einnehmen, da sie besonders abwechslungsreich gestaltet werden können. Meist sind Gedichte eingestreut zwischen kurze Geschichten, Witze, Rätsel, Spielvorschläge u. a. (z. B. Riegler: Was Kinder gerne hören, 1965; Wildermuth: Der Sonnenbogen, 1976; Borchers: Das große Lalula, 1971; Baumann: Das große A-B-Cebra Buch, 1977; vgl. auch Gelberg, Jahrbücher der Kinderliteratur, z. B. 1971). Sporadisch finden sich auch Reime und Gedichte eingelagert in epische Formen, z. B. besonders in Märchen (vgl. auch „Mein Urgroßvater und ich" von J. Krüss, 1959c).

Verstärkt werden heute wieder Kinderreime und -gedichte auf Kalenderblättern, Postern, in Schülerzeitungen, auf Kinderseiten in Zeitungen und Zeitschriften (Stern, Gong u. a.) und vor allem in Kinderzeitschriften selbst abgedruckt. In die meisten, mit Ausnahme von streng fachgebundenen Zeitschriften (Bimbo, Tierfreund u. a.) sind regelmäßig oder zumindest sporadisch Gedichte eingefügt, z. B. in „Teddy" (1978) jeweils 2–3, davon meist ein Lied mit Noten. In den Zeitschriften für Vor- und Grundschulkinder überwiegen einfache, humorvolle Gedichte, Spieltexte, Reime und Sprachspiele, für die 8–12jährigen treten anspruchsvollere Gedichte hinzu, womit dann auch ein Endpunkt erreicht ist, denn spezifische „Jugendlyrik", wie sie z. B. J. Fuhrmann (1976) und J. Pestum (1977) schreiben und veröffentlichen, fristet noch ein kümmerliches Dasein. Bei den meisten Beiträgen handelt es sich nicht um Originaltexte, doch wird eine besondere Wirkung durch eigene aufwendige Illustrationen erreicht,

z. B. ganzseitige Illustration zum „Abendlied" von Haider/Margolis in „spielen und lernen" (2/1977, S. 62; vgl. auch S. 35).

Wenngleich am häufigsten Sprachspielereien, Witzgedichte und Nonsens-Verse vertreten sind, so darf gerade der Einfluß dieser sporadischen Gedicht-Rezeption nicht unterschätzt werden. Die Leser werden u. U. zu eigener Textproduktion angeregt; gelungene Produkte werden in manchen Zeitschriften veröffentlicht (Gong, Gib acht! u. a.).

6.2. Anthologisches Prinzip und Gestaltungskriterien

Trotz der angedeuteten Möglichkeiten muß man sich im klaren darüber sein, daß die überwiegende und entscheidende Verbreitung und Rezeption von Kinderlyrik letztlich in Buchform stattfindet. Das Gedicht als literarische Kleinstform verlangt wie keine andere Gattung aus verschiedenen Gründen gerade bei einer schriftlichen Edition nach Einbettung in einen Rahmen, einen Kontext; ein gewisser Zusammenhang muß dabei immer gewahrt sein. Dieses Problem ist nicht neu, die Notwendigkeit der Integration wurde früh erkannt. Man denke an Versuche bekannter Dichter wie Rückert, Platen, Rilke oder Goethe, der nicht nur in seiner Sonettendichtung einen unauflöslichen Zyklus erstellt, sondern auch bei Ordnung seiner gesamten Gedichte nach sinnvollen Kriterien gesucht hat. C. F. Meyers Gedichten kann man überhaupt erst vollends gerecht werden, wenn man sie in der von ihm in harter Arbeit errungenen Anordnung – Kapiteleinteilung mit Überschriften – betrachtet.

Auch wenn man den Begriff „Anthologie" enger fassen kann, als Sammlung bereits gedruckter lyrischer, epischer und dramatischer Texte, so bleibt doch grundsätzlich das Problem der Auswahl und Anordnung. Der Gegenstandsbereich wurde bisher insgesamt wenig bearbeitet (vgl. Bark/Pforte 1969/1970); das gilt um so mehr für Kinder- und Jugendliteratur. Hinweise allgemeiner Art finden sich bei Margret Dierks (1975), wenngleich auch hier Kinderlyrik als Exempel mit Recht den größten Raum einnimmt, einen knappen geschichtlichen Überblick über Kindergedichtanthologien gibt Gustav Sichelschmidt (1969), so daß im folgenden einige Kriterien, vor allem auf neuere Sammlungen bezogen, dargestellt werden sollen.

Auch Kinderlyriker bemühten sich bei Veröffentlichung ihrer Gedichte schon immer um eine bestimmte Ordnung, oder sie verfaßten, was häufig der Fall ist, ihre Texte bereits unter dem Postulat eines vorgegebenen Einteilungs- bzw. Motivprinzips, wobei man hier nicht von Anthologie im engeren Sinn sprechen sollte. Beide Verfahren können Probleme mit sich bringen; beim ersten kann es zu erzwungenen Einteilungen und motivierenden, aber sinnentleerten Titeln und Überschriften kommen, beim zweiten zu billigen, künstlichen Reimereien, die unter dem Zwang des Inhalts entstanden sind, also Lücken zu füllen haben. Viele Sammelbändchen einzelner Dichter, die in sich kaum noch erkennbar oder gar nicht gegliedert sind, behelfen sich im Titel mit dem ansprechenden Motto eines der abgedruckten Gedichte, z. B. von J. Guggenmos „Das Geisterschloß" (1974) und „Was denkt die Maus am Donnerstag?" (1971) oder von I. Bodden „Da blies der Hund den Dudelsack" (1977). Dasselbe Prinzip ist bei den meisten Kapitelüberschriften in H. Baumanns „Eins zu null für uns Kinder" (1973b) angewendet.

Der *Titel* entscheidet neben Format, Einband, Typographie, Illustration und Preis sehr stark über den (Verkaufs-)Erfolg einer Anthologie. Hier soll ein kindgemäßer Leseanreiz gegeben sein, so daß direkte Aussagen über die literarische Gattung, z. B. Kinderreime, Kinderlieder, Kindergedichte, als Obertitel selten, und dann meist in einem bestimmten Kontext, als Untertitel aber entsprechend häufig zu finden sind, denn immerhin werden damit Leserschicht und Inhalt des Buches bezeichnet. Oft tritt heute eine Funktionsangabe hinzu, z. B. zum Vorlesen, zum Spielen, zum Lachen, zum Raten, für festliche Gelegenheiten. Neben Gedichtüberschriften und -anfängen können auch bestimmte Verse aus Texten den Obertitel bilden. Entscheidend ist immer, daß er die Aufmerksamkeit erregt und eingänglich ist; deshalb sind viele gereimt oder fallen durch andere Formen der Verfremdung, z. B. semantischer Art, auf. Man denke nur an Titel wie „Der kleine Elefant marschiert durchs Land" (Guggenmos 1977a), „Der Hase, der Hahn und die Kuh im Kahn" (ders. 1977b), „Kreuzundquer und Weristwer" (Blecher/Schweiggert 1976), „Schnick Schnack Schabernack" (Christen 1973), „Es wollt' ein Tänzer auf dem Seil den Seiltanz tanzen eine Weil'" (Halbey/Leonhard 1977), „Was wollen wir machen? Kopfstehen und lachen!" (Kiesgen 1968) oder „Pampelmusensalat" (Halbey 1965), „Im Fliederbusch das Krokodil singt wundervolle Weisen" (Domenego/Leiter 1977), „Lustig singt die Regentonne" (Ferra-Mikura 1964), „Meine Kuh trägt himmelblaue Socken" (dies. 1975) usw. Damit sind freilich nur einige wesentliche Möglichkeiten angedeutet.

Im Bereich der Kinderliteratur fällt auf, daß die bei „hoher" Literatur vornehmlich praktizierten Verfahren, sämtliche Gedichte oder zumindest eine repräsentative Auswahl eines bestimmten Dichters – z. B. nach der Chronologie der Entstehung – zu edieren, stark zurücktreten. Dies ist vom rezeptionsästhetischen Standpunkt aus verständlich, zugleich aber recht vielsagend in bezug auf die literarästhetische Wertung und den Grad literaturwissenschaftlicher Beachtung. So finden wir, abgesehen von älteren Einzelfällen, keine wissenschaftlich fundierten „kritischen" Ausgaben, sondern ausschließlich im eigentlichen Sinn rezipientenorientierte und nach Kriterien unterschiedlichster Art angelegte Sammlungen.

Auswahlprinzipien und Anordnungskriterien, nach denen sich der Lyrikband mit Werken eines Dichters richtet, können natürlich auch größtenteils für eine Anthologie mit verschiedenen Autoren gelten; eingeteilt in Gassen bzw. Straßen ist sowohl Peter Hacks' „Flohmarkt" (1973) wie Hans-Joachim Gelbergs Sammlung „Die Stadt der Kinder" (1972a). Ähnliches gilt für die Titel.

Herausgeber von Anthologien tun sich in gewisser Weise leichter, sie können ihrer Intention gemäß aus einer Fülle jeweils das Beste auswählen. Nicht selten sind Kunstlieder und Volksgut (Reime, anonyme Gedichte) in Kinderlyriksammlungen vereint (vgl. die genannten Ausgaben von Bienath, Goertz, Heckmann/Krüger 1974 u. a.); manchmal werden sogar Gedichte von Kindern selbst mit eingegliedert, z. B. in J. Krüss' „So viele Tage wie das Jahr hat" (1959b).

Neben den schon angedeuteten Ordnungsprinzipien, wie z. B. Örtlichkeiten, sind nach wie vor zeitliche Einteilungen sehr beliebt; einmal geben die Jahreszeiten das Grundgerüst (vgl. o. Wildermuth; Bull u. a.: Scheine, Sonne, scheine!, o. J.; im „Flohmarkt" von P. Hacks nur im ersten Kapitel), ein andermal die Monate mit jeweils eigenem Themenkreis und Motto (Krüss: So viele Tage wie das Jahr hat, 1959b). In einem ähnlichen Zusammenhang ist die chronologische Anordnung von Gedichten für Feste und besondere Anlässe im Jahresablauf zu sehen (vgl. Bull u. a.). Beliebt sind auch Gruppierungen nach Lebenskreisen, z. B. in J. Mincks „Ri-Ra-Rutsch" (1958) realisiert (zur Kritik im einzelnen dazu vgl. Bodensohn 1965, S. 56 ff.).

Eine Chronologie besonderer Art ist allerdings die nach der Entwicklung des Kindes und dem entsprechenden Gebrauchswert des Textes, also eine von einfachen Spielen über Rätsel bis hin zu umfangreicheren und anspruchsvolleren Erzählgedichten ansteigende Ordnung, wie sie H. M. Enzensberger in seiner Sammlung „Allerleirauh" (1961) vorgegeben hat. Seine Vorbilder waren schon die ersten und wichtigsten Sammlungen wie die von Simrock oder Böhme im 19. Jahrhundert (vgl. Kap. 3.3.). Bei „internationalen" Sammlungen können die Herkunftsländer Leitschema sein.

Die Möglichkeiten sind damit nicht erschöpft. Man könnte noch die in der Abfolge sachgebundenen Verse in Elementar- und Szenenbilderbüchern nennen oder die mannigfachen Sonderformen auf dem Kinderbuchmarkt betrachten wie die Verwandelbücher, in denen die Kinder in spielerischer Weise analog zu den Bildern Teile von „Gedichten" kombinieren können (z. B. Blecher/Schweiggert: Kreuzundquer und Weristwer, 1976; Das Affodil, 1977).

Ideal ist die Textzusammenstellung gelungen, wenn vier lustige Gesellen, die der aus dem Gleichgewicht geratene Dichter zu Hilfe gerufen hat, den kleinen Leser zum Mitmachen ermuntern und ihn beim Gang durch das Wortspiellabyrinth in ansprechenden Bildern begleiten (Halbey/Leonhard 1977):

> . . .
> jetzt lockt der Seiltanzschreiber
> geschwind die Wortspieltreiber
> sie heißen
> PICK PACK NUCK und NICK
> und spielen geschickt den Wortspieltrick.
> Sprechkobolde sind's und Flüsterwichte
> huschen verschmitzt durch diese Gedichte
> hüpfen zwischen Stangen und Seilen
> schlüpfen durch Silben und Zeilen –
> hüpf schlüpf doch mit!

6.3. Das Lesebuch als schulgerechte Anthologie

Zu den Anthologien vermischten Inhalts ist auch das Lesebuch zu zählen, das unter dem Primat literaturpädagogischer Überlegungen konzipiert wird. Für die Gattung Kinderlyrik, wie Lyrik insgesamt, spielt es eine eminent wichtige Rolle, denn das Kindergedicht als eine der literarischen Kleinformen kommt dem Aufnahmepotential des Lesebuchs besonders entgegen, während dieses die dem Gedicht adäquate Rezeptionsform, das sporadische Lesen einzelner Texte, unterstützt.

Trotzdem hat sich der *Gedichtanteil* aus verschiedenen Gründen gerade innerhalb der letzten 15 Jahre stark verändert. Fritz Bärmann stellt 1964 (S. 197) in seiner Untersuchung von 20 bzw. 19 deutschen Lesebüchern für das zweite Schuljahr einen durchschnittlichen Prozentsatz an Gedichten von 52 % im Verhältnis zum Bestand an Lesestücken fest, was durch Untersuchungen von A. Oberlack u. a. bestätigt wird. Die Prozentzahl ist erstaunlich hoch, auch wenn sie in bezug auf die tatsächliche Raumverteilung täuscht. Daß dieser Aspekt letztlich zweitrangig ist, geht aus der Tatsache hervor, daß im Normalfall ein kurzes Gedicht ein ebenso vollwertiger und zeitaufwendiger Unterrichtsgegenstand ist wie ein ungleich längeres Prosalesestück. Der Anteil in Grundschullesebüchern ist heute – ich stütze mich hier und teilweise im folgenden auf zusammengefaßte Ergebnisse aus neueren Seminar- und Zulassungsarbeiten in Bayern – auf rund ein Drittel zurückgegangen, wobei ein leichtes Abfallen von der zweiten Jahrgangsstufe aufwärts ersichtlich wird. Der Abwärtstrend war in Lesebüchern für die Hauptschulen besonders gravierend. In absoluten Zahlen ausgedrückt heißt das, daß man beim Vergleich von bayerischen Lesebüchern für das 3. Schuljahr (1978) auf durchschnittlich 25 Gedichttitel kommt, wobei die Höchstzahl 47 beträgt (Mein Lesebuch 3, Bayer. Schulbuchverlag). Der Rückgang scheint erschreckend, doch ist der Gedicht-Anteil im Vergleich zu anderen literarischen Gattungen und besonders im Hinblick auf das tatsächliche freizeitliche Leseverhalten der Schüler immer noch relativ hoch; außerdem läßt sich zur Zeit eher wieder eine aufsteigende als eine rückläufige Tendenz erkennen. Viel erschreckender ist die Feststellung, daß zahlreiche Lehrer nach eigener Aussage in jahrelanger Berufstätigkeit noch nie (!) ein Gedicht zum Unterrichtsgegenstand erhoben haben, andere dies nur äußerst sporadisch tun und damit selbst das reduzierte Textangebot in nicht annähernd befriedigender Weise nutzen.

Die *Auswahl* von Gedichten für Lesebücher folgt je nach Herausgeberintention recht unterschiedlichen Kriterien (vgl. auch schon Bärmann 1964, S. 198), so daß Überschneidungen gar nicht so eklatant sind. Im allgemeinen nehmen volkstümliche Kinderreime – „verbotene" scheiden ohnehin aus – gegenüber Gedichten einen kleineren Raum ein, spielen aber in der ersten Hälfte der Grundschulzeit eine noch größere Rolle als in der zweiten. Auffälligerweise handelt es sich bei sämtlichen 10 von Bärmann (ebd. S. 212) herausgefundenen Kinderlieddichtern, die am weitaus häufigsten vertreten sind, um längst gestorbene Autoren, z. B. Güll oder Hoffmann von Fallersleben. Im gegenwärtigen Grundschullesebuch fallen Sprachspiele, Unsinngedichte u. ä. besonders stark ins Auge, Autorennamen der Gegenwart wie Guggenmos oder Krüss überwiegen, so daß A. Beinlich 1970 (S. 1364) feststellen kann: „„Es krüsselt‹ in den meisten neuen Lesebüchern", wobei er auch dieses Extrem für „fatal" hält. Bei der Untersuchung von 10 bayerischen Grundschullesebüchern (Mittermaier 1977, S. 74 f.) stellte sich heraus, daß James Krüss tatsächlich mit rund 50 verschiedenen Gedichten von der ersten bis vierten Jahrgangsstufe, mit manchen davon öfter, z. B. „3 × 3 an einem Tag", „Marmelade, Schokolade", „Starenlied", vertreten ist. Natürlich finden sich viele seiner Kindergedichte, z. B. „Das Königreich von Nirgendwo", „Das Feuer", auch in Lesebüchern der 5. und 6. Jahrgangsstufe. Daraus erhellt, daß der Bekanntheitsgrad von Autoren bei Kindern weitgehend vom Grad der Integration ins Lesebuch abhängt. Viele ältere Dichternamen wie Friedrich Güll (Kletterbüblein), Heinrich Seidel (Das Huhn und der Karpfen) oder August Kopisch (Die Heinzelmännchen zu Köln) prägen sich erst durch das Medium Lesebuch in wirkungsvoller Weise dem kindlichen Gedächtnis ein, „Klassiker" wie Goethe (mit verschiedenen weniger bekannten Gedichten), Mörike, Storm, Weinheber, Kästner oder Brecht gelangen so zum erstenmal ins Bewußtsein des Kindes. Gerade Bertolt Brecht hat in den letzten 10 Jahren mit seinen Kindergedichten und „Kinderliedern" auch im Lesebuch eine erstaunliche Renaissance erlebt. Sein Gedicht „Die Vögel warten im Winter vor dem Fenster" ist heute schon „klassischer" Lesebuchtext der Grundschule, z. T. auch der Hauptschule.

Natürlich finden sich daneben viele weniger wertvolle Texte. B. H. Bull (1968, S. 18) bedauert etwas die Aufnahme von Gelegenheitsdichtern wie H. Kümmel, K. E. Schwert, Th. Strache, C. Bradt, Chr. Süssmann und K. H. Weise in neuere Lesebücher.

Die Kriterien der Auswahl, des Umfangs und der Gruppierung der Texte werden – jedenfalls soll es so sein – vom literaturpädagogischen Standpunkt aus bestimmt, nämlich im Hinblick auf die Lernziele, die erreicht werden sollen (allg. vgl. Buck 1971; s. auch Kap. 7.2.). Nach Auffassung Benno Griebels (1963, S. 64) gibt es „vom Kinde her keine Rechtfertigungsgründe für die Auswahl läppischer Albumverse oder zweitrangiger Sonntagsgedichte. Das Kind ist grundsätzlich für jedes Gedicht empfänglich, das ihm stofflich zugemutet werden kann, also auch für das gute Gedicht, für das Kunstgedicht."

Im allgemeinen wird eine sachkundliche Orientierung abgelehnt, trotzdem findet sich eine entsprechende Zuordnung häufig. Kindergedichte stehen entweder verteilt im Lesebuch, zusammengefaßt nach thematischen Gesichtspunkten oder gruppiert unter Gattungsbezeichnungen wie Sprachspiele, Reime, Lustige Reime und Verse, Rätsel, Naturgedichte u. ä.

Es ist klar, daß eine Übernahme aus originären Zusammenhängen und die Integration in einen neuen Kontext nicht immer zwanglos und ohne didaktische Modifizierungen vor sich geht, auch wenn immer wieder vor solchen „Verstümmelungen" gewarnt wird, z. B. durch einen Kindergedichtautor wie James Krüss (1969, S. 75): „Eine kindgemäße ›Verstümmelung‹ der Texte ist eine Infamie, die im Kinde den Menschen beleidigt, der es einmal werden soll." Eine solche kann natürlich auch schon die Kürzung eines längeren Gedichts um eine oder mehrere Strophen sein, was besonders gern etwa bei M. Claudius' „Abendlied" geschieht. Dieses und ähnliche „Vergehen" hat allerdings Beinlich (1970, S. 1364) umgekehrt James Krüss in dessen Sammlung „So viele Tage wie das Jahr hat" (1959b) vorgehalten.

Noch schlimmer ist es natürlich, wenn am originalen Wortlaut des Textes, aus welchen Gründen auch immer, etwas verändert wird. James Krüss erwähnt in einem Brief (Mittermaier 1977, S. 95) ein eklatantes Beispiel dafür:

„Die Aufnahme meiner Gedichte in Lesebücher sehe ich mit gemischten Gefühlen. Ein bayerischer Lehrer dichtete meine zwei Zeilen:

> ›Jedoch die Wolke Kumulus
> War leider viel zu schwer . . .‹

für ein Lesebuch (Bayer. Schulbuchverlag) so um:

> ›Jedoch die Haufenwolke war
> Nun leider viel zu schwer‹

Da denkt man als Poet natürlich nur mit Gänsehaut an Lesebücher."

7. Didaktik und Methodik

7.1. Didaktische Überlegungen und Begründungen

Kinderreim und Kindergedicht haben seit ihrer Entdeckung bzw. Entstehung im 18. Jahrhundert immer eine große Rolle in pädagogischen Diensten gespielt. Sie sind ein wesentliches sprachliches Medium für Kinder des Vor- und Grundschulalters, da sie dem jeweiligen geistigen, sprachlichen und psychischen Entwicklungsstand entsprechen, die Freude an Klang und Rhythmus fördern und dem kindlichen Spielbedürfnis entgegenkommen. Wie prägend die kleinen Texte sind, ersieht man aus ihrem Weiterleben als oft einziges „Literaturgut" im Gedächtnis des erwachsenen Menschen und als Spielelement in allen möglichen Verfremdungen. Gute Kinderlyrik war nie umstritten. Ob Sammler und Pädagogen des 19. und 20. Jahrhunderts wie Mannhardt, Böhme, A.M. Schmidt, Wehrhan, Psychologen wie Hildegard Hetzer oder Didaktiker unserer Zeit wie Helmers und Kliewer, alle haben immer wieder die pädagogische Relevanz der Kinderlyrik betont, wobei allerdings der Bereich der „unanständigen" Verse von schulischer Reflexion bisher ausgeschlossen blieb.

Die Erfahrung „Das Kind ist der dankbarste Leser von Versen und Reimen" (Titel bei Kleßmann 1969) macht sich die Schule in legitimer Weise zunutze. Die Neigung von Kindern bis zu einem Alter von etwa 10 Jahren, spielerisch mit Sprache umzugehen, macht Reime und Gedichte zur motivierenden Textgrundlage für den Lese- und Literaturunterricht, aber auch für andere Teilbereiche und Unterrichtsfächer. Nur Utopisten, die an ein zeitloses „Selbstüberleben" von Reimen und Gedichten in Kindermund glauben, können Kinderlyrik pädagogischen Einflüssen entziehen wollen. Tatsache ist, daß schulische und außerschulische Realität in dieser Beziehung heute bedeutend stärker auseinanderklaffen als früher – man denke an die bei Kindern, Jugendlichen und Erwachsenen eruierten Leseinteressen (vgl. Kap. 5.4.) – und daß die Schule kaum noch die notwendige „Brückenfunktion" erfüllen kann, nämlich nahtlose Verbindungen vom schulischen zum außerschulischen (freizeitlichen) bzw. nachschulischen („erwachsenen") Rezeptionsverhalten zu schaffen. Gerade im Lyrik-Bereich entsteht, auch schulisch gesehen, eine entscheidende Lücke für die Altersstufen von etwa 10 bis 16 Jahren, obwohl es selbst für diese schon „altersgemäße" Gedichte gibt (vgl. Fuhrmann 1976, Pestum 1977 u.

a.). So stellt Bernhard Philippi (1977, S. 14) nicht ganz zu Unrecht fest, daß es die Pädagogen heute „offensichtlich versäumen . . ., die Kinder in einem Alter, in dem diese noch selber Verse im Mund führen, so zur Lyrik hinzuführen, daß sie an die Stelle der Kinderverse treten könnte". Daß eine permanente stufenweise Hinführung zur Erwachsenenlyrik notwendiger als je zuvor ist, steht fest, denn moderne Lyrik, trotz des gegenwärtig großen Angebots von den wenigsten rezipiert und verstanden, hat sich, obgleich sie teilweise selbst mit urtümlichen Sprachelementen arbeitet, von traditioneller Kinderlyrik viel weiter entfernt als z. B. das „Erwachsenengedicht" des 19. Jahrhunderts.

Trotzdem könnte man das Verständnis und die Vorliebe von Kindern für dadaistische Verse, Sprachspiele, Unsinntexte und Formen der konkreten Poesie, von Erwachsenen häufig als Unfug oder Spielerei abgetan, noch viel wirkungsvoller nutzen und zu konservieren versuchen. Allerdings werden affektive Komponenten künftig pädagogische Mittel und Ziele wieder stärker bestimmen müssen, denn nur so werden Freude und Genuß am Lesen – und allein davon hängt die außerschulische Bereitschaft ab – erzeugt werden können. Am Beispiel des Weihnachtsgedichts hat sich neuerdings H.-J. Kliewer („Stimmungen nicht gefragt?") mit diesem Problem eingehend beschäftigt. „Kulinarisches" Lesen war länger verpönt, doch hat man jetzt wieder erkannt, „daß lustbetonte Informationen eine um ein Mehrfaches bessere Chance der Rezeption und Weiterverarbeitung haben als solche, auf die wir aversiv, kritisch, negativ reagieren müssen oder sollen" (Kaiser 1978, S. 91); hier liegt die eigentliche Chance der Kinderlyrik und Lyrik überhaupt.

Jedoch werden dies nie die Pädagogen alleine schaffen, Erfolg kann sich nur aus einem fruchtbaren Zusammenwirken von Elternhaus, Schule und anderen Institutionen entwickeln.

Entscheidende Grundlagen werden schon in der vorschulischen Erziehung gelegt, im Elternhaus, in Kindergarten und Vorschule, einem äußerst wichtigen Bereich, für den spezifische pädagogische Richtlinien gelten, auch wenn grundschuldidaktische Überlegungen darauf aufbauen. Literatur dafür ist vorhanden, z. B. als allgemeiner Einzelbeitrag (Künemund 1968, 1970; Schaufelberger 1977; in der DDR z. B. Nauschütz 1974; Roscher 1970), als didaktisches Modell, z. B. die musikalische Durchführung des Gedichts „Der Wurm in Sturm" (s. Musizieren im Kindergarten, 1977), oder als altersbezogene Sammlung wie etwa K. W. Peukerts „Sprachspiele für Kinder" (1975).

In den folgenden Überlegungen soll allerdings die Schule, Grundschule und teilweise Orientierungsstufe, als einheitlicher pädagogischer Raum zentrales Anliegen sein; nicht zuletzt deshalb, weil der Verfasser primär hier seine praktischen Erfahrungen gesammelt hat. Um zu viele Wiederholungen zu vermeiden, sei nochmals auf die vorangegangenen Kapitel verwiesen. Denn alles bisher Besprochene war aus der Sicht des Didaktikers – so pauschal mag es überheblich klingen – notwendige „Vorarbeit"; die gattungstheoretischen Überlegungen, die sprachlichen, formalen und inhaltlichen Analysen und die Gedanken zu Altersgemäßheit und Rezipienteninteressen waren mehr oder weniger die zu leistenden stofflichen, didaktischen und psychologischen Vorerwägungen, wenngleich in generalisierter Form.

Eine eigentliche Didaktik der Kinderlyrik gibt es nicht, obwohl die Gattung auch früher in entsprechenden Werken berücksichtigt wurde (vgl. z. B. A. M. Schmidt 1907/1910). Immerhin liegen mehrere Konzeptionen vor, die sich intentional gar nicht so wesentlich unterscheiden, die jedoch inhaltlich recht unterschiedliche Schwerpunkte setzen, indem fachwissenschaftliche, didaktische und methodische Gedanken entwickelt oder unterrichtspraktische Modelle mit eingebracht sind.

Kleinere didaktische Beiträge stammen z. B. von H. Helmers (1955, 1966, 1967), P. Nentwig (1956/57, 1960), G. Brix (1962), I. Bernet-Thiergard (1963), W. Höffe (1964), W. Psaar (1969), K. Rank (1969), H. Wirth (1973), G. Ritz-Fröhlich (1974), K. C. Haase (1976), H. Baehr (1977), E. Schwartz (1977) und K. Franz (1977, 1978b).

Umfangreichere Darstellungen zur Gedichtbehandlung, wobei Kinderlyrik allerdings manchmal nur z. T. eigens angesprochen ist, gibt es z. B. von E. Essen (1955), W. Pielow (1965), B. Schulz (1965), A. Bodensohn (1965), I. Braak (1969), K. Reumuth/A. O. Schorb (1969), A. Beinlich (1970), A. Elschenbroich (1970), D. Stövhase u. a. (1974) und H.-J. Kliewer (1974), der ein umfassendes Lyrik-Curriculum für die Primarstufe entwickelt hat.

Auch spezielle Bereiche sind bearbeitet, wie der lyrische Humor (Helmers 1971), konkrete Poesie (Schmieder/Rückert 1977) oder Möglichkeiten der Kreativität (Watzke 1970; Steinbrinker 1973; Baehr 1975). Probleme der Sprechgestaltung (Höffe 1967; E. P. Müller 1978) und des Auswendiglernens (Beinlich 1962; Singer 1973) u. a. m.

Besonders Lehrerhandbücher, wie sie fast für jede Grundschul-Lesebuchreihe vorliegen (vgl. z. B. W. Steffens u. a. 1973 oder „Lernziele, Kurse, Analysen" zum Lesebuch „schwarz auf weiß", Primarstufe), sind heute Hauptgrundlage für den Unterrichtspraktiker geworden. Eine ergiebige Quelle für praktische Modelle zu Kindergedichten sind natürlich auch die einschlägigen Zeitschriften wie z. B. „Die Grundschule", „Westermanns Pädagogische Beiträge", „Die Deutsche Schule", „Ehrenwirth Grundschulmagazin", „Blätter für Lehrerfortbildung" oder „Die Scholle" sowie allgemeine Werke zum Literaturunterricht. Beispiele für Kinderreime bzw. Kinderrätsel im Unterricht stammen z. B. von G. Schlitt (1956/57), O. Watzke (1969), Chr. Pischl (1977) und N. Autenrieht (1977). Kindergedichte auf verschiedenen Jahrgangsstufen sind von E. Siegfried (1969), W. Psaar (1973) und J. Greil/ A. Kreuz (1976) didaktisch aufbereitet worden. Manche beliebte und pädagogisch relevante Kindergedichte sind öfter Gegenstand didaktischer Analyse, wie Seidels „Das Huhn und der Karpfen" (u. a. Kliewer 1974, Langheinrich 1978), Krüss' „Das Feuer" (u. a. Kliewer 1974, Günther 1977), „Die knipsverrückte Dorothee" (u. a. Wagner 1975), „Die sonderbare Stadt Tempone" (u. a. Lattwesen 1969), „Das Königreich von Nirgendwo" (u. a. Aschlener 1972) oder Guggenmos' „Der Wind" (u. a. Ritz-Fröhlich 1974, Proske 1975).

Wie wichtig Kinderlyrik ist, zeigt auch ein Blick in die *Lehrpläne* der Grundschulen; in Bayern z. B. sind als Lesestoffe u. a. spezifische Formen der Kinderlyrik wie Rätsel, Lieder, Reime und Gedichte genannt, sie sollen das Verständnis für Formgesetze und Stilmittel, also Vers, Strophe, Rhythmus, Reim, Aufbau, Lautmalerei usw., anbahnen. Die Lernziele auf der 5./6. Jahrgangsstufe (Einblick in Formelemente des Gedichts; Aufgeschlossenheit für Gedichte) knüpfen daran an.

Entsprechend sind die *Grundschullesebücher* konzipiert (vgl. Kap. 6.3.) doch stehen dem Lehrer gerade bei dieser literarischen Kleinstform als Textgrundlage noch zahlreiche andere Quellen (Anthologien) und Arten der Vermittlung zur Verfügung (mündlicher Vortrag, Tafelanschrift, Hefteintrag, Abzug, Ablichtung, Thermokopie u. a.).

Die *Textauswahl* ist im Lyrik-Bereich besonders stark von subjektiven Kriterien abhängig, so daß hier erhöhte Forderungen an Wissensstand und Neigungen des Lehrers gestellt sind. Objektiv erfolgt die Auswahl im Hinblick auf die zu erreichenden Lernziele und die entsprechende Altersgemäßheit eines Textes, die vom Zusammenwirken quantitativer, sprachlicher, formaler und inhaltlicher Komponenten einerseits und dem Entwicklungsstand des Kindes andererseits bestimmt wird. Daß trotzdem manche Texte praktisch altersunabhängig sind, ihr Einsatz also allein von der Modifizierung der Lernziele und der Methoden abhängt, soll mit zwei Beispielen angedeutet werden. Das öfter zitierte Krüss-Gedicht „Das Feuer" habe ich auf sämtlichen Jahrgangsstufen, von der 1. Klasse Grundschule bis zur 9. Klasse Hauptschule, mit jeweiligem Schwerpunkt auf der sprecherischen Gestaltung und der sprachlich-formalen Erschließung unterrichtspraktisch mit großem Erfolg erprobt bzw. erproben lassen. Ein bekannter, weil umstrittener Fall ist Bertolt Brechts Gedicht „Die Vögel warten im Winter vor dem Fenster", für das ebenfalls Modelle, selbst innerhalb der didaktischen Literatur, für sämtliche angesprochenen Jahrgangsstufen (und darüber hinaus) vorliegen. Hier speziell ist dies nur möglich, da die Skala der didaktischen Aufbereitungen von kindlich-naiver bis zu ideologiekritischer Interpretation reicht; so gibt es z. B. didaktische Analysen für die 2. Klasse von B. Weisgerber (1972), für die 4. von W. Psaar (1973), für die Orientierungsstufe von G. Frank/W. Riethmüller (1970), für die 7. Klasse von G. Kleinschmidt (1968) und J. Greil/A. Kreuz (1976), dazu in den Erläuterungen zu zahlreichen Lesebüchern für verschiedenste Altersstufen. Lerninhaltsplanung (Textauswahl) hat also immer lernzielorientiert zu erfolgen (vgl. Kap. 7.2.).

Ein wesentliches Prinzip des Lese- und Literaturunterrichts in der Grundschule ist heute die *interdisziplinäre* Arbeit am Text, d. h. die Integration des Lerngegenstandes in die verschiedenen Teilbereiche des Deutschunterrichts – was in Lehrplänen ohnehin gefordert wird – und auch in andere Fächer. Allerdings hat die oft extreme und gekünstelte Bezugnahme gerade für den literarischen Bereich, und hier vor allem die Lyrik, immer wieder Warnungen laut werden lassen und zu stärkeren Vorbehalten geführt. Natürlich sollte Kinderlyrik primär unter gattungsrelevanten Aspekten in den Unterricht einbezogen werden, doch sind die Grenzen nicht allzu eng zu ziehen, besonders wenn man an die komplexe Funktionalität von Sprachspielen aller Art denkt. Ausmaß und Zweckmäßigkeit interdisziplinärer Integration hängen demnach stark von der Textbeschaffenheit ab. Es ist klar, daß in einer Zeit des Erlernens der wesentlichen „Kulturtechniken" jeder Text in irgendeiner Weise auch Übungsgrundlage des Sprechens, Lesens, Verstehens und Schreibens ist. Man wird kaum etwas dabei finden, wenn etwa an Kinderreimen und -gedichten lautreines Sprechen oder sinnerschließendes Lesen geübt wird. Weiter geht man freilich im Bereich der Sprachbetrachtung, wenn z. B. an Gedichten wie „Das Feuer" von J. Krüss oder „Geschichte vom Wind" von J. Guggenmos Begriffs- und Wortfelder erarbeitet, an K. Leonhards „Kinogartenkindern" Prinzipien der Wortbildung und Wortzusammensetzung verdeutlicht, am Krüss-Gedicht „Herr Schnecke" namenkundliche Reflexionen angestellt oder an Kettenreimen u. a. Satzbaumuster eingeübt werden.

Selbst Schreibübungen (Schwingbögen) laufen mit Hilfe rhythmischer Begleitverse harmonischer ab, und die Rechtschreibung nutzt ganz besonders den hohen Motivationsgrad gereimter Lückentexte, obwohl gerade da oft „unreine" Reime das von Kindern angewandte Analogie-Prinzip außer Kraft setzen. Warum sollte ein Unsinngedicht wie „Es jammert der Aal:/Ich bin so kahl./Kauf mir 'nen Schal...", von einer motivierenden Tafelskizze unterstützt, nicht eine Rechtschreibstunde über Vokaldehnung (a – aa – ah) einleiten? Schüler fühlen sich dabei kaum „hinters Licht geführt".

Die Verbindung der Kinderlyrik ist natürlich zu den musischen Fächern besonders eng (vgl. Kap. 7.4.), ebenso zum heimatkundlichen Lernbereich (vgl. Kuppert-Falke), doch kommt es auch vor, daß Unterrichtsstunden über Guggenmos' Windgedichte oder Krüss' „Feuer"- und „Wasser"-Gedicht als Teil einer entsprechenden sachkundlichen Unterrichtseinheit gesehen werden, daß Guggenmos' „Wenn ein Auto kommt" dem Fach Verkehrserziehung zugeordnet ist und daß mit „Jutta und der Schokoladenonkel" sexueller Aufklärungsunterricht betrieben wird.

Wesentliche Forderungen gegenwärtigen Literaturunterrichts zielen auf *Aktivität* und *Kreativität* der Schüler; dem ist bei den methodischen Hinweisen und unter dem Aspekt der Interdisziplinarität entsprechend Rechnung getragen. Vorweg sollen an einem praktizierten „fachinternen" Beispiel (vgl. Anregungen bei Ritz-Fröhlich 1974, S. 56-62) Möglichkeiten eines *projektorientierten* Unterrichts angedeutet werden. In einer Art „dichterischem Dialog mit dem Autor" lernten die Schüler (4. Klasse) [13] dabei nicht nur das Originalgedicht, „Pimpernelle Zwiebelhaut" von Hans Adolf Halbey, unter verschiedensten Zielsetzungen kennen, sie wurden selbst produktiv, indem sie es erweiterten und mit einem Begleitbrief (Schriftliche Sprachgestaltung!) an den Autor sandten, und konnten im „feed-back" volle Bestätigung ihrer Bemühungen und weiterführende Anregungen finden. Im Anschluß an die Gedichtbesprechung sammelten die Schüler selbst verrückte Ideen, die sich auf das Verhalten der Hexe anwenden ließen, und dichteten zum Original, von dem sie Anfang und Schluß beibehielten, 14 „Erweiterungsstrophen":

> Kennt ihr schon die Hexenbraut
> Pimpernelle Zwiebelhaut?
>
> Frühmorgens badet sie in Tinte
> und genießt dazu Hagelkörner, den Schrot ihrer Flinte.
>
> Türme baut sie aus Wasser,
> dabei wird sie naß und nasser.
>
> Ihren Schatten benutzt sie als Brücke.
> So überwindet sie des Wassers Tücke...

Der Brief an den Autor enthielt auch den Hinweis, daß sich die Klasse im Hexenlachen „Hihihi" und den anderen Lach-Arten geübt hatte: Mit „Hahaha" freute man sich über die Witze des Clowns, „Huhuhu" lachte Karin als Nachtgespenst, „Hohoho" brüllte Cowboy Jack, und „Hehehe" meckerte Klaus, als er den Ziegenbock nachmachte.

Der Autor schrieb darauf folgendes:

Liebe Klasse 4 b!

Was kann einen Autor mehr erfreuen, als wenn die Leser seiner Gedichte sich so ausführlich mit einem Gedicht beschäftigen und ihm auch noch so nett schreiben! Euch allen meinen allerherzlichsten Dank!

Also, Eure Erweiterungen zur Pimpernelle Zwiebelhaut gefallen mir sehr gut, und ich weiß noch ganz genau, wie es mich damals (als ich das Gedicht schrieb) gejuckt hat, noch viel mehr verrückte Sachen reinzutun. Aber es durfte ja nicht zu lang werden. Diese Erweiterung habt Ihr nun gemacht, und das will ja eigentlich auch ein Gedicht, nicht nur unterhalten, sondern zum Mitmachen anregen. Und daß Ihr nun auch noch die fünf verschiedenen Lach-Arten herausgefunden habt, finde ich ganz toll. Da habe ich mich gleich hingesetzt und habe daraus ein Gedicht für Euch gemacht:

hihihi
> so kann man Hexen giftig kichern hören

huhuhu
> mit Schauer-Lachen wollen uns Gespenster stören

hohoho
> so lacht der Cowboy, der Gesetz-Verächter

hahaha
> da ist des Menschen lustigstes Gelächter

– doch für die Trauerklöße,
> die sich nur mit Tränensaft bekleckern,

hehehe
> für die kann ja die Ziege meckern!

Euch allen meine herzlichsten Grüße – und weiter soviel Spaß beim Lernen!

Euer Hans Adolf Halbey

7.2. Allgemeine Lernziele

Lyrik gehört zu den Lerninhalten, die am wenigsten „verplanbar" sind; trotzdem ist Planung von Unterricht hier genauso erforderlich. Die Lernziele legen die didaktischen Schwerpunkte dafür fest, so daß dem Lehrer innerhalb dieses Rahmens in bezug auf Selektion, Akzentsetzung und Feinzielplanung immer noch ein großer Spielraum bleibt. Entscheidend bei aller Planung ist, daß man nicht möglichst viele Lernziele an einem einzigen Text zu verwirklichen sucht, sondern daß man Schwerpunkte setzt, deren Notwendigkeit und Sinn sich aus jahrgangs- und schularten-umfassenden curricularen Lernsequenzen ergibt, wie sie z. B. vor allem Johann Bauer (vgl. u. a. 1978) für die Lesebuchreihen „schwarz auf weiß" entwickelt hat. Speziell für Kinderlyrik hat H.-J. Kliewer (1974) Unterrichtsreihen zusammengestellt, die sich jeweils auf einen Schwerpunkt wie Rhythmus, Aufbau, Klang, Bild usw. konzentrieren und die sich über alle bzw. mehrere Grundschuljahrgänge erstrecken. Die Steigerung der textualen Anforderung vom einfachen Kinderreim bis zum komplexen Gedicht ist hier ebenso offensichtlich wie im „Lehrplan des lyrischen Humors" von H. Helmers (1971).

Trotz der Angebote muß sich der Lehrer darüber im klaren sein, daß er oft schwere Entscheidungen in eigener Verantwortung treffen muß, denn „Lernziele gehen den Poeten eigentlich nichts an" – so James Krüss in einem Brief (Mittermaier 1977, S. 95 f.); als Lehrmaterial schreibe er keine Gedichte: „Ich empfehle meine Gedichte für den Unterricht, aber am wenigsten für den Deutschunterricht, wo sie leicht pädagogisch zerfleddert werden. Am liebsten sind sie mir in der Schule bei kleinen Feiern" oder „im fächerübergreifenden Unterricht".

Folgender *Überblick* [14] versucht unter besonderer Berücksichtigung der Inhaltskomponente wesentliche Lernzielbereiche für den Unterrichtsgegenstand Kinderlyrik innerhalb der Grundschule zu strukturieren:

Wecken psychischer Empfindungen

- Förderung des Spieltriebs und zugleich Ausbildung der Feinmotorik (im Umgang mit einfachen Reimen, Fingerspielen, Sprachspielen)
- Befriedigung und Steigerung des rhythmischen Empfindens (gerade auch im Hinblick auf den Spracherwerbsprozeß)
- Ursprüngliche Freude an Sprache und Genuß komischer Wirkung (Wortspielereien, Klanggedichte, humorvolle Gedichte u. a.)
- Erstes ästhetisches Erleben (ästhetisches „Urerlebnis") und Sensibilisie-

rung für die Besonderheiten und Möglichkeiten der Sprache („Schönheiten" der Sprache)
- Erlebnishafte Erfahrung und vertieftes Erfassen von Welt (in dieser spezifischen Sprachgestalt, in verschiedenartigen Ausdrucksformen)

Sprech-, Lese-Erziehung und Sprachförderung

- Aktivierung der Sprechbereitschaft (Schnellsprechverse, Zungenbrecher, Ergänzungsgedichte; Motivation zum Aussprechen eigener Gedanken und Gefühle in spielerisch-dichterischer Form, von sonst gemiedenen Themen und Motiven wie Parodierung der Erwachsenenwelt)
- Schulung des Zuhörens und der Wahrnehmungsfähigkeit (durch informatives Erfassen von Schnellsprechversen, Buchstabenspielen, Lügen- und „Verkehrte Welt"-Gedichten)
- Steigerung der Artikulationsfähigkeit und Hochlautung (durch Übungen mit Vokal- und Konsonantenvariationen; Auswendigsprechen)
- Förderung der Lesefähigkeit (lautreines, klanggestaltendes Lesen; Temposteigerung, Sinnerschließung)
- Erkennen sprachlicher Prinzipien (durch Selektion lautlich-klanglicher, semantischer und syntaktischer Elemente)

Hinführung zu den Elementen der Lyrik

- Erstes Erfassen poetischer Grundelemente (Unterscheidung epischer, dramatischer, lyrischer Züge in Erzähl-, Rollen-, Stimmungsgedichten)
- Erkennen und Unterscheiden einzelner Struktur- und Stilelemente (wie Rhythmus, Klang, Vers, Takt, Reim, Strophe, Bild, Personifizierung, Wiederholung)
- Bewußtes distanziertes und wertendes Betrachten des Textes mit Hilfe bestimmter Kriterien und Erkennen individueller dichterischer Gestaltung (Person des Autors)
- Erster Einblick in das Wesen des Poetischen durch Vergleich mit nichtpoetischen Texten (vor allem Prosatexten)

Förderung der Kreativität

- Umsetzen von literarischen Vorlagen in Bild, Spiel, Tanz, Gesang (auch unter Einsatz von Medien)
- Anregung zum Suchen und Ergänzen (Rätsel-, Ergänzungs-, Lügengedichte; Lückentexte)

- Möglichkeiten eigener sprachlicher Gestaltung (durch Mit-, Vor-, Nachgestaltung und Eigenschöpfung)

Hilfe im Sozialisationsprozeß

- Wecken des Gemeinschaftsbewußtseins in der Aktivität des Sprechens (z. B. Chor-, Rollensprechen), Diskutierens (Problemgedichte) und Spielens (spielbegleitende Gedichte und Lieder), im Fühlen (Stimmungslyrik) und Sich-Freuen (humorvolle Gedichte, Nonsense)
- Einsicht in spezifische Formen sprachlicher Kommunikation und Möglichkeit zur spielerisch-reflexiven Bewältigung entwicklungsbedingter Sprachstufen und -probleme
- Konfrontation mit Konflikten in einer sprachlich spezifischen Form (distanzierend, generalisierend, verfremdend) und Motivation zu Lösungsversuchen

Lernziele lassen sich im einzelnen auch an Strukturelementen entwikkeln, wie z. B. Rhythmus, Reim und Klang, die neben inhaltlichen Kriterien wesentlich für die Erschließung von Kinderlyrik sind. Dazu sollen modellhaft jeweils einige Feinziele aus dem kognitiven, affektiven und motorischen Bereich aufgeführt werden. In den komplexen Auflistungen ist selbstverständlich nicht ein Stundenziel zu sehen, sondern diese Ziele sind im ganzen ebenfalls nur in einer curricularen Abfolge von Lehr- und Lernprozessen zu erreichen; d. h. auch, daß an einem literarischen Objekt nur Teilaspekte berücksichtigt werden sollten. Exemplarisch eignen sich für den Bereich Rhythmus viele Abzählverse, Kinderlieder, Kettenreime, Spieltexte u. a. oder neuere Gedichte wie „Der Wind" von J. Guggenmos, für den Bereich Reim mehr oder weniger alle gereimten Gedichte – primär natürlich solche mit Endreim – und für den Bereich Klang, der im weiteren Sinn auch den Reim mit einschließt, alle stark lautmalenden Gedichte wie „Das Feuer" von J. Krüss, Texte mit auffallenden Wiederholungen und phonologischen Verfremdungen (z. B. Sprachspiele und dadaistische Gedichte).

Rhythmus

- einen vorgegebenen Rhythmus aufnehmen und wiedergeben (Klanggeste, Rhythmusinstrument)
- verschiedene Rhythmustypen (tänzerisch, fließend, gestaut u. a.) unterscheiden und beschreiben
- rhythmische Strukturen von Gedichten erkennen und in Klanggesten (Klopfen, Klatschen, Stampfen u. a.) umsetzen

- Rhythmuswechsel wahrnehmen und nachvollziehen
- die vorhandene bzw. notwendige Korrespondenz von Rhythmus und inhaltlicher Aussage erkennen
- betonte und unbetonte Silben (Hebungen und Senkungen) unterscheiden und in Klanggesten umsetzen
- metrische Grundbegriffe wie Rhythmus, Hebung, Senkung, Pause, Zeilensprung u. a. kennenlernen und richtig anwenden
- Verszeilen nach Anzahl der Hebungen bestimmen und einordnen
- die Ursache des starr akzentuierenden Lesens, des „Leierns" (Zusammenfall von Metrum und Sinnbetonung), erkennen
- ein Gedicht metrisch richtig akzentuiert sprechen

Reim

- den Reim (Endreim) als Gleichklang (von Wörtern vom letzten betonten Vokal ab) erkennen
- selbständig klanglich und inhaltlich passende Reimwörter finden (z. B. für einen Lückentext)
- mit Hilfe des vorgegebenen Reimwortes ganze Verszeilen ergänzen und selbst Verse erfinden
- wichtige Reimtypen (unreiner Reim, Binnenreim, Schüttelreim u. a.) unterscheiden und bezeichnen
- einfache Reimfolgen (Paar-, Kreuzreim, umschließender Reim) erkennen und benennen

Klang

- Klangqualitäten (hell-dunkel, laut-leise, lange und kurze Vokale, weiche und harte Konsonanten) unterscheiden und umschreiben
- die Bedeutung der Lautmalerei für die Veranschaulichung beim einzelnen Wort erkennen
- die Funktion reiner Klänge (neben der unmittelbaren sprachlichen Aussage) und das Wesen der Klangassoziation kennenlernen
- an Texten prüfen, wie die inhaltliche Aussage lautmalend unterstrichen wird
- spielerisch und kreativ mit Klängen umgehen

7.3. Methodisches Vorgehen

Die methodischen Möglichkeiten schulischer „Interpretation" von Kinderlyrik sind teilweise im Rahmen derjenigen von Lyrik allgemein zu sehen. Trotzdem müssen im Hinblick auf die Vielgestaltigkeit und Eigenart des sprachlichen Gegenstandes, den Entwicklungsprozeß der Schüler und die angestrebten Lernziele bestimmte Faktoren besonders berücksichtigt werden. Gerade dabei hat der Lehrer eine ausgeprägte Fähigkeit zur Flexibilität und Improvisation zu beweisen, denn feste Schemata wird er hier vergebens suchen. Kinderreime als lyrische Kleinstformen sind ohnehin mit anderen didaktischen Maßstäben zu messen, sie finden öfter sporadischen Eingang in den Unterricht als Anfangs- oder Schlußakzent einer Stunde, als Moment der Auflockerung, der Psychohygiene, indem den Kindern Gelegenheit zum Sprechen, Singen, Lachen und zur Bewegung gegeben wird. Ähnliche Funktionen hat H. Helmers (1966, S. 282) angedeutet:

> „Eine Gedichtstunde läßt sich mit einem Kinderreim nicht füllen, wohl aber gibt es viele Anlässe, die ihn geradezu herausfordern. Häufig genug werden sich Kinderreime als bloßes lyrisches Spiel an andere Sprachstundenteile anschließen, ohne daß gewaltsame Verbindungslinien zu schaffen wären. Besonders bewährt hat sich das Bereitstellen einer Sammlung von Kinderreimen für jene Teile des Unterrichts, in denen Platz bleibt für individuelle Eigentätigkeit (›Stillarbeit‹). Schließlich läßt sich der Kinderreim, obwohl er im wesentlichen gesprochen werden will, auch schreiben. Es gibt sinnvolle Anlässe, die einen ›schönen‹ Schreibtext bedingen, weil sie eine Aufbewahrung des Kinderreims verlangen."

Beim letzten Hinweis denkt man unwillkürlich an die heute wieder stark in Mode gekommenen Poesiealben oder an die Anlage von Reimheftchen u. ä. Natürlich gilt das meiste eben Gesagte genauso für das Kindergedicht, das nicht in jedem Fall zur didaktischen Stundeneinheit gestreckt werden sollte.

Für das methodische Vorgehen bei der „Gedichtbehandlung" existieren *verschiedene Vorschläge* (vgl. die in Kap. 7.1. genannte Literatur), die als *Phasenabfolge* am ausgeprägtesten bei K. Reumuth/A. O. Schorb (1969) zusammengefaßt sind: (1) Einstimmung (2) Darbietung (3) Stilles Lesen (4) Sicherung der inhaltlichen Erfassung (5) Erschließung des Erlebnisgehalts der Dichtung (6) Erschließung der Formschönheiten (7) Erschließung der Dichtung vom Urmotiv aus (8) Das Sprechen des Gedichts (9) Dichterkunde.

Diese traditionellen Stufen lassen sich gerade bei Kinderlyrik kaum jemals genau in dieser Abfolge und Vollständigkeit anwenden. Trotzdem haben sie modifiziert Eingang in neuere Vorschläge und Modelle gefunden, was im Zuge der Methodenforschung und -entwicklung ein ganz normaler Vorgang ist. So werden wir heute eher von der Motivations- oder Initialphase und den Phasen der Textbegegnung, der Textanalyse oder Textbesinnung, der Ergebnissicherung und Verständniskontrolle sprechen (allg. vgl. Greil/Kreuz 1976).

Auf die wesentlichen Phasen und methodischen Wege, die nicht als bindende Stufenfolge, sondern als Auswahlangebot verstanden werden wollen, soll unter Berücksichtigung des Medieneinsatzes, der Unterrichts- formen und der Differenzierung exemplarisch eingegangen werden.[15]

(1) *Motivations- oder Initialphase*

Im allgemeinen vermeidet man heute den Begriff „Einstimmung", ob- wohl eine „gemüthafte" Hinführung zum Text nirgends mehr seine Be- rechtigung hat als gerade bei lyrischen Texten und auf dieser Altersstufe; d. h. die Schüler sollten sich mit Hilfe des Lehrers schon vor dem Kennen- lernen des Textes in die entsprechende Stimmungslage versetzen können, so daß die Erziehung zur Erlebnisfähigkeit um so leichter geschehen kann. Der Lehrer hat zunächst die richtige Situation zu schaffen und bei den Schülern eine positive Erwartungshaltung aufzubauen; das gelingt ihm z. B. durch Anknüpfung an andere Unterrichtsinhalte, durch Einge- hen auf die vielleicht schon bekannte Person des Autors, durch Berück- sichtigung der situativen Gegebenheiten (z. B. Jahreszeiten, Feste), durch Vermittlung eventuell notwendiger Vorkenntnisse, durch verbale, klangli- che oder bildhafte Hinführung zum Thema (z. B. auch mit verschiedenen Medien) oder provokative Vorstellung der Gedichtüberschrift.

Überhaupt kann die Initialphase wesentlich von antizipierenden Vorge- hensweisen (s. u.) bestimmt sein. Am Ende, d. h. am Übergang zur Text- begegnung, sollte den Schülern das anstehende Problem bewußt werden („Problemstellung"), was vielleicht in unserem Zusammenhang etwas pa- radox klingt, aber auch hier durchaus seine Berechtigung hat. Gerade bei Kinderreimen und -gedichten ist es allerdings ohne weiteres möglich, der unmittelbaren Wirkung wegen (z. B. Nonsense-Gedicht), die Schüler so- fort mit dem Text zu konfrontieren.

(2) *Textbegegnung*

Im allgemeinen wird der Text vom Lehrer dargeboten, vorgelesen oder besser auswendig vorgetragen, was besonders bei kürzeren Gedichten und bestimmten Gattungen wie Sprachspielen u. a. angebracht ist. Der Lehrer ist in dieser wichtigen Phase entscheidendes Vorbild für die sprecherische

Gestaltung; ist diese primäres Lernziel (s. u.), werden andere Wege der Textbegegnung am Anfang stehen. Stilles Lesen tritt allgemein zurück bzw. dient der anschließenden vertieften Erfassung vor allem längerer Gedichte, da fast alle Arten der Kinderlyrik nur gesprochen ihre volle Wirkung entfalten können. Natürlich kann auch ein (guter) Schüler, möglichst nach Vorbereitung, den Text vortragen, oder es kann dies durch technische Medien geschehen. Eindrucksvolle Ausnahmesituation kann einmal die persönliche Darbietung durch den Autor oder einen Rezitator sein. Außer bei kurzen, nur für die Sprechgestaltung eingesetzten Texten sollte in der Regel jeder Schüler im Hinblick auf die Analyse, die Sicherung, die spätere Abrufbarkeit (Auswendiglernen, Hausaufgabe etc.) eine eigene Textgrundlage besitzen, was bei Gedichten am wenigsten problematisch ist. Normalerweise wird dies das Lesebuch sein, eventuell auch ein Abzug, eine Kopie oder der Hefteintrag, wobei aus methodischen Gründen zunächst die Darbietung über Tageslichtprojektor, Episkop oder Tafel erfolgt sein kann. Gerade dadurch ist bei Eignung des Textes (spannende Erzählgedichte, Rätselgedichte mit Auflösung am Schluß) auch ein schrittweises Vorgehen (Aufdecken bzw. Anschreiben) möglich, so daß mit einfachen Mitteln kreative Denkprozesse ausgelöst werden können.

(3) Textanalyse

In dieser Phase, auch Texterschließung, -durchdringung u. ä., die von einer kurzen Besinnung, bei Kindergedichten jedoch meist gleich durch spontane Schüleräußerungen eingeleitet wird, liegt der Schwerpunkt der Stunde. Deren Ziele, wie die phonologische, semantische, syntaktische und formale Erschließung des Textes, können mit unterschiedlichsten, möglichst wechselnden methodischen Mitteln und Kooperationsformen erreicht werden. Nach einer manchmal notwendigen Sicherung des Inhalts (längere Erzählgedichte) geschieht dies im freien Unterrichtsgespräch, durch gemeinsames „Zergliedern" des Textes oder durch Vorgabe von Leitfragen (Arbeitsaufträge) an den einzelnen Schüler oder an Gruppen. Auf jeden Fall sollten die Schüler in dieser Phase ganz besonders aktiviert werden, z. B. indem sie Texte miteinander vergleichen müssen. Der Gedichtvergleich bietet sich, schon wegen der Überschaubarkeit der Texte und der verdeutlichenden Gegenwart des Kontrastiven, ganz besonders an; er ermöglicht auch eine distanzierte und bewußte Beobachtungshaltung und läßt verschiedenste operative Vorgehensweisen zu. Die Kinderlyrik ist reich an motivgleichen oder -ähnlichen Texten; man denke an die zitierten und erwähnten Löwenzahngedichte, an die verschiedenen

Gedichtfassungen des Rattenfängermotivs (Goethe, Simrock, Geibel u. a.) oder die Reimbilderbuch-Bearbeitungen der „Bremer Stadtmusikanten" (Hausmann 1972, Krüss 1974 u. a.). Hier liegt natürlich auch ein Vergleich mit dem Sagen- bzw. Märchentext nahe.

Wurde an das Gedicht in irgendeiner Weise antizipatorisch herangegangen, kommt es in dieser Phase primär zu einem Vergleich des Ergebnisses mit dem „Original".

Da die sprechgestaltende Erschließung und die Formen des kreativen Umgangs mit Gedichten methodisch eine so überragende Rolle spielen und häufig selbst Mittel und Zweck der Unterrichtseinheit sind, soll auf sie in den folgenden Abschnitten eigens eingegangen werden.

(4) *Sprechgestaltende Erschließung und sinnerfassendes Lesen*

Nach Richard Bamberger (1965, S. 666) ist „das Ringen um den sprachlichen Ausdruck ... auch der beste Weg zum Erlebnis des Gedichts". So kann die Erarbeitung der sprecherischen Gestalt – eine Kontrolle ist in der erreichten Sprechleistung möglich – Teilziel oder Schwerpunkt einer Stunde sein; das Sprechen ü b e r das Gedicht (Gehalt) tritt zurück. Wichtig ist der Lehrervortrag; er soll motivieren und Vorbild sein, aber die Schüler nicht zu stark festlegen oder gar hemmen. Die Klanggestalt des gesamten Gedichts wird in Teilen mit den Schülern erarbeitet, wobei der Text mit unterschiedlich schweren Akzenten, verschiedenen Pausezeichen und Klangbögen versehen werden kann und von verschiedenen Schülern (eventuell mit Rollenverteilung) gesprochen werden soll

Eine Möglichkeit besteht auch darin, den schriftlichen Text erst am Schluß der Stunde vorzulegen, denn die Schüler sollen nicht immer vom Lesen (Druckbild) zum Sprechen gelangen, da der Leseton den natürlichen Vortrag zu stark beeinflussen könnte. Dieser Gefahr kann man entgehen, wenn z. B. der schriftliche Text zunächst mit einem nicht nach Verszeilen, sondern Sprechpausen gegliederten Druckbild (Tafel, Abzug) dargeboten wird.

Durch die intensive Übung im freien Sprechen stellt sich das Problem des zwanghaften *Auswendiglernens* bei Reimen und kürzeren Gedichten nicht, aber auch bei längeren sollte man, gerade bei freier Textauswahl durch die Schüler, nicht auf diese wichtige Methode des freien Vortrags verzichten (vgl. dazu besonders Beinlich 1962, Singer 1973). Sprachgehemmte Schüler schaffen dies leichter, wenn sie über ein Medium (z. B. mit Handpuppen) oder in einer Rolle (z. B. mit Verkleidung) sprechen dürfen.

Eine weitere, etwas umstrittene Möglichkeit ist das *Chorsprechen* , zu dem sich immerhin zahlreiche Texte der Kinderlyrik mit auffälligen Wiederholungen, Refrainteilen, mit Rollenverteilung oder in der wir-Form anbieten. Zwar können auch ausdrucksgehemmte Schüler beteiligt werden, doch besteht hier immer die Gefahr des gedankenlosen Mitplapperns, so daß der natürliche Vortragston manchmal verlorengeht.

Beliebtes und aktivierendes Textbeispiel, das alle Vorzüge und Möglichkeiten auf sich vereinigt, ist *„Der Wind"* von Josef Guggenmos. Wie folgender „Regieentwurf" zeigt (vgl. dazu im wesentlichen Praxishelfer BLLV; Anregungen zu einer „schreibgestaltenden" Erschließung bei Ritz-Fröhlich 1974), ist der Handlungsablauf graphisch veranschaulicht, die rhythmische Gestaltung durch unterschiedliche Pausen und die Intonation durch die jeweilige Anzahl der Sprecher festgelegt, wobei noch Klangbögen zur Unterstützung ergänzt werden könnten. Durch die Variation von Einzelvortrag (17 Sprecher) und Chorsprechen kann entweder gleich die ganze Klasse (z. B. bei „Alle") beteiligt werden, oder das Gedicht wird von zwei „konkurrierenden Mannschaften" (jeweils 17 Schüler) geübt und vorgetragen:

	1	DER WIND
Gruppe A	2	In allem Frieden
	3	schlief abgeschieden
	4	hinter einer Hecke
Gruppe A		der Wind. //
	5	Da hat ihn die Spitzmaus /
	6	– wie Spitzmäuse sind – /
Gruppe B	7	ins Ohr gezwickt. /
	8	Der Wind erschrickt,
	9	springt auf die Hecke,
Gruppe B		fuchsteufelswild,
Gruppe A u. B		brüllt,
	10	packt einen Raben beim Kragen,
Gruppe C	11	rast querfeldein ins Dorf hinein,
	12	schüttelt einen Birnbaum beim Schopf,
	13	reißt den Leuten den Hut vom Kopf,
Gruppe C		schlägt die Wetterfahne herum,
Gruppe D		wirft eine Holzhütte um,
Gruppe C u. D		wirbelt den Staub in die Höhe! –/
Alle (Gruppen)		Wehe, der Wind ist los! ///
	14	Aber wo ist die Spitzmaus?
Gruppe D	15	In ihrem Kellerhaus dreht sie die Daumen im Schoß, /
	16	zufrieden und faul /
	17	und grinst
Gruppe D		mit ihrem frechen Maul.

/ = kleine Pause
// = längere Pause
/// = große Pause

155

Die Ziele sind beim *sinnerfassenden Lesen* zunächst dieselben wie bei der sprechgestaltenden Erschließung (Pausen, Tempo, Tonhöhe, -stärke usw.); man könnte auch hier, wie angedeutet, den Weg vom Sprechen zum Lesen gehen. Es wird allerdings auch vorgeschlagen, die Schüler gleich selbst entweder laut oder zunächst still lesen zu lassen. Dann sollten auf jeden Fall vorher sprachliche und sachliche Probleme geklärt sein. Wieweit der Sinn erschlossen wurde, zeigt sich im Benennen von Hauptsinnträgern, im Formulieren von Überschriften über Sinnabschnitte (z. B. Strophen von Erzählgedichten), in der Wiedergabe von Sinnabschnitten mit eigenen Worten, in der Besinnung auf die Realzeit und in der sinngerechten pantomimischen Begleitung. Andere, aufwendigere Verfahren können intensivierend wirken, z. B. Spielen von Szenen (Dialoggedichte), bildnerische Gestaltung einzelner Strophen (vgl. Kap. 7.4.).

(5) *Formen sprachlicher Kreativität*

Wir haben schon verschiedene Formen der Kreativität kennengelernt, z. B. auch die sprechgestaltende Erschließung von Gedichten, doch sollen hier noch ganz spezifische zusammengefaßt werden. Freilich können sie ebenso Schwerpunkt einer Unterrichtseinheit sein oder je nach Intention in den verschiedenen Phasen (Antizipation innerhalb der Initialphase, Verständniskontrolle usw.) Anwendung finden. Mit den methodischen Möglichkeiten haben sich vor allem W. Pielow (1965), E. Kratschmer (1969), O. Watzke (1970), R. Ulshöfer (1971), G. Steinbrinker (1973), H. Baehr (1975, 1977) und L. Pfundmair (1977) auseinandergesetzt.

Mitgestalten:

Hier handelt es sich um eine Art antizipierenden Verfahrens, bei dem nicht mehr der Text im ganzen vorgegeben wird, sondern bei dem der Schüler mit Hilfe von Impulsen den Text des Gedichts in kleinen Schritten selbst finden bzw. mitgestalten soll. Dies kann zu einer besonders ausgeprägten Identifikation mit dem Gedicht führen, denn der Schüler empfindet die entdeckten Gemeinsamkeiten, aber auch die Unterschiede zum Werk des Dichters sehr stark. Die Möglichkeiten im einzelnen hängen von der Art der Gedichte ab; so sind einfache Erzählgedichte, Kettenreime und Reihengedichte besonders geeignet. Der Lehrer kann die Überschrift, einen Vers, die erste Strophe oder auch mehr vorgeben.

Vorgestalten:

Bei diesem antizipierenden Verfahren ist der Selbsttätigkeit der Schüler noch mehr Raum gegeben. In gemeinsamer Lehrer-Schüler-Arbeit werden z. B. Reimwörter zusammengestellt und anschließend in einen sinnvollen Zusammenhang gebracht; der Vorentwurf wird dann mit dem Ziel-Gedicht verglichen. Ein Beispiel sind Reimwörter auf -agen, wie sie etwa im Kinderreim „Herr von Hagen" gehäuft auftreten. Dasselbe kann mit Motiven (Fasching, Herbst) u. a. geschehen.

Nachgestalten:

- *ausgehend von Reim und Gegensatz*
  Die Schüler führen z. B. einen Kinderreim zu Ende, indem sie das Reimwort ergänzen (z. B. Jung ist nicht alt,/ warm ist nicht...). Sie können aber auch Gedichte erweitern (z. B. gerade Kettenreime).
- *ausgehend vom metrischen Schema*
  Diese Methode hat W. Ulshöfer (1971) an Beispielen erläutert. Die Schüler erarbeiten das metrische Schema eines Gedichts und versuchen dann selbst diesen metrischen Rahmen mit eigenen Worten zu füllen; dabei können auch sprachliche Teile als Aufhänger übernommen werden, z. B. immer wie die Vorlage zu beginnen mit „Ich wollt', ich wär' ein..." oder: „Es kommt eine Zeit..." (nach E. Borchers).
  Eine 4. Klasse (vgl. Anm. 13) hat die erste Strophe von Reiner Kunzes „Löwenzahn"-Gedicht als Raster verwendet:

> Warum sind Löwenzahnblüten gelb?
> Das weiß jedes Kind.
> Weil Löwenzahnblüten
> Briefkästen sind.

Daraus wurde u. a.:

> Warum sind Rosen rot?
> Das weiß jedes Kind.
> Weil Rosen
> Rotkäppchen sind.
>
> Warum sind Herzen rot?
> Das weiß jedes Kind.
> Weil Herzen
> Blutgefäße sind.
>
> Warum sind Trauben blau?

Das weiß jedes Kind.
Weil Trauben
in den Farbtopf
gefallen sind.

Warum sind Blätter grün?
Das weiß jedes Kind.
Weil Blätter
grüne Regenschirme sind.

Nortrud Boge-Erli (in: Kreusch-Jacob 1978) schlägt als Rahmen zum „Weiterdichten" bekannte Kinderlieder vor, z. B. „Kommt ein ... geflogen, setzt sich nieder auf dein'n Fuß, und das ist nicht gelogen, denn es bringt dir ein' Gruß".

- *ausgehend von der Syntax*
Ähnlich wie beim metrischen Schema dienen hier syntaktische Elemente als Vorlage (Ausrufe, Anreden). Durch selbständige Gestaltungsübungen werden den Schülern verschiedene syntaktische Erscheinungen, z. B. das Prinzip der Reihung, des Parallelismus oder des Chiasmus (Verbindung zum Sprachunterricht) und zugleich spezifische Merkmale der lyrischen Sprache bewußt.
Bei Nachgestaltungsversuchen werden meist alle genannten Kriterien eine Rolle spielen. Einfache Muster sind Abzählreime, Wetterregeln u. ä., erhöhte Anforderungen, die aber auch von Grundschülern bewältigt werden können, stellen kunstvolle Raster wie der Limerick:

Ein Kind aus Weiden
war sehr bescheiden.
Es hat viel gelacht
und viel Spaß gemacht.
Es war wirklich zu beneiden.
(Angelika, 4. Kl.)

Andere motivierende Raster sind durch Sprachspiele unterschiedlichster Art vorgegeben, z. B. „Selbstlautgedichte" wie E. Jandls „ottos mops":[16]

Renners Reh

Renners Reh pennt.
Renners Reh rennt.
Wenn Renners Reh rennt,
rennt Herr Renner her.
(Cordula, 4. Kl.)

– *ausgehend von freien Rhythmen*

Den Schülern wird ein modernes Kindergedicht (z. B. „Fischlein im Weiher" von J. Guggenmos) als Prosatext diktiert. Nach Besprechung des Inhalts teilen sie den Text in Verszeilen ein und erkennen so das Problem von Sprachrhythmus und Sprachwirkung. An den Vergleich mit dem Original schließen sich eigene Gestaltungsversuche zu ähnlichen Motiven an: Ein kurzer Prosatext wird entworfen und anschließend in Verse umgesetzt.

Eine spezifische Art des Nachgestaltens („Puzzle") ist das Ordnen der vertauscht vorgegebenen Verszeilen eines Gedichts (Beispiel „Wenn ein Auto kommt" von J. Guggenmos in Sprachbuch „Sprache und Sprechen" 2, 1971, S. 77).

Eigenständiges Verfassen von lyrischen Texten:

Für viele ist hier ein Höhepunkt erreicht („das Kind als Dichter"), denn diese Methode gewährt den Schülern mehr als alle anderen den größten Spielraum, erfordert aber auch ein Höchstmaß an Kreativität. Ohne intensive Schulung und ganz ohne – wenngleich nicht unmittelbare – Vorbilder sind kaum brauchbare Ergebnisse zu erreichen. Im Formulieren einfacher Reime sind Kinder sehr produktiv, vor allem wenn es um Spott- oder Neckverse geht. Bei thematischen Überlegungen für Erzählgedichte oder kleine Impressionen könnte man von der erlebten Realität („Starker Nebel", „Unfall", „Erster Schnee") oder von fiktiven Vorstellungen („Im Traum war ich ein . . .") ausgehen (vgl. dazu Steinbrinker 1973).

Freilich stehen meist irgendwelche auslösenden thematischen Vorbilder im Hintergrund; so hat z. B. die angedeutete Besprechung von Krüss' „Das Feuer" auf allen höheren Jahrgangsstufen eine Flut von z. T. recht eigenständigen „Feuergedichten" ausgelöst.

Manche Lehrer fördern verstärkt diese kreative Komponente, indem sie den Jahresablauf (Monate, Feste etc.) von selbstgefertigten Gedichten der Schüler begleiten lassen und die Ergebnisse auch in verstärkender Weise würdigen („bibliophile" illustrierte Sammelbändchen, Vortrag bei Feiern usw.). Im lyrischen Schaffen etwas älterer Schüler versucht man manchmal sehr stark auf eine sozialkritische Sicht hinzulenken (vgl. u. a. Searle 1975).

(6) *Ergebnissicherung und Verständniskontrolle*

Diese Phase kann Teilschritt einer Unterrichtseinheit sein, in der Regel bildet sie den Abschluß, wobei gerade in der Gedichtstunde eine nochmalige Textdarbietung (von Schülern, über Medien etc.) entsprechender Ausklang sein sollte.

Die Möglichkeiten der Ergebnissicherung sind weitgehend dieselben wie diejenigen der Verständniskontrolle, doch wurde die Abrufbarkeit von Ergebnissen nirgends so stark bezweifelt wie in der Literaturstunde (Diskussion vgl. Kliewer 1974, S. 6 f.). Alle bisher genannten Unterrichtsverfahren können allerdings auch der Einübung (z. B. mit Arbeitsblatt, Lückentext) und der Anwendung (Transfer) auf andere Texte (Parallel-, Kontrasttexte und Eigenerfahrungen) dienen. Verhältnismäßig einfach ist es, wenn die Schüler selbständig inhaltliche Strukturen sichern, einzelne Gestaltungselemente nachweisen, den Text sprechgestaltend lesen und vortragen sollen. Andererseits sind gerade auch im literarischen Bereich Wirkungen zu beschreiben und subjektive Meinungen (mit Begründung) wiederzugeben, was z. B. bei der selbständigen Auswahl von Gedichten gilt. Alle genannten Formen kreativen Gestaltens sind Möglichkeiten der Übung und Lernzielkontrolle, doch kann sich besonders hier die leidige Frage der Beurteilung negativ auswirken. Um die Schüler in ihrem „poetischen" Schaffensdrang nicht zu hemmen, sollte zunächst weitgehend darauf verzichtet bzw. nur in den tatsächlich operationalisierbaren Bereichen daran gedacht werden.

Ein Problem besonderer Art ist die Überprüfung affektiver Lernziele, wie z. B. die Bereitschaft, auch außer- und nachschulisch Gedichte zu lesen. Erinnert man sich der festgestellten Rezipienteninteressen (vgl. Kap. 5.4.), dann muß die Effektivität der Langzeitwirkung natürlich stark angezweifelt werden, so daß in dieser Richtung, nicht für die Schule allein, noch viel zu tun bleibt.

7.4. Kreativität und interdisziplinärer Aspekt

Aspekte der Interdisziplinarität, d. h. Bezüge des Objektbereichs Kinderlyrik zu anderen Teilbereichen des Deutschunterrichts und anderen Fächern, wurden angedeutet, verschiedene Formen des kreativen Umgangs mit Gedichten wurden dargestellt. Hier nun sollen unter Betonung dreier musischer Schwerpunktbereiche einige kooperative Möglichkeiten beider Prinzipien vorgestellt werden. Nichts könnte sich als Ausgangsbasis dafür besser anbieten als Kinderlyrik mit ihrer vielgestaltigen Funktionalität. Freilich können solche „Projekte" meist nur in einem fächerübergreifenden Unterricht realisiert werden, da in den Deutschstunden allein die benötigte Zeit nicht zur Verfügung steht. Mögen manchem die angeführten Beispiele auch zu pragmatisch sein und zuweit gehen, Umgang mit Kinderlyrik auf dieser Altersstufe sollte sich in möglichst „spielerisch-kreativen" Formen vollziehen.

(1) Visuell-bildhafte Gestaltung

Kinder suchen nach Bildern, deshalb ist die Motivation zur eigenen Ausgestaltung von Gedichten und Gedichtmotiven sehr groß. Bilderbücher können Anregung, Vorbild oder nachträgliches Vergleichsobjekt sein, zunächst sollte man der kindlichen Phantasie freien Raum lassen. Die Schüler können allein oder in Gruppenarbeit ansprechende Phantasiegestalten oder einzelne Szenen aus Gedichten zeichnen, malen bzw. mit anderen Techniken darstellen, oder sie können, in der Art von Reimbilderbüchern, die Erzählhandlung in eine Bildfolge umsetzen (z. B. Kettenreime, Schwellgedichte, Erzählgedichte wie „Ladislaus und Komkarlinchen", „Der Zauberer Korinthe", „Ein Elefant marschiert durchs Land"). Vor allem größere gemeinsame Produkte können ein willkommener und bleibender Wandschmuck sein.

Eine 4. Klasse (vgl. Anm. 13) gestaltete das Inserat-Gedicht „Mir ist eine Maus entlaufen" von J. Guggenmos, in dem schließlich 75 Mäuse „zurückgebracht" werden, als Leporello in Scherenschnitt-Technik mit einer Länge von 2,64 m. Darauf fanden sich zuletzt neben den 75 Mäusen die möglichen „Finder" wie der Kasperl, der Räuber Hotzenplotz, ein Roboter, die kleine Hexe, Pippi Langstrumpf, Max und Moritz, Eulenspiegel.

An dieser Stelle könnte man auch die Gestaltung von „Bildwörtern" und „Bildgedichten" im weitesten Sinn nennen, obwohl dahinter teilweise andere Intentionen stecken. Anregungen geben vor allem „Unsinn-Bilderbücher" wie z. B. „Schnick Schnack Schabernack" von Christen und Wulff (1973). Bei dieser textinternen Methode können etwa einzelne Textelemente, z. B. Wörter oder Teile davon, bildhaft ausgestaltet oder durch Bilder ersetzt werden. Ein sehr farbenfrohes Beispiel dafür hat die zitierte Klasse mit Vera Ferra-Mikuras „Regenschirme"-Gedicht zustande gebracht; verschiedene Schrifttypen, farbig gestaltet, wechseln ab, Wörter wie Blumen, Schirme, Häuser sind durch die entsprechenden Bildzeichen ersetzt, Verben und Adjektive erhöhen als Bildwörter die Wirkung usw.

Man sollte bei dieser Gelegenheit auch daran denken, daß es sogar Kinderreime gibt, die allein die Funktion haben, den Vorgang des Zeichnens verbal zu begleiten, z. B. „Punkt, Punkt, Komma, Strich . . .".

(2) *Gestischer Nachvollzug und Darstellung im Spiel*

Viele Kinderreime, -lieder und -gedichte sind Spieltexte im eigentlichen Sinn, verlangen also nach Ausdruck im Spiel; dabei reicht die Skala der Möglichkeiten von der einfachen rhythmischen Begleitgeste über alle Arten der Bewegung (vgl. Funktion in Kap. 3.3.) bis hin zum darstellenden Spiel. Die enge Verbindung des Kinderlieds zum neuen Fach Musik- und Bewegungserziehung (Grundschule in Bayern, 1./2. Jahrgangsstufe) liegt natürlich auf der Hand (vgl. Titel und Ausführungen bei Ernst 1977). Neuere Aktivitätsbücher für Kinder bieten zahlreiche Anregungen in dieser Richtung, wie etwa das vorbildliche „Ravensburger Liederspielbuch" (Kreusch-Jacob 1978; vgl. auch Bienath 1966). Besonders beliebt ist die pantomimische Begleitung erzählender Gedichte oder die Umsetzung in darstellendes Spiel (Dialog-, Rollengedichte). Für Kinder jüngeren Alters sind wegen der hohen Beteiligungsmöglichkeit und des linearen Handlungsablaufs reihende Texte (Kettenreime, Schwellgedichte) sehr günstig; so hat z. B. R. Kokemohr (1965) einen erfolgreichen Versuch mit „Der Herr der schickt den Jockel aus" beschrieben.

Ein besonders gelungenes Experiment wurde in der öfter genannten 4. Klasse (vgl. Anm. 13) durchgeführt: eine Turnstunde, nach Wirkung auf die Schüler und nach deren Aussagen die weitaus schönste des ganzen Jahres, wurde aufgrund des Unsinn-Gedichts „Kleine Turn-Übung" von H. A. Halbey gestaltet:

> Aufgezwackt und hingemotzt
> angezickt und abgestotzt
> jetzt die Kipfe auf die Bliesen
> langsam butzen, tapfen, schniesen
> dreimal schwupf dich
> knitz dich
> lüpf
> siehstewoll – da flatzt der Büpf

Dieses Gedicht wurde von der Klasse „übersetzt" und als Begleittext zu den entsprechenden Turnübungen verwendet:

Aufgestellt und hingesetzt	(Kreis ohne Händefassen)
angelehnt und abgestoßen	(Rücken an Rücken)
Jetzt die Köpfe an die Knie	(Wippen mit dem Oberkörper)
Dreimal stell dich,	(je dreimal Stand- und doppelte Kniebeuge)
knie dich,	
hüpf!	(in der Hocke)

Siehstewohl – da flitzt
der Büpf!   (freies Laufen)

(3) *Akustische Umsetzung und musikalische Ausgestaltung*

Eng in Verbindung mit der Spielfunktion steht der musikalische Aspekt, denn die meisten „Spieltexte" werden gesungen (zur differenzierteren Ausgestaltung vgl. die Anregungen bei Cl. Schenck zu Schweinsberg: Kinder spielen Lieder, 1963). Hier muß man allerdings unterscheiden zwischen dem liedhaften Vortrag nach Vorlage, was ohnehin Aufgabe der Musikerziehung mit Schwerpunkt auf dem Kinderlied ist (vgl. Lemmermann 1977, Scheidler 1970, u. a.), und der musikalisch passenden Begleitung zum Wort bis hin zum eigenen Erfinden von Melodien. Mit der letzten Aufgabe sind die Schüler meist überfordert, dagegen öffnet sich ein weites Feld kreativen Schaffens bei der klanglichen Umsetzung von Sprache, wozu das Orff-Schulwerk die entscheidenden Voraussetzungen geschaffen hat. Bezeichnungen des Unterrichtsfaches wie „Musik- und Bewegungserziehung", „auditive Kommunikation" oder „Rhythmik" deuten auf das oberste Prinzip der polyästhetischen Erziehung, die u. a. erreichen will, daß Sprache als Klang erlebt wird. Texte der Kinderlyrik sind dafür eine hervorragende Ausgangsbasis. So gibt es zahlreiche Vorschläge von der einfachen Anregung, die auch im Deutschunterricht zu realisieren ist, bis zum komplexen Modell, das nur innerhalb der Musikerziehung oder besser in einem kooperativen, fächerübergreifenden Unterricht zu bewältigen ist.

Eine der vielen Möglichkeiten ist die klangliche Rhythmisierung oder Akzentuierung von Reimen und Gedichten; dabei sollte, vor dem Einsatz vorhandener Instrumente, die Kreativität der Schüler auch auf die Erfindung eines eigenen „Instrumentariums" gerichtet sein. Gerd Kretzschmar (1976), der auch ausgearbeitete Modelle zu E. Jandls „gute nacht gedicht", „ottos mops" und „fünfter sein", J. Guggenmos' „Die Amsel im Fliederbusch", zu I. Piwowarowas „Das Leise und Laute" und E. Borchers' „Februar" vorstellt, gibt für die Akzentuierung jeweils am Ende der Zeile ein einfaches, aber wirkungsvolles Beispiel (S. 58):

Es war einmal ein Mann,	(kräftiger Handtrommelschlag)
der hatte einen Schwamm,	(Korken an Flasche gerieben)
der Schwamm war ihm zu naß,	(feuchter Lappen an Tafel geklatscht)
da ging er auf die Straß	(Fahrradklingel oder Hupe)
usw.	

Möglichkeiten einer spontanen Rhythmisierung von Kinderreimen durch Sechs- bis Zehnjährige hat Peter Brömse (1966) untersucht. Bernhard Weisgerber (1972) beschreibt die Untermalung von Brechts „Die Vögel warten im Winter vor dem Fenster" mit Orff-Instrumenten innerhalb des Deutschunterrichts der 2. Jahrgangsstufe, Ruth Ponton (1977) die Liederarbeitung „Hei mein Pferdchen lauf geschwind . . ." in der Musikerziehung der 1. Jahrgangsstufe und Hermann Liebel (1977) die Ausgestaltung des Spielliedes „ding, dong . . ." im Musikunterricht der 5./6. Jahrgangsstufe. Nichts könnte die Relevanz fächerübergreifender Bezüge besser verdeutlichen!

Vielgestaltige Text- und Spielanregungen für die Freizeit der Kinder, aber auch für Erzieher und Lehrer, bietet das zitierte „Ravensburger Liederspielbuch" (Kreusch-Jacob 1978) mit seinen besonders anschaulichen Bastelanleitungen zu allen möglichen Instrumenten (Beispiele für „die musische Dreiheit moderner Bilderbücher" vgl. Roll).

Der Textfundus für solche Zwecke ist fast unerschöpflich; man denke nur an Gedichte wie Christian Morgensterns „Gruselett", die „Wind"-Gedichte oder „Nächtliches Vergnügen" von Josef Guggenmos. Zu diesem Gedicht hat der Bayerische Rundfunk (vgl. Schulfunk, Heft 352, 1977, S. 298 f.) ein besonders günstiges, weil auch akustisches Vorbild geliefert. Was könnte Kinder auch stärker motivieren als das „Trippeln" und „Wispern" der Mäuse, ihr „Wuseln", „Rascheln" und „Rauscheln" in den Hobelspänen und papiernen Schlangen?

Anmerkungen

[1] Literaturhinweise und Zitatbelege sind aus Gründen der einfacheren Handhabung soweit wie möglich im Text durch Angabe des Verfassers, des Erscheinungsjahres und gegebenenfalls der Seitenzahl gekennzeichnet; Titel und genauere Nachweise können dem alphabetischen Verzeichnis entnommen werden.

[2] Die Wirkung Percys in Deutschland und der Beginn der Volksliedforschung sind detailliert in Heinrich Lohres häufig zitierter Arbeit „Von Percy zum Wunderhorn", Berlin 1902, dargestellt; einen Überblick, mit Schwerpunkt auf dem Kinderlied, gibt Ruth Lorbe (1974, S. 186 ff.).

[3] Ausführliche Bibliographien finden sich bei Böhme (1897), Wolgast (1906), Wehrhan (1909), Lewalter/Schläger (1911) und Gerstner-Hirzel (1973); viele Belege sind in die Bibliographie aufgenommen.

[4] Mit einem Projekt in dieser Richtung ist gegenwärtig der Verfasser beschäftigt.

[5] Strophe a) stammt aus dem „Lied" von Franz Pocci (Krüss 1959b, S. 40), b) aus „Das Königreich von Nirgendwo" von James Krüss (ebd. S. 67).

[6] Text a) stammt von Vera Ferra-Mikura (Auböck, S. 64), b) von Joachim Heinrich Campe (Heckmann/Krüger 1974, S. 52).

[7] Variante eines gebräuchlichen Abzählreims, mündlich durch meine Tochter Andrea, Raubling/Obb. (1978).

[8] Erarbeitet in einer 4. Klasse von Lehrerin Eleonore Böhm, Grafenwöhr.

[9] Das Gedicht ist bei Link (1974, S. 178) als ein Beispiel für „Goethe-Symbol" besprochen; hier, und auch bei dem am Ende des Kapitels beschriebenen Versuch, bezieht sich die Arbeit auf dessen systematische Symbolbeschreibung.

[10] In: J. Bauer (Hrsg.), Lernziele, Kurse, Analysen zu „schwarz auf weiß" 6, Schroedel, Hannover 1973, S. 210.

[11] Dieses (6.1.) und das folgende Kapitel (6.2.) basieren z. T. auf meinem Aufsatz „Kinderlyrik der Gegenwart – Formen der Vermittlung", in: Das gute Jugendbuch H.1/1978, S. 1–7.

[12] Speziell zum Bereich „Kinderlieder" erscheint 1979 im Arbeitskreis für Jugendliteratur e. V. eine Empfehlungsliste.

[13] Durchgeführt von Lehrerin Eleonore Böhm, Grafenwöhr, von der auch verschiedene Beispiele in Kap. 7.3. und vor allem 7.4. stammen.

[14] Dieser und der folgende Überblick basieren im wesentlichen auf den Entwürfen des Verfassers, 1978b, S. 71–74.

[15] Vgl. teilweise Franz 1978b, S. 74–77.

[16] Zahlreiche weitere Anregungen vgl. „Ein bestes Gedicht" von E. Jandl (= Schulfunksendung des Bayer. Rundfunks, 10 Min. Lyrik, am 18. 12. 78).

Bibliographie

Aufgeführt ist nur Sekundärliteratur, die bereits im Text verkürzt zitiert oder auf die direkt oder indirekt Bezug genommen wurde. Die Auswahl kann als weiterführende Arbeitsgrundlage gelten, doch mußte gerade die Aufnahme kleinerer Beiträge, z. B. zu speziellen fachdidaktischen Problemen wie Unterrichtsmodellen, eingeschränkt werden.

Wegen der angewendeten Zitierweise im Text konnte nicht nach Primär-, Sekundär- bzw. didaktischer Literatur u. ä. getrennt werden.

Zur weiteren Information über neuere Kinderlyriksammlungen sei auf eine Empfehlungsliste verwiesen, die, vom Verfasser erarbeitet, im Arbeitskreis für Jugendliteratur erscheint.

Abel-Struth, Sigrid: Das deutsche Kinderlied. In: Evangelische Kinderpflege 22 (77) (1971). H. 5. S. 256–267

– Kinderlied. In: Doderer II, 1977, S. 193–197

Albertsen, Leif Ludwig: „Komm, lieber May." Der Einbruch der Antipädagogik in das Kinderlied der Vorromantik. In: DVjs 43 (1969). H. 2. S. 214–221

Albus, Anita/Kur, Friedrich: Der Garten der Lieder. Ein Buch für Kinder und andere. Darin elf alte Volkslieder. Frankfurt a. M. 1974

Altner, Manfred: Der Beitrag der sozialistischen Kinder- und Jugendlyrik der DDR zum sozialistischen Menschenbild. In: Beiträge zur Kinder- und Jugendliteratur 1970a. H. 16. S. 7–12

– Über die Verständlichkeit von Kindergedichten. In: Der Bibliothekar 1970b. H. 8. S. 803–808

– Zur Entwicklung der sozialistischen Kinder- und Jugendlyrik in der DDR von 1945 bis 1975. Berlin (Ost) 1976 (= Studien zur Geschichte der Kinder- und Jugendliteratur 9)

Arnim, Achim von /Brentano, Clemens (Hrsg.): Des Knaben Wunderhorn. Alte deutsche Lieder. 3 Teile. München 1963 (= dtv KW 1–3)

Artmann, H. C.: allerleirausch. neue schöne kinderreime. Erlangen 1978 (zuerst: Berlin 1969)

Aschlener, Gudrun: Das Königreich von Nirgendwo. Überlegungen und Erfahrungen zur Behandlung des Gedichts von James Krüss in einer 4. Mädchenklasse. In: Blätter für Lehrerfortbildung 24 (1972). H. 4. S. 142–149

Asmuth, Bernhard: Aspekte der Lyrik. 3. Aufl. Düsseldorf 1974 (= Grundstudium Literaturwissenschaft 6)

Atanassoff, Žečo G.: Die Poesie für Kinder. In: Beiträge zur Kinder- und Jugendliteratur 1970. H. 16. S. 32–36

Auböck, Inge: Das moderne Kindergedicht. In: R. Bamberger (Hrsg.), Trends in der modernen Jugendliteratur. Wien o. J., S. 50–75 (= Schriften zur Jugendlektüre XI)

Autenrieht, Norbert: Umgang mit einem Unsinnstext unter den Gesichtspunkten eines integrierenden Deutschunterrichts. (2. Jahrgangsstufe). In: Pädagogische Welt 31 (1977). H. 10. S. 595–605

Bachmann, Fritz u. a. (Hrsg.): Gedichte für Kinder. 6. Aufl. Frankfurt a. M. 1965

– Klang, Reim, Rhythmus. Gedichte für die Grundschule. Frankfurt a. M. 1972

Baehr, Hildburg: Die Behandlung von Gedichten zur Förderung sprachlicher Kreativität im Unterricht der Grundschule. Viernheim 1975

– Gedichte fordern uns heraus. Eine Unterrichtsreihe im 4. Schuljahr. In: Die Grundschule 9 (1977). H. 7. S. 318–321

Bärmann, Fritz: Gedichte im Lesebuch für das zweite Schuljahr. Ein Beitrag zur zeitgenössischen Kritik am Lesebuch der Volksschulen. In: Die Deutsche Schule 56 (1964). S. 193–217

Bamberger, Richard: Jugendlektüre. Jugendschriftenkunde, Leseunterricht, Literaturerziehung. 2., völlig neu bearb. Aufl. Wien 1965

Bamberger, Richard/Binder, Lucia/Vanecek, Erich: Zehnjährige als Buchleser. Untersuchungen zum Leseverhalten, zur Leseleistung und zu den Leseinteressen. Wien-München 1977 (= Pädagogik der Gegenwart 905)

Bark, Joachim/Pforte, Dietger (Hrsg.): Die deutschsprachige Anthologie. Frankfurt a. M. Bd. 1 1970, Bd. 2 1969

Barow-Bernstorff, Edith u. a. (Hrsg.): Beiträge zur Geschichte der Vorschulerziehung. 5. Aufl. Berlin 1977

Bartsch, Jochen/Kruse, Max: Windkinder. Reutlingen 1968

Bauer, Johann: Lernzielorientierung im Lesebuch. In: F.-J. Payrhuber/A. Weber (Hrsg.), Literaturunterricht heute – warum und wie? Eine Zwischenbilanz. Freiburg i. Br. 1978, S. 35–66

Baumann, Hans (Hrsg.): Ein Reigen um die Welt. 274 Gedichte aus 75 Sprachen mit 125 Illustr. v. M. Vormstein. Gütersloh 1965

– Das Regenbogentor. Volkstüml. russ. Kinderreime. Illustr. v. J. Wasnezow. Oldenburg u. Hamburg 1973a

– Eins zu null für uns Kinder. 77 Kindergedichte. Illustr. v. J. Brychta. Oldenburg 1973b. München 1975 (= dtv 7182)

– Das große A-B-Cebra Buch. Illustr. v. R. Michl. München 1977

Bausinger, Hermann: Formen der „Volkspoesie". Berlin 1968 (= Grundlagen der Germanistik 6)

Beinlich, Alexander: Über das Auswendiglernen von Gedichten. In: Pädagogische Rundschau 16 (1962). S. 490–507

– Das Gedicht in der heutigen Unterrichtspraxis. In: A. Beinlich (Hrsg.), Handbuch des Deutschunterrichts im 1. bis 10. Schuljahr. Bd. 2. 5. Aufl. Emsdetten 1970, S. 1363–1451

Bekh, Wolfgang J.: Reserl mit'm Beserl. Altbayerische Volksreime. Pfaffenhofen 1977

Bernet-Thiergard, Ilse: Das Erleben und Erfassen einfacher literarischer Formen. In: Westermanns Pädagogische Beiträge 15 (1963). S. 47–55

Bernhof, Reinhard: Warum ich auch Gedichte für Kinder schreibe. In: Beiträge zur Kinder- und Jugendliteratur 1974. H. 33. S. 25 f.

Bienath, Josephine (Hrsg.): Ist die schwarze Köchin da ... 50 alte und neue Kinderlieder. Illustr. v. E. Meier-Albert. München 1966. München 1972 (= dtv 7040)

Blaich, Ute: Schreiben mit Kindern. In: J. Drews (Hrsg.), Zum Kinderbuch. Betrachtungen. Kritisches. Praktisches. Frankfurt a. M. 1975, S. 171–178 (= it 92)

Blecher, Wilfried/Schröder, Wilfried: Kunterbunter Schabernack. Recklinghausen 1969. 8. Aufl. 1975

Blecher, Wilfried/Schweiggert, Alfons: Kreuzundquer und Weristwer. Recklinghausen 1976

– Das Affodil. Ein Klapp-Bilder-Verwandel-Verwirr-Wörter-Buch. Reinbek 1977 (= rotfuchs 156)

Bletschacher, Richard: Krokodilslieder. Ravensburg 1973

Bodden, Ilona: Da blies der Hund den Dudelsack. Gedichte und Rätsel für Kinder und Kenner. Illustr. v. T. Enderle. Freiburg i. Br. 1977

Bodensohn, Anneliese: Im Spielraum der Lyrik. Kinderreim und Kindergedicht als lyrische Vorformen. Frankfurt a. M. 1965

Böckheler, Lotte: Das englische Kinderlied. Leipzig 1935

Böhm, Max: Volkslied, Volkstanz und Kinderlied in Mainfranken. Nürnberg 1929 (Diss. Erlangen)

Böhme, Franz Magnus: Deutsches Kinderlied und Kinderspiel. Volksüberlieferungen aus allen Landen deutscher Zunge. Leipzig 1897. 2. Aufl. 1924 (Nachdruck 1967)

Boekhoff, Käthe und Hermann: Westermanns Kinderbuch. Braunschweig 1951

Bolte, Johannes: Zeugnisse zur Geschichte unserer Kinderspiele. In: ZfVk 19 (1909). S. 381–414

Borchers, Elisabeth: Das große Lalula und andere Gedichte und Geschichten von morgens bis abends für Kinder. Frankfurt a. M. 1974 (= it 91)

– Und oben schwimmt die Sonne davon. Illustr. v. D. Blech. 5. Aufl. München 1975

Bornefeld, Paul: August Kopisch. Sein Leben und seine Werke mit einer Quellenuntersuchung zu seiner Sagendichtung. Sterkrade/Rhld. 1912 (Diss. Münster i. Westf. 1912)

Borneman, Ernest: Das Bild des Geschlechtlichen in den Liedern, Reimen, Versen und Sprüchen deutschsprachiger Großstadtkinder. In: Jahrbuch für Volksliedforschung. Hrsgg. v. R. W. Brednich. 17 (1972). S. 181 ff.

– Unsere Kinder im Spiegel ihrer Lieder, Reime, Verse und Rätsel. Olten u. Freiburg i. Br. 1973 (= Studien zur Befreiung des Kindes I)

– Die Umwelt des Kindes im Spiegel seiner „verbotenen" Lieder, Reime, Verse und Rätsel. Olten u. Freiburg i. Br. 1974 (= Studien zur Befreiung des Kindes II)

- Die Welt der Erwachsenen in den „verbotenen" Reimen deutschsprachiger Stadtkinder. Olten u. Freiburg i. Br. 1976 (= Studien zur Befreiung des Kindes III)

Bosse, Hannes: Alte und neue Kinderreime mit „Gebrauchswert". In: Neue deutsche Literatur 18 (1970). H. 2. S. 171–179

Braak, Ivo: Das Gedicht. Begegnung und Aneignung in der Volksschule. 7. Auflage Kiel 1969 (1. Auflage 1961) (= Wegweiser für die Lehrerfortbildung 2)

Brednich, Rolf Wilhelm: Aufgaben und Möglichkeiten der Kinderspielforschung. Erläutert am Beispiel Bremens. In: Cammann 1970, S. 322–332

Brednich, Rolf Wilhelm/Röhrich, Lutz/Suppan, Wolfgang (Hrsg.): Handbuch des Volksliedes. München Bd. 1 1973, Bd. 2 1975

Brentano, Franz: Aenigmatias. Rätsel. 5. Aufl. Bern u. München 1962

Bretschneider, Karl: Das Kinderlied und seine Beziehungen zur Kunstpoesie. In: ZfdU 25 (1911). S. 528 ff., S. 663 ff.

Brix, G.: Umgang mit Texten im Deutschunterricht. In: Pädagogische Rundschau 16 (1962). S. 467–489

Brömse, Peter: Die spontane Rhythmisierung von Kinderreimen durch Sechs- bis Zehnjährige. Ein Beitrag zur Tatsachenforschung mit Beispielen. In: Sydow 1966, S. 63–74

Brüggemann, Theodor: Über die Benutzung eines modernen Gedichts: Günter Grass – Kinderlied. In: Der katholische Erzieher 21 (1968). S. 270–274

Buck, Siegfried: Analyse der neuen Grundschullesebücher. Konzeption – Textauswahl – Texttreue. In: Zeitnahe Schularbeit 24 (1971). H. 8. S. 1–18

Budde, Harald: Rot: Bleib stehn! Eltern, Pädagogen und Sozialarbeiter texten und komponieren in Berlin Kinderlieder. In: Deutsches Allgemeines Sonntagsblatt Nr. 37, 10. 9. 1972

Bull, Bruno Horst: Nonsense und manieristische Elemente in der neueren deutschen Kinderpoesie. In: Jugendliteratur 8 (1962). H. 6. S. 245–252

- Über Versmaß und Versform in Bilderbüchern. In: Jugendliteratur 9 (1963a). H. 6. S. 250–258

- Zum Problem der Politik im Kindervers. In: Jugendliteratur 9 (1963b). H. 9. S. 401–409

- (Hrsg.): ABC, die Katze lief im Schnee. Ausgesuchte alte Ammenreime. Linolschnitte v. M. Spickhoff. München 1964a

- (Hrsg.): Glück und Segen. 570 Gedichte für alle Feste des Jahres und des Lebens. Hamburg 1964b

- Kinderreime in unserer Zeit. In: Zeitschrift für Jugendliteratur 1 (1967a). H. 3. S. 151–164

- Katzen. Kinderreime. Bilder v. J. Grabiánski. Wien/Heidelberg 1967b

- (Hrsg.): Für Herz und Gemüt. 1500 poesievolle Album- und Stammbuchverse. Hamburg 1967c

- Was gibt es Neues in der Kinderpoesie? In: Zeitschrift für Jugendliteratur 2 (1968). H. 1. S. 13–19

169

– Wenn die Tante Annegret ohne Schirm spazierengeht. 50 Gedichte für Kinder. Illustr. v. D. Otto. Recklinghausen 1969

– (Hrsg.): Alle meine Entchen. Kinderreime, Lieder und Spiele. Göttingen 1975

– (Hrsg.): Kunterbuntes Glückwunschbuch. Kinderverse, Sprüche, Reime und Gedichte zu allen festlichen Gelegenheiten des Jahres. Freiburg i. Br. 1976

– u. a.: Scheine, Sonne, scheine! Kindergedichte führen durch das Jahr. O. J.

Burmeister, Herta: Anku dranku. Kinderreime und -spiele. Ratingen 1955

Buschor, Ernst: Rätselküche. 3. Aufl. München 1965

Busta, Christine: Die Sternenmühle. Illustr. v. J. Grüger. Salzburg 1959

Cammann, Alfred (Hrsg.): Die Welt der niederdeutschen Kinderspiele. Schloß Bleckede/Elbe 1970

Campe, Joachim Heinrich: Kleine Kinderbibliothek. Hamburg ab 1779

Christen, Viktor/Wulff, Jürgen: Schnick Schnack Schabernack. Oldenburg u. Hamburg 1973. München 1976 (= dtv 7203)

Cramer, Roswitha/Gregor, Reinhold (Hrsg.): Die beliebtesten Weihnachtslieder in Originaltexten und Noten. München 1976 (= Hey 4513)

Dähnhardt, Oskar: Kinderlieder aus Sachsen. Leipzig 1905

Dehmel, Paula und Richard: Fitzebutze. Mit Bildern von Ernst Kreidolf. Frankfurt a. M. 1976 (Faksimile d. Orig.-Ausg. 1900)

Dencker, Klaus Peter (Hrsg.): Deutsche Unsinnspoesie. Stuttgart 1978 (= Reclam 9895)

Diederichs, Inge (Hrsg.): Kinderspiegel. Die Welt des Kindes im Gedicht. Düsseldorf-Köln 1962

Dierks, Margarete: Anthologie. In: Doderer I, 1975, S. 42–44

– Die Ammenuhr. Ebd. S. 311 f.

Diers, Heinrich: Riemels, Radels, Rummelpott. Plattdeutsche Kinderreime. Göttingen 1968

Dillmann, J.: Hunsrücker Kinderlieder und Kinderreime. Frankfurt a. M. 1909

Dirx, Ruth (Hrsg.): Alte Kinderreime. Essen 1959

Doderer, Klaus (Hrsg.): Die Reimschmiede. So dichten Kinder und malen dazu. München 1966

– Zwischen Klischee und Kunst – Bemerkungen zu Gedichten von Kindern. In: Zeitschrift für Jugendliteratur 2 (1968). H. 1. S. 20–27

– Bilderbuch und Fibel. Eine kritische Analyse der Literatur für Leseanfänger. Unter Mitarb. v. P. Aley, M. Geiß u. a. Weinheim 1972

– Kinderlyrik. In: Doderer II, 1977, S. 197 f.

– (Hrsg.): Lexikon der Kinder- und Jugendliteratur. Weinheim u. Basel/Pullach bei München I, 1975 (2. Aufl. 1977), II, 1977, III i. Vorb.

Doderer, Klaus/Müller, Helmut (Hrsg.): Das Bilderbuch. Geschichte und Entwicklung des Bilderbuchs in Deutschland von den Anfängen bis zur Gegenwart. Weinheim u. Basel 1973

Dolle, Bernd: Des Knaben Wunderhorn. In: Doderer II, 1977, S. 230

Domenego, Hans/Leiter, Hilde (Hrsg.): Im Fliederbusch das Krokodil singt wundervolle Weisen. Illustr. v. Chr. Oppermann-Dimow. Wien-München 1977

Dreher, Ingmar/Meyer, Hansgeorg: Die deutsche proletarisch-revolutionäre Kinder- und Jugendliteratur zwischen 1918 und 1933. Die deutsche Kinder- und Jugendliteratur 1933–1945. Ein Versuch über die Entwicklungslinien. Berlin (Ost) 1975 (= Studien zur Geschichte der deutschen Kinder- und Jugendliteratur 6/7)

Drosihn, Friedrich: Deutsche Kinderreime und Verwandtes. Leipzig 1897

Dunger, Hermann: Kinderlieder und Kinderspiele aus dem Vogtlande. Plauen i. V. 1874. 2. Aufl. 1894

Durban, Erika/Kolnberger, Anton: Ri-ra-rutsch. Kinderlieder – Kinderreime. Rastatt o. J.

Dyhrenfurth, Irene: Geschichte des deutschen Jugendbuches. 3., neubearb. Aufl. Zürich/Freiburg i. Br. 1967

Ehmcke, Susanne: Der Reimallein. Freiburg i. Br. 1964

Elschenbroich, Adalbert: Die Begegnung mit dem Gedicht. In: A. Beinlich (Hrsg.), Handbuch des Deutschunterrichts im 1. bis 10. Schuljahr. 2. Bd. 5. Aufl. Emsdetten 1970, S. 1327–1358

Enzensberger, Hans Magnus (Hrsg.): Allerleirauh. Viele schöne Kinderreime. Frankfurt a. M. 1961. Frankfurt a. M. 1971 (= st 19)

Ernst, Bruno: Zum Beispiel: Das Kinderlied im neuen Fach Musik- und Bewegungserziehung. In: Welt der Schule 30 (1977). H. 1. S. 3–12

Eskuche, Gustav: Siegerländische Kinderliedchen. Siegen 1897

– Hessische Kinderlieder. Kassel 1891

Essen, Erika: Methodik des Deutschunterrichts. 8., überarb. Aufl. Heidelberg 1969 (1. Aufl. 1955)

Ewert, Siegfried: Gedichtstunden in der Grundschule. In: Die Scholle 37 (1969). H. 5. S. 277–284

Faber du Faur, Irmgard von (Hrsg.): Kinderreime der Welt. Bergen 1951

Falke, Gustav/Löwenberg, Jakob: Steht auf, ihr lieben Kinderlein. Gedichte aus älterer und neuerer Zeit. Köln 1906

Fanderl, Wastl (Hrsg.): Annamirl Zuckaschnürl. Altbayrische Kindersprüche, Wiegenreime, viel schöne Liadl und lustige Gsangl, Bauernrätsel und Spiele. München 1961

Faulbaum, Paul: Die klingende Kette. Vierzehn Schock schöne alte Kinderreime und Rätsel. Illustr. v. Franz Graf Pocci. München 1966

Ferra-Mikura, Vera: Lustig singt die Regentonne. Illustr. v. R. Candea. Wien-München 1964. 4. Aufl. 1973

– Meine Kuh trägt himmelblaue Socken. Illustr. v. R. Candea. Wien-München 1975

Festgedichte. Illustr. v. S. Schlieper. München-Wien 1974

Flitner, Andreas (Hrsg.): Kinderspiel. Texte. München 1973. 3. Aufl. 1976

Frank, Gerhard/Riethmüller, Walter: Deutschstunden in der Sekundarstufe. Unterrichtsvorbereitung und Unterrichtsanalyse. Stuttgart 1970

Frank, Horst/Karnick, Rudolf/Lehmann, Werner R. (Hrsg.): Pinguinträume und andere Gedichte für Kinder. Velber/Han. 1971

Frank, Horst Joachim: Dichtung, Sprache, Menschenbildung. Geschichte des Deutschunterrichts von den Anfängen bis 1945. 2 Bde. München 1976 (= dtv WR 4271/72) (zuerst: München 1973)

Franz, Kurt: Studien zur Soziologie des Spruchdichters in Deutschland im späten 13. Jahrhundert. Göppingen 1974 (= GAG 111)

– Ballade. In: Stocker 1976a, S. 42–47

– Volkskunde. Ebd. 1976b, S. 562–566

– Kinderlyrik in der Schule. In: Bayerische Schule 30 (1977). H. 5. S. 36

– Kinderlyrik der Gegenwart – Formen der Vermittlung. In: Das gute Jugendbuch 28 (1978a). H. 1. S. 1–7

– Kinderlyrik. In: K. Franz/B. Meier, Was Kinder alles lesen. Kinder- und Jugendliteratur im Unterricht. München 1978b, S. 65–77

– Zum aktuellen Problem der Jugendbuch-Beurteilung. In: Die Scholle 46 (1978c). H. 8. S. 599 f.

Fraungruber, Hans (Hrsg.): Die Blume im Lied. Bilder v. R. Sieck. Wien 1923

– (Hrsg.): Deutsche Wiegenlieder. Illustr. v. R. Daenert. Stuttgart o. J. (= Gerlachs Jugendbücherei 24 von 1909)

Freitag, Christian: Kinderreim. In: Doderer II, 1977, S. 201 f.

Friederich, Martin: Text und Ton. Wechselbeziehungen zwischen Dichtung und Musik. Hohengehren 1973

Frischbier, H.: Preußische Volksreime und Volksspiele. Berlin 1867

Fröhliche Kinderlieder. Illustr. v. I. Haun. München-Wien 1969

Frömmel, Otto: Kinder-Reime. Lieder und Spiele. 2 Hefte. Leipzig 1899–1900

Fuhrmann, Joachim (Hrsg.): Tagtäglich. Gedichte. Reinbek 1976 (= rotfuchs 135)

Gabrisch, Anne (Hrsg.): Ich will euch was erzählen. Deutsche Kinderreime. Von Kindern illustriert. Ebenhausen b. München o. J.

Gärtner, Hans: „Wär' ich nicht ein Kindelein, Möcht' ich gleich ein Häschen sein!" Alte Bilderbücher – immer noch oder schon wieder jung. In: Die Scholle 46 (1978). H. 8. S. 577–581

Gartenlaube-Bilderbuch. Zeichnungen v. Hermann Kaulbach. München 1978 (= Das besondere Kinderbuch 5)

Gelberg, Hans-Joachim (Hrsg.): Bunter Kinderreigen. 188 neue und alte Verse und Reime zum Singen und Spielen für alle Tage. Illustr. v. E. Klemme. Würzburg 1966. 2. Aufl. 1967

– Augenblicke des Spiels – Humor in der Kinderpoesie. In: Humor in der Kinder- und Jugendliteratur. Insel Mainau 1970

– (Hrsg.): Geh und spiel mit dem Riesen. Weinheim 1971 (= 1. Jahrbuch der Kinderliteratur)

– Die Stadt der Kinder. München 1972a. 2. Aufl. 1974 (= dtv 7013) (zuerst: Recklinghausen 1969)

– Das Kindergedicht Anno dazumal und heute. In: Arbeitskreis für Jugendliteratur (Hrsg.), Jugendliteratur in einer veränderten Welt. Bad Heilbrunn/Obb. 1972b, S. 121–142

– Zur neuen Form des Kindergedichts. In: L. Binder (Hrsg.), Neue Formen der

Kinder- und Jugendliteratur und ihre Aufnahme durch die Jugend. Wien o. J., S. 27–38 (= Schriften zur Jugendlektüre 25)

Gelbrich, Dorothea: Bürgerliche Kindergedichte des 20. Jahrhunderts. Versuch einer kritischen Wertung. In: Beiträge zur Kinder- und Jugendliteratur 1970. H. 16. S. 49–61

George, Edith: Das bürgerliche Gedicht für Kinder im 19. Jahrhundert. In: Beiträge zur Kinder- und Jugendliteratur 1970. H. 16. S. 37–48

– Die Wahrheit ist konkret – Gedanken zu Brechts Kinderliedern. In: Beiträge zur Kinder- und Jugendliteratur 1973. H. 27. S. 36–47

– Lyrik für Kinder und politische Weltsicht. In: Beiträge zur Kinder- und Jugendliteratur 1974. H. 33. S. 5–24

– Zur Ästhetik und Leistung der sozialistischen deutschen Lyrik für Kinder. Berlin (Ost) 1976 (Diss. Dresden 1971)

George, Edith/Hänsel, Regina (Hrsg.): Ans Fenster kommt und seht . . . Gedichte für Kinder. Berlin (Ost) o. J.

Gerhardt, M./Petsch, Robert: Uckermärkische Kinderreime. In: Zeitschrift des Vereins für Volkskunde 9 (1899). S. 273–284, S. 389–395

Gerstner-Hirzel, Emily: Entwurf einer Typologie des deutschen Wiegenreims. Diss. Basel 1967 (Masch.)

– Das Kinderlied. In: Brednich/Röhrich/Suppan I, 1973, S. 923–967

Giehrl, Hans E.: Der junge Leser. Einführung in Grundfragen der Jungleserkunde und der literarischen Erziehung. 2., geänd. Aufl. Donauwörth 1972

Göhring, Ludwig: Die Anfänge der deutschen Jugendliteratur im 18. Jahrhundert. Mit einem Anhang. Drei Kinderdichter. Hey, Hoffmann von Fallersleben, Güll. Berecht., unveränd., fotomech. Nachdruck der Ausgabe Nürnberg 1904. Hanau 1967

Göpel, Alfred: Der Wandel des Kinderliedes im 18. Jahrhundert. Diss. Kiel 1935

Goethe und die Kinder. In: Beiträge zur Kinder- und Jugendliteratur 1974. H. 33. S. 43–45

Goertz, Hartmann (Hrsg.): Kinderlieder – Kinderreime. Illustr. v. B. Dorfinger. Wien-Heidelberg 1973

Götz, Josef: Volkskinderlieder. Wien 1916

Gollmitz, Renate (Hrsg.): Das Kinderbuch. Gedanken und Ansichten. Berlin (Ost) 1971

Greenaway, Kate: Butterblumen Garten. Bilder und Reime. Dt. Verse v. E. Borchers. Frankfurt a. M. 1974

Greil, Josef/Kreuz, Anton: Umgang mit Texten in Grund- und Hauptschule. Donauwörth 1976. 2. Aufl. 1978 (= Reihe Exempla 15)

Griebel, Benno: Gekachelte Träume. Das Gedicht als Bildungsgut der Volksschule. München 1963

Grober-Glück, Gerda: Kinderreime und -lieder in Bonn 1967. In: Jahrbuch für Volksliedforschung. Hrsgg. v. R. W. Brednich. 16 (1971). S. 107

Grömminger, Arnold/Ritz-Fröhlich, Gertrud: Umgang mit Texten in Freizeit, Kindergarten und Schule. Freiburg i. Br. 1974 (= He 9022)

Großmann, C.: Windsheimer Kinderlieder und Kinderspiele. Nürnberg o. J.

Güll, Friedrich/Pocci, Franz: Kinderheimat in Liedern und Bildern. Frankfurt a. M. 1975 (= it 111)

Günther, Hans-Peter: „Das Feuer" von James Krüss. In: Ehrenwirth Grundschulmagazin 1977. H. 6. S. 25 f.

Guggenmos, Josef: Was denkt die Maus am Donnerstag? 123 Gedichte für Kinder. Illustr. v. G. Stiller. München 1971. 5. Aufl. 1975 (= dtv 7001) (zuerst: Recklinghausen 1967)

– Sieben kleine Bären. Geschichten und Gedichte für Kinder. Illustr. v. H. Lentz. München 1973. 3. Aufl. 1976 (= dtv 7082) (zuerst: Recklinghausen 1971)

– Das Geisterschloß. Bilder v. K. Pitter. Reinbek 1974 (= rotfuchs 73)

– Der kleine Elefant marschiert durchs Land. Geschichten und Gedichte für Kinder. Illustr. v. E. J. Rubin. München 1977a (= dtv 7261)

– Der Hase, der Hahn und die Kuh im Kahn. Illustr. v. W. Blecher. München 1977b (= dtv 7502)

– Es las ein Bär ein Buch im Bett. Zungenbrecher von A – Z. Illustr. v. B. Oberdieck. Recklinghausen 1978

Gutter, Agnes: Formung der Persönlichkeit und Einführung ins Leben durch Kinderreim und Kindergedicht. In: Informatio 11 (1966). H. 3/4

– Jugendliteratur für das Kleinkind. Jugendliteratur für das Kind. In: Informatio 12 (1967). H. 1 ff.

Haase, Klaus C.: Das Gedicht im Deutschunterricht. In: E. Wolfrum (Hrsg.), Taschenbuch des Deutschunterrichts. 2., überarb. u. ergänzte Aufl. Baltmannsweiler 1976, S. 415–438

Hacks, Peter: Der Flohmarkt. Gedichte für Kinder. Illustr. v. W. Maurer. Köln/Zürich 1973 (= bt 128)

Hahn, Grete (Hrsg.): Lied und Spiel. Für die ersten Schuljahre. Hannover 1951. 9. Aufl. 1970

Haiding, Karl: Kinderspiel und Volksüberlieferung. München o. J. (etwa 1938/39)

– Das Kinderspiel als Glied der Volksüberlieferung. In: Jugendliteratur 7 (1961). H. 12. S. 553–562

Halbey, Hans Adolf: Pampelmusensalat. Weinheim 1965

Halbey, Hans A./Leonhard, Leo: Es wollt' ein Tänzer auf dem Seil den Seiltanz tanzen eine Weil'. Aarau u. Frankfurt a. M. 1977

Halle, Werner/Schüttler-Janikulla, Klaus (Hrsg.): Bilder und Gedichte für Kinder zu Haus, im Kindergarten und für den Schulanfang. Illustr. v. Janosch. Braunschweig 1974

Hallquist, Britt G.: Kinder und Poesie. In: Beiträge zur Kinder- und Jugendliteratur 1970. H. 16. S. 62–64

Handelmann, Heinrich: Volks- und Kinderspiele aus Schleswig-Holstein. 2. Aufl. Kiel 1874

Hartmann, Berthold: Das volkstümliche deutsche Kinderlied. Annaberg 1885

Hasubek, Peter: Das deutsche Lesebuch in der Zeit des Nationalsozialismus. Hannover 1972

174

Hausmann, Manfred: Die Bremer Stadtmusikanten. Illustr. v. H. Lemke. 23. Aufl. München 1972

Hebel, Franz: Literatur im Unterricht. Zur Funktion von Literatur in der Alltagswelt der Schüler. Kronberg/Ts. 1976 (= S 107)

Hechelmann, Friedrich: Das Riesenspielzeug, von Adalbert von Chamisso. Mönchaltorf/Hamburg 1976

Heckmann, Herbert/Krüger, Michael (Hrsg.): Kommt. Kinder, wischt die Augen aus. – Die schönsten deutschen Kindergedichte. München 1974

Helmers, Hermann: Das Gedicht in der Grundschule. In: Westermanns Pädagogische Beiträge 7 (1955). S. 78–82

– Sprache und Humor des Kindes. Stuttgart 1965. 2. Aufl. 1971

– Lyrische Dichtung in der Grundschule. In: Die Deutsche Schule 58 (1966). S. 276–289

– Moderne Dichtung im Unterricht. Braunschweig 1967. 2. Aufl. 1972

– Lyrischer Humor. Strukturanalyse und Didaktik der komischen Versliteratur. Stuttgart 1971

– Didaktik der deutschen Sprache. 7., ern. bearb. Aufl. Stuttgart 1972

Hentrich, Konrad: Eichsfeldische Kinderlieder. Göttingen 1911

Hetzer, Hildegard: Die symbolische Darstellung in der frühen Kindheit. Wien-Leipzig-New York 1926

– Das volkstümliche Kinderspiel. Berlin u. a. 1927 (= Wiener Arbeiten zur pädagogischen Psychologie 6)

Hey, Wilhelm/Speckter, Otto: Fünfzig Fabeln für Kinder. In Bildern, gezeichnet von O. Speckter. Nachwort v. W. Scherf. Dortmund 1978. Nachdruck der Erstausgabe von 1833 (= Die bibliophilen Taschenbücher 28)

Hildebrandt, Rolf: Nonsense – Aspekte der englischen Kinderliteratur. Weinheim u. a. 1970 (= Beltz Monographien. Internat. Untersuchungen zur Kinder- und Jugendliteratur 6)

Hille-Brandts, Lene: Seht mich an, ich bin die Suse. München 1950

Hobrecker, Karl: Alte vergessene Kinderbücher. Berlin 1924

Höffe, Wilhelm: Gedichtbehandlung im 2. Schuljahr. In: Lehren und lernen 3 (1964). S. 97–102

– Sprechgestaltende Interpretation von Dichtung in der Schule. Beispiele aus Grund- und Hauptschule. Ratingen 1967

Höhr, Adolf: Siebenbürgisch-sächsische Kinderreime und Kinderspiele. Hermannstadt 1903

Hoerburger, Felix/Segler, Helmut (Hrsg.): Klare, klare Seide. Überlieferte Kindertänze aus dem deutschen Sprachraum. Kassel u. Basel 1962

Hofbauer, Friedl/Reich, Károly: Das goldene Buch der Tiere im Wald und auf der Wiese. Düsseldorf 1974

Hoffmann, Felix: Joggeli wott go Birli schüttle. 3. Aufl. Aarau 1971

Hoffmann, Friedrich: Ole Bole Bullerjan. Lahr 1957

Hoffmann, Hilde: Der Herr der schickt den Jockel aus, er soll den Hafer schneiden. 2. Aufl. Oldenburg 1963

– Steht ein bucklicht Männlein da. Oldenburg 1964
– Ach Wunder, liebes Wunder. Oldenburg 1968
Hoffmann von Fallersleben, Heinrich: Kinderlieder. Erste vollst. Ausgabe besorgt durch Dr. Lionel von Donop. Berlin 1877
Hürlimann, Bettina: Europäische Kinderbücher in drei Jahrhunderten. 2. erw. Aufl. Zürich 1963. Hamburg/München 1968
– Die Welt im Bilderbuch. Moderne Kinderbilderbücher aus 24 Ländern. Zürich u. Freiburg i. Br. 1965
Jahn, Günter: Moderne Lyrik im 5. bis 10. Schuljahr. Karlsruhe 1970 (= Sprachhorizonte 3)
Janosch: Das Auto hier heißt Ferdinand. München 1964
– Rate mal wer suchen muß. München 1966
Jauß, Gerhard: Interpretierte Literatur in der Grundschule, gezeigt am Beispiel „Die Lokomotive" von Julian Tuwim. In: Die Scholle 45 (1977). H. 12. S. 759–764
Jöde, Fritz: Ringel, Rangel, Rosen. Wolfenbüttel o. J.
Jolles, André: Einfache Formen. 4. Aufl. Tübingen 1968 (zuerst: Halle 1929)
Kästner, Erich: Das verhexte Telefon. Ein Bilderbuch von E. K. und W. Trier. Hannover o. J.
Kainz, Walter: Weststeirische Volksdichtung. Reime, Rätsel, Lieder, Kinderspiele und Sprüche. Graz 1976
Kaiser, Michael: Zur Frage des Aufbaus von Werten im Literaturunterricht. In: K. Breslauer u. a. (Hrsg.), Werterziehung als Auftrag der Schule. Hannover 1978, S. 88–94
Kampmüller, Otto: Oberösterreichische Kinderspiele. Linz 1965 (= Schriftenreihe d. Inst. f. Landeskunde v. OÖ 19)
Kapp, Gabriele/Schröder, Wilfried: Kunterbunter Märchen-Schabernack. Ein Durcheinandermärchenbuch zum Scherzen, Raten und Spielen für Kinder, Eltern und Großeltern. Recklinghausen 1972. München 1975 (= dtv 7210)
Kaulbach, Hermann: Bilderbuch. Text v. A. Stier. München 1977 (= dtv 7290)
Keller, Wilhelm: Ludi musici. Sprachspiele für die Früh- und Späterziehung in der Vor-, Zwischen- und Nachschulzeit. Bd. 1–3. Boppard/Rh. 1973 (mit Schallplatte)
Kiesgen, Jutta (Hrsg.): Was wollen wir machen? Kopfstehen und lachen! Ravensburg 1968 (= RT 128)
Der Kinder Wunderhorn. Anhang zu „Des Knaben Wunderhorn". Bilder v. A. Fechner. München o. J.
Killy, Walther: Elemente der Lyrik. München 1972
Kirste, W.: Sprachspiele und Sprachförderung. München 1976 (= Unveröffentl. Zulassungsarbeit zur 1. Prüfg. f. d. Lehramt an Volksschulen)
Kleinschmidt, Gert: Theorie und Praxis des Lesens in der Grund- und Hauptschule. Frankfurt a. M. u. a. 1968. 2. Aufl. 1971
Kleßmann, Eckart: Das Kind ist der dankbarste Leser von Versen und Reimen. In: Die Welt der Literatur 6. Nr. 24. 20. 11. 1969. S. 2

Kliewer, Heinz-Jürgen: Elemente und Formen der Lyrik. Ein Curriculum für die Primarstufe. Hohengehren 1974
– Kindergedicht. In: Doderer II, 1977, S. 187–189
– Stimmungen nicht gefragt? Überlegungen zum Weihnachtsgedicht in der Grundschule. Manuskript o. J. (Internat. Jugendbibliothek München)
Klingberg, Göte: Die Gattungen der Kinder- und Jugendliteratur. In: Wirkendes Wort 17 (1967). H. 5. S. 329–340
Klusen, Ernst (Hrsg.): Volkslieder aus 500 Jahren. Frankfurt a. M. 1978 (= fi 2951)
Knorr, Ernst-Lothar von (Hrsg.): Kinderlieder. Mit Noten. Illustr. v. A. Appelhans. Stuttgart 1961 (= Reclam 8271)
Köberle, Sophie: Jugendliteratur zur Zeit der Aufklärung. Weinheim 1972 (= Beltz Monographien. Internat. Untersuchungen zur Kinder- und Jugendliteratur 4)
Köhler, Reinhold: Ein altes Kindergebet. Italienische Nachtgebete. Der Bauer schickt den Jäckel aus. In: Kleinere Schriften 3. Berlin 1900. S. 320–341, S. 341–351, S. 355–365
Könneker, Marie-Luise: Kinderschaukel. Ein Lesebuch zur Geschichte der Kindheit. 2 Bde. Darmstadt, Neuwied 1976
Köster, Hermann Leopold: Geschichte der deutschen Jugendliteratur in Monographien. München-Pullach/Berlin 1972. Nachdruck d. 4. Aufl. von 1927 (1. Aufl. 1906) (= UTB 125)
Kokemohr, Rainer: Kinderreime und Kindergedichte – ihr Sinn im Spracherlebnis des Grundschulkindes. Sennestadt 1965 (= Unveröffentl. Zulassungsarbeit zur 2. Prüfg. f. d. Lehramt an Volksschulen) (Int. Jugendbibliothek München)
Kopisch, August: Die Heinzelmännchen. Illustr. v. J. Grüger. Hanau o. J.
Kratschmer, Edwin: Zur Problematik des lyrischen Schaffens von Schülern. In: Beiträge zur Kinder- und Jugendliteratur 1969. H. 12. S. 98–104
Kratschmer, M. und E. (Hrsg.): Offene Fenster? – Schülergedichte. Berlin (Ost) 1970
Krecker, Margot (Hrsg.): Quellen zur Geschichte der Vorschulerziehung. Berlin (Ost) 1971
Kretzschmar, Gerd: Impulse der Neuen Musik für die Musikerziehung. Rhythmisierung und Verklanglichen von Texten. In: Blätter für Lehrerfortbildung 28 (1976). H. 2. S. 56–68
Kreusch-Jacob, Dorothée (Hrsg.): Ravensburger Liederspielbuch für Kinder. Illustr. v. I. Eberhard. Ravensburg 1978
Kriechbaum, Friedel: Kindergebet. In: Doderer II, 1977, S. 184–186
Krönert, Günter: Gedichtbehandlung in der Volksschule. In: paed 1978. H. 4. S. 5–8
Krüss, James: Naivität und Kunstverstand. In: Jugendliteratur 5 (1959a). H. 6. S. 245–264
– (Hrsg.): So viele Tage wie das Jahr hat. 365 Gedichte für Kinder und Kenner. Gütersloh 1959b
– Mein Urgroßvater und ich. Illustr. v. J. Bartsch. Hamburg 1959c

- Der wohltemperierte Leierkasten. Gütersloh 1961
- Was ist ein gutes Kindergedicht? In: Jugendliteratur 8 (1962). H. 1. S. 14–18
- 3 × 3 an einem Tag. Ein Bilderbuch für alle, die bis drei zählen können. Illustr. v. E. J. Rubin. München 1963
- (Hrsg.): Die Hirtenflöte. Europäische Volkslieder. Für jung und alt. München 1965
- (Hrsg.): Gedichte für ein ganzes Jahr. Ravensburg 1966 (= RT 80)
- Naivität und Kunstverstand. Gedanken zur Kinderliteratur. Weinheim u. a. 1969. 2. Aufl. 1970 (= Beltz Monographien. Internat. Untersuchungen zur Kinder- und Jugendliteratur 1)
- (Hrsg.): Seifenblasen zu verkaufen. Das große Nonsens-Buch mit Versen aus aller Welt. Für jung und alt. Gütersloh 1972
- Die Bremer Stadtmusikanten. Nach Bildern von F. de Horna in Verse gebracht von J. K. Esslingen u. a. 1974

Krüss, James/Kerkletz, Gustav: Ergebner Diener! sprach der Fuchs. Fabeln – mit Bildern v. H. Altenburger. München 1975 (= dtv 7195)

Kühn, Maria (Hrsg.): Macht auf das Tor. Alte deutsche Kinderlieder, Reime, Scherze und Singspiele. Königstein 1905. 3. erw. Aufl. 1965

Kühne, Michael/Bartsch, Jochen: Schnigelschnagelguckgagel. Kindergedichte zum Spielen und Ausprobieren für 4- bis 8jährige. Gütersloh 1977 (= GTB 248)

Künemund, Lotteliese: Literatur für die Kleinsten. In: Evangelische Kinderpflege 1968. H. 3. S. 117–122
- Angebot zur Sprachförderung. In: Archiv für angewandte Sozialpädagogik 2 (1970). H. 3. S. 104–110

Künemund, Lotteliese/Lück, Conradine (Hrsg.): Stöffele Pantöffele. Alte und neue Kinderreime. Stuttgart 1957

Künnemann, Horst: Das Kind – Maler und Poet dazu? Kinderbücher von Kindern. In: A. Cl. Baumgärtner (Hrsg.), Aspekte der gemalten Welt. Zwölf Kapitel über das Bilderbuch von heute. Weinheim 1968, S. 32–42

Künnemann, Horst/Müller, Helmut: Bilderbuch. In: Doderer I, 1975, S. 159–172

Kürth, B.: Das deutsche Kinderlied des 19. Jahrhunderts. 1955

Kuhnert, Heinz: Lyrik für Kinder. In: Lehrbriefe für das Fachschulfernstudium. Kinderliteratur III. Leipzig 1972, S. 27–45

Kuhnert, Roswitha: „Wenn ich das Wort Gedicht höre, bin ich schon bedient!" In: Beiträge zur Kinder- und Jugendliteratur 1970. H. 16. S. 65–72

Kuhnke, Klaus (Hrsg.): Baggerführer Willibald. Kinderlieder. Reinbek 1973 (= rotfuchs 20)

Kumetat, Heinz (Hrsg.): Blütenreigen. Gedichte und Reime für Schule und Haus. 6. Aufl. Frankfurt a. M. 1967

Kunze, Horst (Hrsg.): Dunkel war's, der Mond schien helle. München 1964
- Schatzbehalter. Vom Besten aus der älteren deutschen Kinderliteratur. Hanau 1965

Kuppert-Falke, Elisabeth: Der Kinderreim und seine pädagogischen Möglichkeiten in heimatkundlichem Anschauungsunterricht unter besonderer Berücksichtigung der muttersprachlichen Bildung. Lippstadt o. J. (= Unveröffentl. Examensarbeit) (Internat. Jugendbibliothek München)

Langheinrich, Claus: „Das Huhn und der Karpfen". Gedichtbehandlung im 4. Schuljahr. In: Die Scholle 46 (1978). H. 8. S. 620–626

Lattwesen, Irmgard: Leseerziehung im 3. Schuljahr. In: Die Ganzheitsschule 18 (1969). S. 14–18

Lemmermann, Heinz (Hrsg.): Das Jahr hindurch. Frühling, Sommer, Herbst und Winter und festliche Tage. München 1969 (= G 2406)
– Musikunterricht. Bad Heilbrunn/Obb. 1977

Lenz, Theamaria (Hrsg.): Kinder dichten. Wiesbaden 1958
– (Hrsg.): Zauber der Kindheit. Hamburg und München 1960
– (Hrsg.): Hier fliegen keine Schmetterlinge. Wuppertal-Barmen 1965

Lewalter, Johann/Schläger, Georg: Deutsches Kinderlied und Kinderspiel in Hessen-Kassel. Kassel 1911

Liebel, Hermann: Erarbeitung und Ausgestaltung des Spielliedes „ding, cong . . ." In: Ehrenwirth Hauptschulmagazin 1977, H. 6. S. 53 f.

Liede, Alfred: Dichtung als Spiel. Studien zur Unsinnspoesie an den Grenzen der Sprache. 2 Bde. Berlin 1963

Link, Jürgen: Literaturwissenschaftliche Grundbegriffe. Eine programmierte Einführung auf strukturalistischer Basis. München 1974 (= UTB 305)

Lissauer, Ernst: Weltgeschichte im Kinderreim. In: Die Literatur. Monatsschrift für Literaturfreunde 31 (1928/29). S. 517–519

Lissow, Ingrid/Fessl, Johannes: Ein Maikäfer und zwei Siebenschläfer. München 1977

Lobe, Mira: Das kleine Ich Bin Ich. Illustr. v. S. Weigel. Wien-München 1972

Lohre, Heinrich: Von Percy zum Wunderhorn. Beiträge zur Geschichte der Volksliedforschung in Deutschland. Berlin 1902 (= Palaestra XXII)

Lorbe, Ruth: Das Nürnberger Kinderlied. Diss. Erlangen 1952 (Masch.)
– Spuren. Elemente der Lyrik im Kinderreim. In: Akzente 1 (1954). H. 3. S. 280–291
– Die Welt des Kinderliedes. Dargestellt an Liedern und Reimen aus Nürnberg. Weinheim 1971 (= Beltz Monographien. Internat. Untersuchungen zur Kinder- und Jugendliteratur 2)
– Kinderlyrik. In: G. Haas (Hrsg.), Kinder- und Jugendliteratur. Zur Typologie und Funktion einer literarischen Gattung. Stuttgart 1974, S. 178–219

Lotman, Jurij M.: Die Struktur literarischer Texte. München 1972 (= UTB 103)

Lückert, Heinz-Rolf (Hrsg.): Wörter. Köln 1971
– Einschlafgeschichten. Märchen, Fabeln und Reime zum Vorlesen und Selberlesen. München 1976 (= Hey 95)

Lyrische Texte. Praxis Deutsch 1975. H. 11

Maier, Karl Ernst: Jugendschrifttum. Formen, Inhalte, pädagogische Bedeutung. 7., neubearb. Aufl. Bad Heilbrunn/Obb. 1973
– Das Prinzip des Kindgemäßen und das Jugendbuch. In: H. Schaller (Hrsg.), Umstrittene Jugendliteratur. Fragen zu Funktion und Wirkung. Bad Heilbrunn/

Obb. 1976, S. 118–142

Mannhardt, Wilhelm: Germanische Mythen. Berlin 1858

Manz, Hans: Worte kann man drehen. Sprach-Buch für Kinder. Weinheim u. Basel 1974

Margolis, Heike (Hrsg.): Sing Sang Song. 56 Kinderlieder mit Noten. Reinbek 1976 (= rotfuchs 115)

Marquard, Manfred: Einführung in die Kinder- und Jugendliteratur. München 1977

Meckling, Ingeborg: Kreativitätsübungen im Literaturunterricht der Oberstufe. München 1972

– Kinderbuchtexte. München 1976

Meier, Ernst: Deutsche Kinderreime und Kinderspiele aus Schwaben. Tübingen 1851

Meier, Ernst: Stil- und Klangstudien zum Wiegenlied. Diss. Greifswald 1932

Meier, Hans Ruedi: Wer isch de grösser Esel? Illustr. v. W. Maurer. Aarau u. Frankfurt a. M. 1974

Melchert, Rulo: Poesiealbum – Bemerkungen zur Lyrikreihe des Verlages Neues Leben. In: Beiträge zur Kinder- und Jugendliteratur 1970. H. 16. S. 22–31

– Schülergedichte im Examen. In: Beiträge zur Kinder- und Jugendliteratur 1972. H. 24. S. 79–81

Menzel, Wolfgang/Binneberg, Karl: Modelle für den Literaturunterricht. Entwurf einer Elementarlehre Lyrik. Braunschweig 1970 (= We 66)

Merget, Adalbert: Geschichte der deutschen Jugendliteratur. 3. Auflage. Unveränd., fotomech. Nachdruck der Ausgabe Berlin 1882. Hanau 1967 (1. Aufl. 1866)

Meyer, Alfred Richard/Zille, Heinrich (Hrsg.): Berliner Kinderreime. München u. a. 1962

Meyer, Gustav Friedrich: Plattdeutsche Kinderreime aus Schleswig-Holstein. Kiel und Leipzig 1908

Minck, Janne (Hrsg.): Ri-Ra-Rutsch. Kinderreime und Kinderlieder aus aller Welt. Frankfurt a. M. 1958 (= U 208)

Misslbeck, Maria: Dichterspiel mit dem Wort. In: Der Deutschunterricht 14 (1962). H. 5. S. 40–48

Mittermaier, Berta: Lyrik als pädagogisches Medium – Das Kindergedicht von James Krüss im Deutschunterricht der Grundschule. München 1977 (= Unveröffentl. Zulassungsarbeit zur 1. Prüfg. f. d. Lehramt an Volksschulen)

Möller, Anna Elisabeth: Das Kinderspiel in Hessen. Diss. Gießen 1935

Moog, Helmut: Beginn und erste Entwicklung des Musikerlebens im Kindesalter. Eine empirisch-psychologische Untersuchung. Ratingen 1967

Morgenstern, Christian: Liebe Sonne, liebe Erde. Ein Kinderliederbuch. Illustr. v. E. Eisgruber. Oldenburg 1949

– Kindergedichte. Illustr. v. H. Lemke. Wien-Heidelberg 1965.

Moser, Hugo: Schwäbische Kinderlieder aus Sathmar mit ihren Weisen. München 1969

Mudrak, Edmund: Kinderspiel und Volksüberlieferung. In: Jugendliteratur 7 (1961). H. 12. S. 563–573

Müller, Auguste: Das plattdeutsche Kinderlied. Eine metrische Studie. Diss. Kiel 1915

Müller, Erhard P.: Lesen in der Grundschule. Grundlegung und Praxis eines sinn-gerichteten Leseunterrichts. München 1978

Müller-Seidel, Walter: Probleme der literarischen Wertung. Über die Wissenschaft-lichkeit eines unwissenschaftlichen Themas. Stuttgart 1965. 2. Aufl. 1969

Musizieren im Kindergarten. Der Wurm im Sturm – Hinweise zur Durchführung. In: Kindergarten heute 1977. H. 2

Natalis, Gottfried (Hrsg.): Das Weihnachtsbuch der Lieder. Frankfurt a. M. 1975. 4. Aufl. 1977 (= it 157)

Naumann, Hans: Kinderlied. In: Reallexikon der deutschen Literatur. Hrsgg. v. P. Merker u. W. Stammler. Bd. 2. Berlin 1926–1928, S. 68–70

– Grundzüge der deutschen Volkskunde. Leipzig 1929

Nauschütz, Hans Joachim: Gedichte für Vorschulkinder. In: Beiträge zur Kinder- und Jugendliteratur 1974. H. 33. S. 27–29

Nentwig, Paul: Über das Kindergedicht. In: Die Ganzheitsschule 5 (1956/57). S. 130–136

– Dichtung im Unterricht. Grundlegung und Methode. Braunschweig 1960. 4. Aufl. 1969

Neumann, Hans-Joachim: Spiel mit der Sprache (5.–13. Schuljahr) Dortmund 1973 (= Sprachhorizonte 15)

Nieraad, Jürgen: Neues über Achill, den Löwen oder Wie einer einem Berg auf den Fuß tritt. Anmerkungen zur Methaphern-Didaktik. In: Linguistik und Didaktik 8 (1977). H. 32. S. 306–315

Notholz, Otto: Wegenlieder un Kinnerreime. Bückeburg 1901

Oberlack, Alfred: Schulbücher unter dem Dreschflegel. Bad Godesberg 1965

Oberländer, Gerhard/Kopisch, August: Die Heinzelmännchen. 2. Aufl. München 1969

Obermayr, Hans/Scheck, Wolfgang: Angebote für den Unterricht: „Kinderlieder" und „Lieder für junge Leute". In: schulreport 1977. H. 6. S. 6–8

Oetinger Almanach. Gebt uns Bücher, gebt uns Flügel. Hamburg 1976

Opie, Iona und Peter: The Oxford Dictionary of Nursery Rhymes. Oxford 1951

– The Oxford Nursery Rhyme Book. Oxford 1955

Overbeck, Christian Adolf: Fritzchens Lieder. Lübeck 1781

Paraquin, Karl Heinz: Buch der Rätsel mit 398 Rätseln aller Art für die ganze Familie. 2. Aufl. Ravensburg 1972

Peesch, Reinhard: Das Berliner Kinderspiel der Gegenwart. Berlin 1957 (= Veröff. d. Inst. f. dt. Volksk. 14)

Pestum, Jo (Hrsg.): Auf der ganzen Welt gibt's Kinder. Geschichten, Bilder, Spiele, Comics, Basteltips, Gedichte, Rätsel, Texte. Würzburg 1976

– Leg deine Hand auf mein Gesicht. Laute und leise Gedichte und Geschichten. Würzburg 1977

Petsch, Robert: Spruchdichtung des Volkes. Vor- und Frühformen der Volksdichtung. Ruf, Zauber- und Weisheitsspruch, Rätsel, Volks- und Kinderreim. Halle/S 1938

Peukert, Kurt Werner: Sprachspiele für Kinder. Programm zur Sprachförderung in Vorschule, Kindergarten, Grundschule und Elternhaus. Reinbek 1975 (= Rowohlt 6919) (zuerst: Stuttgart 1973)
– Kinderlesebuch. Frankfurt a. M. 1976 (= fi 1735) (zuerst: Stuttgart 1974)

Pfundmair, Lieselotte: Lyrik in der Grundschule – Zur Diskussion der Methoden. München 1977 (= Unveröffentl. Zulassungsarbeit zur 1. Prüfg. f. d. Lehramt an Volksschulen)

Philippi, Bernd: Kinder und Verse. In: Die Horen 22. Ausg. 108 (1977). H. 4. S. 13–22

Pielow, Winfried: Das Gedicht im Unterricht. Wirkungen, Chancen, Zugänge. München 1965. 3. Aufl. 1970

Pielow, Winfried/Sanner, Rolf (Hrsg.): Kreativität und Deutschunterricht. Stuttgart 1973

Pischl, Christl: Wir lösen Kinderrätsel. Steigerung und Kontrolle der Lesefertigkeit. In: Ehrenwirth Grundschulmagazin 1977. H. 6. S. 21 f.

Pössiger, Günter (Hrsg.): Die schönsten deutschen Kinderlieder in Originaltexten und Noten. München 1977 (= Hey 4553)

Polder, Markus (d. i. James Krüss): Es war einmal ein Mann. Illustr. v. H. Hoffmann. München 1959

Ponton, Ruth: „Hei mein Pferdchen lauf geschwind..." – eine Liederarbeitung. In: Ehrenwirth Grundschulmagazin 1977. H. 4. S. 33 f.

Preißler, Helmut (Hrsg.): Das Windrad. Kindergedichte aus zwei Jahrhunderten. Illustr. v. G. Zucker. Berlin (Ost) 1967
– Auf der Suche nach dem Beweggrund. In: Beiträge zur Kinder- und Jugendliteratur 1970. H. 16. S. 13–15

Pröve, Waltraud (Hrsg.): Rosen, Tulpen, Nelken... Beliebte Verse fürs Poesiealbum. Niedernhausen 1978

Proske, Hans: „Der Wind" von Josef Guggenmos. In: Ehrenwirth Grundschulmagazin 1975. H. 8. S. 23 f.

Psaar, Werner: Lyrik in der Grundschule. In: Lehren und lernen 1969. S. 501–510
– Spiel und Umwelt in der Kinderliteratur der Gegenwart. Ein Beitrag zur Literaturdidaktik in der Grundschule. Paderborn 1973

Rademacher, Gerhard: Zum aktuellen Problem der Jugendbuch-Beurteilung. In: Die Scholle 46 (1978). H. 8. S. 600 f.

Rank, Karl: Hinführung zur Versdichtung in der Grundschule und Hauptschule. In: Lebendige Schule 24 (1968). S. 119–129

Raumer, Karl/Pocci, Franz: Alte und neue Kinderlieder. Leipzig 1852

Reich, Traudie: Ich und Du. Kinderreime. Illustr. v. R. Angerer. 13. Aufl. Freiburg i. Br. 1973

Reinle, Karl Emil: Zur Metrik der Schweizerischen Volks- und Kinderreime. Diss. Basel 1894

Rettich, Margret: Saus und Braus der Wind weht ums Haus. Bayreuth 1976

Rettich, Margret/Harries, Edith: Kindergedichte. Ravensburg 1978

Reumuth, Karl/Schorb, Otto Alfons: Der muttersprachliche Unterricht. Beiträge zur deutschen Spracherziehung. 11. Aufl. (= 4. Aufl. d. Neubearb.) Bad Godesberg 1969

Richter, Albert: Über deutsche Kinderreime. In: Mitteilungen d. Dt. Gesellschaft z. Erforschg. vaterländ. Sprache u. Altertümer in Leipzig. Bd. 6. Leipzig 1877. S. 147–176

Riedl, Adalbert/Klier, Karl M.: Lieder, Reime und Spiele der Kinder im Burgenland. Eisenstadt 1957

Riedler, Rudolf: Über die unbefangene Liebe zu Wörtern und Bildern. Ein Versuch, Lyrik mit Kindern zu lesen. In: Süddt. Zeitg. 59 v. 12./13. 3. 1977

Riegler, Theo (Hrsg.): Was Kinder gerne hören. Dreihundertfünfundsechzig Gute-Nacht-Geschichten für alle Tage im Jahreslauf. München 1965

Rilz, René: Kunterbunter Liedergarten. Illustr. v. M. Rettich. Bayreuth 1977

Ringelnatz, Joachim: Kinder-Verwirr-Buch. Berlin 1931. 1970

– Für kleine Wesen. Illustr. v. R. Seewald. Esslingen 1959

Ritz-Fröhlich, Gertrud: Kreativer Umgang mit lyrischen Texten. In: A. Grömminger/G. Ritz-Fröhlich 1974, S. 45–72

Rochholz, Ernst Ludwig: Alemannisches Kinderlied und Kinderspiel aus der Schweiz. Leipzig 1857

Rodari, Gianni: Kopfblumen. 7 x 7 Gedichte für Kinder. Übertr. v. J. Krüss. Illustr. v. E. Binder. Berlin (Ost) 1972

Röhrich, Lutz: Sagenballade. In: Brednich/Röhrich/Suppan I, 1973, S. 101–156

Röhrich, Lutz/Brednich, Rolf Wilhelm (Hrsg.): Deutsche Volkslieder. Texte und Melodien. 2 Bde. Düsseldorf 1965/1967

Rolfus, Hermann: Verzeichnis ausgewählter Jugend- und Volksschriften. Freiburg i. Br. 1892

Roll, Dušan: Die musische Dreiheit moderner Bilderbücher: Bild, Text, Musik. In: R. Bamberger (Hrsg.), Trends in der modernen Jugendliteratur. Wien o. J. (= Schriften zur Jugendlektüre XI)

Rooth, Anna Birgitta: Folklig diktning. Form och Teknik. Göteborg und Uppsala 1965

Roscher, Achim (Hrsg.): Ilse Bilse. Zwölf Dutzend alte Kinderverse. Berlin (Ost) 1968

– Grunderlebnisse des Dreikäsehochs. In: Beiträge zur Kinder- und Jugendliteratur 1970. H. 16. S. 19–21

Rosenfeld, Hellmut: Der Hagenauer Dichter Konrad Dangkrotzheim (1372–1444) in neuer Sicht. Ein adliger Schöffe als Volksdichter und Meistersinger. In: Recherches Germaniques 1978. H. 8. S. 129–142

Rost, Dietmar (Hrsg.): Rissel, rassel, rüssel. Kinderreime, Rätselverse, Abzählreime. Illustr. v. L. Richter. Gütersloh 1976 (= GTB 111)

Rubin, Eva Johanna: Ri-ra-rutsch. München 1970

Ruck-Pauquèt, Gina/de Posz, Maria: Sonntagskinder. Freising 1978

Rudolph, Horst/Stahl, Rainer: Oma singt im Treppenhaus. 2. Aufl. Berlin 1977 (= Kiebitz 2)

Rühmkorf, Peter: Über das Volksvermögen. Exkurse in den literarischen Untergrund. Reinbek 1969 (= Rowohlt 1180)

Rümann, Arthur: Alte deutsche Kinderbücher. Wien u. a. 1937

Ruika-Franz, Viktoria: ...weil ich verändern will. In: Beiträge zur Kinder- und Jugendliteratur 1974. H. 33. S. 30–33

Rumley, Lise: Alli mini Äntli. Zürich 1963

Rutt, Theodor: Das gesprochene und geschriebene Wort in seiner Bedeutung für die geistige Entwicklung des Kindes. In: Jugend 8 (1962). H. 1. S. 3–13

Rutz, Alexander: Friedrich Rückerts „Kindermärlein". In: Zeitschrift für Jugendliteratur 2 (1968). H. 1. S. 6–12

Sachs, Hans: Das Schlaraffenland. Illustr. v. K. Arnold. Frankfurt a. M. 1976 (nach d. Orig.-Ausg. v. 1925)

Sauermann, Dietmar: Lambertuslieder. In: Jahrbuch für Volksliedforschung. Hrsgg. v. R. W. Brednich. 13 (1968). S. 123–173

Schäfer, Christiane: Flunkerpoesie. Poesie und Mode des Kinderreims. In: Merkur 18 (1964). S. 77–83

Schaufelberger, Hildegard: Vom Umgang mit Reimen. In: Kindergarten heute 1977. H. 2. S. 70–75

Scheck, Wolfgang: „Boarisch singa" in der Schule. Anregungen aus Oberbayern. In: schulreport 1977. H. 6. S. 3–5

Scheidler, Bernhard: Lebendige Musikerziehung. Praktische Hilfen für das 1. bis 4. Schuljahr. München 1970

Schenck zu Schweinsberg, Clotilde: Kinder spielen Lieder. München 1963

Scherf, Walter: Strukturanalyse der Kinder- und Jugendliteratur. Bauelemente und ihre psychologische Funktion. Bad Heilbrunn/Obb. 1978

Scherner, Erhard: Wer schreibt Verse für Konny B.? In: Beiträge zur Kinder- und Jugendliteratur 1970. H. 16. S. 16–18

Schläger, Georg: Nachlese zu den Sammlungen deutscher Kinderlieder. In: Zf Vk 17 (1907). S. 264–298, S. 387–414; 18 (1908). S. 24–53

– Zur Entwicklungsgeschichte des Volks- und Kinderliedes. In: ZfVk 21 (1911). S. 368–377; 22 (1912). S. 79–89, S. 289–293

– Badisches Kinderleben in Spiel und Reim. Karlsruhe 1921

– Einige Grundfragen der Kinderspielforschung. In: Zeitschrift d. Vereins f. Vk 1923/1924. S. 137–152

Schlitt, Georg: bim bam beier im 2. Schuljahr. In: Die Ganzheitsschule 5 (1956/57). H. 5. S. 110–113

Schmidt, Alfred M.: Kunsterziehung und Gedichtbehandlung. Leipzig Bd. 1 1907, Bd. 2 1910. 4. Aufl. 1930

Schmidt, Egon: Die deutsche Kinder- und Jugendliteratur von der Mitte des 18. Jahrhunderts bis zum Anfang des 19. Jahrhunderts. Berlin (Ost) 1973 (= Studien zur Geschichte der deutschen Kinder- und Jugendliteratur 2)

184

Schmidt, Joachim: Bimmel Bammel Beier. Plattdeutsche Kinderreime. Rostock 1968

– Volksdichtung und Kinderlektüre in der ersten Hälfte des 19. Jahrhunderts. Berlin (Ost) 1977 (= Studien zur Geschichte der deutschen Kinder- und Jugendliteratur 3)

Schmieder, Doris/Rückert, Gerhard: Kreativer Umgang mit konkreter Poesie. Freiburg i. Br. 1977 (= He 9307)

Schneider, Gisela (Hrsg.): Die schönsten Verse fürs Poesiealbum. Illustr. v. R. Vögel-Cossmann u. a. München-Wien 1976

Schnurre, Wolfdietrich: Die Zwengel. Baden-Baden 1967. München 1972 (= dtv 7070)

Schön, Friedrich: Kinderlieder und Kinderspiele des Saarbrücker Landes. Saarbrücken 1909

Die schönsten Kinderreime. Illustr. v. I. Haun. München-Wien 1969

Schorer, Hans (Hrsg.): Gedichte für die Grundschule. Frankfurt a. M. 1969

Schütz, Dorothea: Kinder sprechen über ein Gedicht. In: Die Grundschule 9 (1977). H. 7. S. 322 f.

Schulz, Bernhard: Der literarische Unterricht. Eine Lesekunde in Beispielen. 2 Bde. Düsseldorf 1965 f.

Schumann, Colmar: Volks- und Kinderreime aus Lübeck und Umgebung. Lübeck 1899

Schupp, Volker (Hrsg.): Deutsches Rätselbuch. Stuttgart 1972 (= Reclam 9405)

Schwartz, Erwin: Kindergedicht und Reimschmiede . . . und was man darüber lesen kann. In: Die Grundschule 9 (1977). H. 7. S. 312–317

Searle, Chris: Mein Lehrer ist wie ein Panzer. Texte englischer Arbeiterkinder zur Schule im Kapitalismus. Berlin 1975 (= BU 4)

Seemann, Erich: Kinderlied. In: Reallexikon der deutschen Literaturgeschichte. Begr. v. P. Merker u. W. Stammler. 2. Aufl. hrsgg. v. W. Kohlschmidt u. W. Mohr. Bd. I. Berlin 1958. S. 817–819

Seidler, Manfred: Moderne Lyrik im Deutschunterricht. 5. Aufl. Frankfurt a. M. 1975

Senger, Anneliese: Konkrete Poesie und Buchstabenspiele. In: Praxis Deutsch 19 (Sonderheft Okt. 1976)

Sichelschmidt, Gustav: Kunterbunte Welt. Kindergedichte. Ratingen 1956

– Das Kindergedicht gestern – Der Bilderbuchkitsch heute. In: Jugendliteratur 3 (1957). H. 7. S. 296–299

– Richard Dehmel und das Kindergedicht. In: Das gute Jugendbuch 13 (1963). H. 2. S. 9–12

– Vom Nonsense im deutschen Kindergedicht. In: Das gute Jugendbuch 16 (1966a). H. 3. S. 18–21

– Joachim Ringelnatz als Kinderdichter. In: Jugendschriften-Warte 18 (1966b). H. 7/8. S. 25

– Die deutschen Kinderliedanthologien. In: Bark/Pforte II, 1969, S. 222–245

Simrock, Karl: Das deutsche Kinderbuch. Altherkömmliche Reime, Lieder, Erzäh-

lungen, Übungen, Rätsel und Scherze für Kinder. Frankfurt a. M. 1848
- Kinderlieder. Reime, Sprüche und Abzählverse. Illustr. v. Franz von Pocci, Ludwig Richter u. a. Wels o. J.

Singer, Kurt: Lebendige Lese-Erziehung. Der Leseunterricht als Unterweisung im selbständigen Lesen. 7. Aufl. München 1973 (1. Aufl. 1969)

Sinz, Egon: Die psychologische Bedeutung des Kinderreims. Diss. Innsbruck 1951 (Masch.)

Siuts, Heinrich: Die Ansingelieder zu den Kalenderfesten. Ein Beitrag zur Geschichte, Biologie und Funktion des Volksliedes. Göttingen 1968

Smidt, Heinrich: Kinder- und Ammenreime in plattdeutscher Mundart. Bremen 1836. 4. Aufl. 1941

Das Sprachbastelbuch. Von H. Domenego, E. Ekker, V. Ferra-Mikura u. a. Illustr. v. G. Zotter. 2. Aufl. Wien-München 1976 (auch als RT 398)

Sroka, Otto (Hrsg.): Die schönsten Kinder- und Volkslieder des Hoffmann von Fallersleben. Bd. I: Ein Männlein steht im Walde. Illustr. v. D. Gunter. Wolfsburg o. J.

Steffens, Wilhelm u. a.: Das Gedicht in der Grundschule. Strukturanalysen – Lernziele – Experimente. Frankfurt a. M. 1973 (= zgl. Lehrerhandbuch zu: Klang-Reim-Rhythmus. Gedichte für die Grundschule)

Stein, Guido: Lyrik im Kinderreim. In: Das gute Jugendbuch 16 (1966). H. 3. S. 1–17

Steinbrinker, Günther: Eigenes Gestalten von lyrischen Vorformen in der Grundschule. In: Pielow/Sanner 1973, S. 121–141

Steinmüller, Hildegard: Rätsel für das Vorschulkind, Kniereiterliedchen, Schnellsprechübungen, Abzählreime. 8. Aufl. München 1974

Stempel, Hans/Ripkens, Martin: Mit einem Fuß in der Luft. Geschichten und Gedichte. München 1976 (= dtv 7227)

Stern, Alfred und Klara: Liedergärtli. Illustr. v. E. Schindler. Aarau/Frankfurt a. M. 1976 (mit Schallplatte)
- Röselichranz. Aarau/Frankfurt a. M. 1977

Stevenson, Robert Louis: Mein Königreich. Aus d. Engl. v. J. Guggenmos. Illustr. v. B. Wildsmith. München 1975 (= dtv 7160) (zuerst: Baden-Baden 1969)

Stocker, Karl (Hrsg.): Taschenlexikon der Literatur- und Sprachdidaktik. Kronberg/Ts. u. Frankfurt a. M. 1976 (= S 94)

Stöber, August: Elsässisches Volksbüchlein. Mühlhausen 1859

Stövhase, Dieter u. a.: Lyrische Texte im Unterricht der Orientierungsstufe. Hamburg 1974

Strackerjan, L.: Aus dem Kinderleben. Oldenburg 1851

Stückrath, Otto: Nassauisches Kinderleben in Sitte und Brauch, Kinderlied und Kinderspiel. Wiesbaden-Biebrich 1931–1938

Sturm, K. F.: Robert Reinick, der Kinderdichter. Leipzig 1907

Suppan, Wolfgang: Volkslied. Seine Sammlung und Erforschung. Stuttgart 1966 (= SM 52)

Suter, Robert: Am Brünneli. Illustr. v. H. Witzig. Aarau/Frankfurt a. M. 1975

Sydow, Kurt (Hrsg.): Sprache und Musik. Vorträge und Berichte aus der zweiten Tagung „Musik in Volksschule und Lehrerbildung". Wolfenbüttel u. Zürich 1966

Tabbert, Reinbert: Nonsense. In: Doderer II, 1977, S. 565 f.

Tauschinski, Oskar Jan: Das polnische Kinder- und Jugendbuch im deutschen Sprachraum. In: L. Binder (Hrsg.), Weltliteratur der Jugend. Wien 1978, S. 102–118 (= Schriften zur Jugendlektüre 26)

Tümmel, Else: Neue Rätselstiege. Illustr. v. J. Kirsch-Korn. München 1975 (= dtv 7169) (zuerst: Stuttgart 1965)

Ulshöfer, Robert: Methodik des Deutschunterrichts I. 5. Aufl. Stuttgart 1971

Ungerer, Tomi: Das große Liederbuch. Zürich 1975

Venus, Dankmar: Celan im vierten Schuljahr? In: Westermanns Pädagogische Beiträge 13 (1961). S. 446 ff.

Verse für das Poesiealbum. Illustr. v. R. Vögel-Cossmann. München-Wien 1969

Wagner, Rainer: Lustig, listig und manchmal auch lästig. Neue Kinderlieder aus Rot- und anderen Kehlchen. In: Badische Zeitg. v. 1. 8. 1975

Wagner, Reinhold: Neue Wege der Gedichtbehandlung in der Grundschule. Aufgezeigt am Beispiel von „Die knipsverrückte Dorothee" von J. Krüss. In: Blätter für Lehrerfortbildung 27 (1975). H. 2. S. 54–59

Walcher, Eduard (Hrsg.): Steirische Kinderreime und Bauernrätsel. Graz u. a. 1973

Wallesch, Friedel u. a.: Sozialistische Kinder- und Jugendliteratur der DDR. Ein Abriß zur Entwicklung von 1945 bis 1975. Berlin (Ost) 1977

Watzke, Oswald: Der literarische Unterricht in der Grundschule. Eine Einführung anhand von Unterrichtsbeispielen. München u. a. 1969 (= Schriften für die Schulpraxis 43)

– Das Nachgestalten. Begegnung mit Kindergedichten. In: Die Ganzheitsschule 19 (1970). H. 2. S. 56 f.

Wegehaupt, Heinz: Vorstufen und Vorläufer der deutschen Kinder- und Jugendliteratur bis in die Mitte des 18. Jahrhunderts. Berlin (Ost) 1977 (= Studien zur Geschichte der deutschen Kinder- und Jugendliteratur 1)

Wegener, Ph.: Volkstümliche Lieder aus Norddeutschland. 3 Hefte. Leipzig 1879–1880

Wehrhan, Karl: Kinderlied und Kinderspiel. Leipzig 1909 (= Handbücher zur Volkskunde 4)

– Frankfurter Kinderleben in Sitte und Brauch, Kinderlied und Kinderspiel. Wiesbaden 1929

Weisgerber, Bernhard: Elemente eines emanzipatorischen Sprachunterrichts. Heidelberg 1972 (= UTB 144)

Weiße, Christian Felix: Lieder für Kinder. Leipzig 1765

Weller, Rainer: Nonsense-Literatur als Gestaltungsaufgabe auf der Unter- und Mittelstufe. In: Der Deutschunterricht 22 (1970). H. 5. S. 39–46

– (Hrsg.): Sprachspiele. Für die Sekundarstufe. Stuttgart 1977 (= Reclam 9533)

Wenz, Josef: Das deutsche Kinderlied. 1928

– Kinderlied und Kindesseele. Kassel 1929

- (Hrsg.): Die goldene Brücke. Volkskinderlieder für Haus und Kindergarten, Spielplatz und Schule. Illustr. v. L. Fromm. Kassel 1949
Werner, Jakob: ibben dibben dapp... Sammlung kölnischer Kinderlieder und Reime. Köln 1961
Wetter, Herbert: Heischebrauch und Dreikönigsumzug im deutschen Raum. Diss. Greifswald 1933
Wiener, Oskar: Das deutsche Kinderlied. SA aus „Sammlung gemeinnütziger Vorträge". Prag 1904
Wildermuth, Rosemarie (Hrsg.): Die mechanische Ente. München 1974
- (Hrsg.): Der Sonnenbogen. Frühling, Sommer, Herbst und Winter in Geschichten, Gedichten und Berichten. Ein Ellermann-Lesebuch. München 1976
Wilpert, Gero von: Sachwörterbuch der Literatur. Verb. 3. Aufl. Stuttgart 1961
Wirth, Heidemarie: Begegnung mit moderner Kinderlyrik. In: Jugend und Buch 22 (1973). H. 2. S. 4–9
Wittmann, Werner: Kinder und Gedichte. In: Süddt. Zeitg. 6 v. 7./8. 1. 1967
Wolfrum, Erich: Das sprachliche Bild als Phantasie- und Denkimpuls. Stufen und Formen des reifenden Sinnverständnisses (Sprichwort). In: E. W. (Hrsg.), Taschenbuch des Deutschunterrichts. 2., überarb. u. erg. Aufl. Baltmannsweiler 1976, S. 547–564
Wolgast, Heinrich: Das Elend unserer Jugendliteratur. Ein Beitrag zur künstlerischen Erziehung der Jugend. Leipzig 1896. 7. Aufl. Worms o. J. (1950)
- (Hrsg.): Schöne alte Kinderreime. München 1902. Hamburg 1903
- Über Kinderreime. In: Zeitschrift für Kinderpflege, Jugenderziehung und Aufklärung. Berlin 1909. Nr. 8, S. 184–187; Nr. 10, S. 226, 229
- Vom Kinderbuch. Gesammelte Aufsätze. Leipzig 1906 (Nachdruck 1925)
Wossidlo, Richard: Mecklenburgische Volksüberlieferungen. 4 Bde. Wismar 1897–1906, Rostock 1931
Wriede, Paul (Hrsg.): Plattdeutsche Kinder- und Volksreime. 3. Aufl. Hamburg 1925
Zimmermann, Hans Dieter: Vom Nutzen der Literatur. Vorbereitende Bemerkungen zu einer Theorie der literarischen Kommunikation. Frankfurt a. M. 1977 (= ES 885)
Zingerle, Ignaz V.: Das deutsche Kinderspiel im Mittelalter. Innsbruck 1868
Zirkler, Albert: Neue Kinderreime und Kinderlieder aus der Großstadt. In: Mitteldt. Blätter f. Vk 7 (1932). S. 84–90
Zoder, Hildegard: Kinderlied und Kinderspiel aus Wien und Niederösterreich. Wien 1924
Züricher, Gertrud: Kinderlied und Kinderspiel im Kanton Bern. Zürich 1902 (= Schriften d. Schweizer. Ges. f. Vk 2)
- Kinderlieder der deutschen Schweiz. Basel 1926 (= Schriften d. Schweizer. Ges. f. Vk 17)
- Kinderlied und Kinderspiel. Bern 1951

UTB

Uni-Taschenbücher GmbH
Stuttgart

---

742. Margareta Gorschenek, Annamaria Rucktäschel, Hrsg.
Kinder- und Jugendliteratur

(ISBN 3-7705-1621-4 W. Fink)
384 S. kart. DM 19.80

Inhalt: *A. C. Baumgärtner:* Jugendbuch und Literatur / *M. Dahrendorf:* Der Ideologietransport in der klassischen Kinderliteratur: vom Struwwelpeter zum Antistruwwelpeter / *H. Scarbath:* Zur Sozialisation des Kindes in Familie und Gesellschaft im Kinder- und Jugendbuch / *R. Brunner:* Ergebnisse der Entwicklungspsychologie und ihre Bedeutung für die Kinder- und Jugendliteratur / *Els Oksaar:* Zur Sprache der Kinder und der Kinderbücher / *Gerda Neumann:* Probleme beim Übersetzen von Kinder- und Jugendliteratur / *Renate Steinchen:* Märchen – eine Bestandsaufnahme / *Ingeborg Ramseger:* Das Bilderbuch / *Hans Gärtner:* Kommt Kinder ins Wunderland des Wissens! / *R. Brunner, M. Gorschenek, A. Rucktäschel:* Kinder- und Jugendliteratur in Lesebüchern / *W. Schneider:* Literatur auf Rillen / *H. Weibrecht:* Verlegerperspektiven / *H. Künnemann:* Kinder- und Jugendbuchkritik – von wem? für wen? wozu? / *W. Kaminski:* Zwischen pädagogischem Enthusiasmus und literarischer Resignation / *H. Hengst:* Perspektiven der Arbeit in Jugendbibliotheken / *W. Schneider:* Kinder- und Jugendliteratur in Film, Funk und Fernsehen / Forderungen an ein künftiges Kinder und Jugendbuch

---

642. Herma C. Goeppert, Hrsg. – Sprachverhalten
im Unterricht

Zur Kommunikation von Lehrer und Schüler in der Unterrichtssituation
(ISBN-7705-1466-1 W. Fink)
406 S. mit zahlreichen Tabellen und Abbildungen im Text, kart. DM 23,80

„Das Sprachverhalten im Unterricht wird unter Interessen der Unterrichtsforschung und Linguistik behandelt. Drei Teile machen das Buch aus: theoretische Grundlegung, Analysen, didaktische und unterrichtspraktische Konsequenzen. Die Aufsätze zur theoretischen Grundlegung sind äußerst interessant. Für den unterrichtenden Lehrer bringen die Analysen direkte Hilfe. Die Lektüre wird den Lehrer sensibel machen für Faktizitäten, für die er in seinem Unterricht verantwortlich ist."

(Schulverwaltungsblatt für Niedersachsen)

Karl W. Bauer/Heinz Hengst, Hrsg.
Kritische Stichwörter zur Kinderkultur

(Kritische Stichwörter 1)
366 S. kart. DM 19,80

„Der Begriff ‚Kinderkultur' wird hier sehr weit verstanden. Nicht nur Kinderliteratur, Kindertheater, Märchen und Comics gehören dazu, sondern auch z. B. das Kinderfest und die Kinderkleidung. Daß man hier auch einen Artikel von Oskar Negt über ‚Kinderöffentlichkeit' vorfindet, kennzeichnet die breite Anlage des Bandes. Die einzelnen Kapitel liefern hinreichend Anregungen für eine Interpretation von ‚kindgemäßen' Einrichtungen und Lebensformen im gesellschaftlichen Zusammenhang. Da das Thema nicht in enzyklopädischer Art bloß in zahllose Minidefinitionen aufgelöst wurde, läßt sich das Buch auch gut als durchgehende Lektüre genießen. Ein Sonderlob dem handlichen Format und der leserfreundlichen typographischen Gestaltung."

(Frankfurter Rundschau)

Hermann Lindner – Fabeln der Neuzeit

England, Frankreich, Deutschland
Ein Lese- und Arbeitsbuch
(Kritische Information 58)
421 S. Kart. DM 19,80

„Mit dieser Ausgabe müßten der Didaktiker und der schmökernde Leser gleicherweise glücklich sein. Der Band ist jedenfalls voller Denkanregungen und das gilt nicht nur für die didaktischen Fragen, sondern auch für die grundlegende Auseinandersetzung mit der Fabel."

(Dr. Theo Elm)

Erhard Schütz, Hrsg. – Zur Aktualität des Kriminalromans

Berichte, Analysen, Reflexionen zur neueren Kriminalliteratur
(Kritische Information 82)
183 S. kart. DM 16,80

Eine umfassende und „spannende" Einführung in das Spektrum des gegenwärtigen Kriminalromans.
Es schreiben: A. Andersch, G. Egloff, R. K. Flesch, P. Handke, H. Hengst, K. Inderthal, M. Jäger, Y. Karsunke, W. Roth, U. Schulz-Buschhaus, E. Schütz über Raymond Chandler, Patricia Highsmith, Leonardo Sciascia, Georges Simenon, Maj Sjöwall, Per Wahlöö, den bundesdeutschen und den DDR-Krimi.